HISTOIRE
DE L'EXPÉDITION FRANÇAISE
EN ÉGYPTE.

EXPÉDITION.
TOME 3

HISTOIRE

SCIENTIFIQUE ET MILITAIRE

DE

L'EXPÉDITION FRANÇAISE

EN ÉGYPTE

PRÉCÉDÉE

D'UNE INTRODUCTION,

PRÉSENTANT LE TABLEAU DE L'ÉGYPTE ANCIENNE ET MODERNE, DEPUIS LES
PHARAONS JUSQU'AUX SUCCESSEURS D'ALI-BEY;

ET SUIVIE

DU RÉCIT DES ÉVÉNEMENS SURVENUS EN CE PAYS

DEPUIS LE DÉPART DES FRANÇAIS

ET SOUS LE RÈGNE DE MOHAMMED-ALI.

TOME III.

PARIS

ÉDITEURS-PROPRIÉTAIRES :

GAGNIARD, | A.-J. DÉNAIN,
QUAI VOLTAIRE, N. 15; | RUE VIVIENNE, N. 16.

1830

HISTOIRE
DE
L'EXPÉDITION FRANÇAISE
EN ÉGYPTE.

CHAPITRE I.

Marche du général Belliard sur Philæ. — Attaque de l'île. — Fuite des Barabràs. — Description de Philæ. — Antiquités. — Tombeau d'Osiris. — Grand temple. — Temple d'Isis. — Villages nubiens. — Édifice de l'est. — Constructions grecques et romaines. — Age des monumens de Philæ. — Inscriptions modernes.

Les Mamlouks que la marche de l'armée française avait rejetés au-delà des cataractes étaient pour la petite garnison de Syène des voisins incommodes et remuans. Déjà revenus de leur terreur première, ils avaient changé de marche, et au lieu de s'enfoncer dans le cœur de la Nubie, leur arrière-garde était venue camper à quatre lieues de Syène ; là , rançonnant tout le pays intermédiaire , ils avaient obtenu des agas d'Ibrim et de Derry des secours en dattes et en farine , tandis que leurs éclaireurs venaient fourrager presqu'à la vue des avant-postes français. Informé de ces mouvemens , le général Belliard sentit la nécessité d'occuper un point avancé dans la Nubie , et de ruiner les ressources que la cavalerie de Mourad trouvait sur cette frontière.

Quatre cents hommes de la vingt-unième légère partirent pour cette expédition. Denon, toujours prêt à marcher vers les monumens comme le soldat contre les Mamlouks , voulut être d'une excursion qui lui montrait Philæ en perspective. Il quitta Syène avec le détachement qui se dirigea par la route du Désert sur la rive orientale du Nil. Relevée en chaussée et très-battue autrefois , cette route était la seule en Égypte qui fût à l'abri de la concurrence du Nil , puisque là seulement le fleuve devenait innavigable à cause de ses cataractes. Il y avait donc nécessité pour les marchandises de prendre à cette hauteur la voie de terre.

Denon s'émerveilla à la vue de ces longues bandes d'hiéroglyphes que l'on y rencontre sur les rochers du chemin. Des auteurs ont avancé sérieusement que la prévoyance égyptienne les a multipliées avec l'intention d'amuser le désœuvrement du voyageur. Il est croyable néanmoins que ces inscriptions placées sur la route de Philæ ont un caractère plus religieux que profane. Cette île était aux temps anciens un des lieux les plus sacrés de l'Égypte. Les prêtres enseignaient que le tombeau d'Osiris s'y trouvait placé, et Philæ avait dû ainsi devenir un lieu saint, un but de pélerinage comme le sont aujourd'hui la Mecque, et Médine, tombeau de Mahomet. Les hiéroglyphes de la route seraient donc alors des sentences pieuses ou des inscriptions votives. Une autre particularité de cette route, ce sont les ruines de lignes construites en briques de terre cuites au soleil dont la base a quinze ou vingt pieds d'épaisseur : ce retranchement longeait la vallée en bordant la route, et aboutissait à des rochers distans de trois lieues de Syène. Quoique ces murailles fussent construites de matériaux peu précieux, elles ont été d'une dépense de fabrication qui atteste l'importance attachée à cette barrière.

Était-ce là un moyen de défense pour protéger cette région si fréquentée par les pélerins de Philæ, ou bien ne serait-ce pas un reste de la fabuleuse muraille qu'une reine d'Égypte, Deloukah, fille de Zibâ, l'un des Pharaons, avait, suivant l'historien *Él-Soyouty* et la plupart des auteurs arabes, élevée dans le Saïd, muraille qui s'étendait de l'antique Syène jusqu'à l'isthme de Suez, et dont les Arabes prétendent qu'on voit encore les vestiges qu'ils nomment *Haïtt-el-adjouz*, ou Muraille de la Vieille?

Au débouché des montagnes granitiques, le détachement envoyé à la poursuite des Mamlouks se trouva en vue de Philæ. Plus belle encore par le contraste d'une nature sauvage, l'île déployait ses sveltes et blanches colonnades entrecoupées de bouquets de palmiers ou de blocs de granit. Le Nil, dans cet endroit, semble faire un détour pour venir enceindre l'île monumentale, comme s'il était jaloux de réfléchir un instant dans ses eaux tant de merveilleuses créations.

A la vue de nos troupes, les habitans de Philæ poussèrent des cris sauvages qui portaient à la fois une expression de terreur et de menace; mais comme la mission du détachement français était d'abord de donner pleine chasse aux Mamlouks, il continua sa route, remettant à un autre jour l'occupation de l'île. Ainsi nos soldats eurent bientôt dépassé un fort et une mosquée arabes situés sur le rivage du Nil; puis après avoir coupé dans la montagne, ils débouchèrent de nouveau sur le fleuve par un ravin qui les conduisit à *Qellet-Toud*, mauvais hameau situé près du rivage. Les Mamlouks venaient de le quitter épouvantés; leurs plats, leurs marmites, le souper même préparé pour le soir, car l'on était aux jours du Ramadan[1], gisaient encore çà et là dans l'enceinte où ils avaient campé. Ce fut pour les Français de la besogne toute faite.

Cette alerte soudaine jeta de nouveau une terreur panique parmi les cavaliers des Beys. Ne se croyant pas en sûreté à *Demhyd* où ils s'étaient réfugiés, ils en partirent à minuit après avoir fait rafraîchir leurs chevaux. A cette nouvelle, le détachement français qui avait passé la nuit à *Qèllet-Toud* sentit l'inutilité d'une plus longue poursuite. Les Mamlouks éloignés, un

---

[1] On sait que, pendant ce mois consacré au jeûne, les Musulmans ne prennent de repas qu'après le coucher du soleil.

des buts de l'excursion était rempli ; il ne restait plus qu'à rendre leur retour impossible en affamant la contrée. Dès la pointe du jour on traita avec les habitans dont on acheta le bétail et la récolte qui fut coupée en herbe. Loin de se plaindre d'une dévastation ainsi compensée, les Barabrâs aidèrent eux-mêmes à arracher l'herbe des champs. Rassemblant autour d'eux tout ce qui leur restait d'animaux, ils suivirent gaîment la colonne française qui laissa derrière elle un désert sans ressources et sans population.

Cette précaution prise, la dernière garantie de sécurité pour l'armée française était dans l'occupation de Philæ. Un détachement de deux cents hommes se présenta devant l'île qui, à son aspect, se mit en état de guerre. Le signal en fut donné, à la manière des sauvages, avec des hurlemens d'hommes et des cris de femmes. Les habitans de la grande île voisine, *Geziret-él-Hasséh*, accoururent, munis d'armes qu'ils faisaient étinceler au soleil ; tout le rocher de l'est en fut bientôt couvert. Ils couraient tout nus sur le rivage, les uns avec de grands sabres ou des boucliers, les autres armés de fusils de rempart à mèche et de longues piques. Vainement leur cria-t-on que les Français n'étaient pas venus pour leur faire du mal, et qu'ils demandaient à entrer dans l'île comme amis; ils répondirent qu'ils n'en donneraient jamais les moyens, que leurs barques n'iraient point chercher nos soldats, et qu'enfin ils n'étaient pas des Mamlouks pour reculer devant les Français. A cette fanfaronnade un hourra d'approbation retentit dans Philæ; les imprécations, les gestes menaçans redoublèrent, et il fallut songer à obtenir par la violence ce qu'on refusait à la douceur. L'ordre fut donné aux sapeurs d'abattre les toits des huttes de la terre-ferme et de faire un radeau avec le bois de charpente. Cet acte devint une déclaration de guerre : les Barabrâs postés dans l'île firent feu; ajustant du milieu de leurs rochers, ils dirigeaient leurs coups avec adresse, et les balles sifflaient aux oreilles des soldats. Dans ce moment arriva une pièce de canon dont la vue porta la rage des insulaires à son dernier degré; dès-lors il n'y eut plus de communication entre la grande île et celle de Philæ; les habitans de la première emmenèrent leurs troupeaux, leur firent passer le bras du fleuve et allèrent les perdre dans le Désert.

Pendant cet intervalle les sapeurs achevaient leur ouvrage ; mais lorsqu'on fit l'essai du radeau on s'aperçut que le bois du palmier était trop lourd et qu'il ne flottait pas. Force fut de faire venir d'autres matériaux et de remettre la descente au lendemain. Ce retard jeta parmi les insulaires une ivresse folle et impudente ; elle fut telle qu'ils firent proposer au général Belliard cent piastres pour qu'il passât dans l'île, seul et désarmé. Mais quel changement lorsqu'au milieu des décharges de la mitraille nos volontaires inondèrent la grande île ! A l'instant la terreur succéda aux bravades ; hommes, femmes, enfans, tout se précipita dans le fleuve, pressé de se sauver à la nage : pour ne laisser au vainqueur aucune créature vivante, on vit des mères noyer leurs enfans et mutiler leurs filles. L'une d'entre elles, âgée de sept à huit ans, fut victime d'une précaution étrange et cruelle : pour mettre sa virginité à l'abri de toute atteinte, les parens avaient imaginé le moyen atroce d'une suture complète. Cette pauvre créature fut trouvée heureusement par Denon, qui l'arracha à des souffrances intolérables et la fit ensuite rendre à sa famille.

Les Français étaient maîtres de l'île de Philæ; mais cette conquête militaire ne devait avoir que des résultats scientifiques. Quelques barques sans valeur furent le seul butin des soldats; mais les savans devaient trouver là les temples les plus mystérieux, les plus reculés de la vieille Égypte. La prise d'une capitale était moins précieuse pour eux que la possession de ces monumens. Plus tard, peu certains d'en jouir long-temps, ils se jetèrent sur leur dépouille opime avec une hâte inquiète; pendant que les uns mesuraient les colonnades, levaient les plans généraux, les autres s'absorbaient dans la copie des hiéroglyphes, des plafonds astronomiques et des sculptures pariétales. Grâce à tant de zèle mis en commun, à tant d'ardeur collective, l'antique Philæ ne s'appartint plus; un calque fut posé sur son enceinte architecturale, et pas un édifice n'échappa à cette reproduction fidèle.

Philæ est située, d'après les observations de M. Nouet, par 30° 34' 16" de longitude à partir du méridien de Paris, et par 24° 1' 34" de latitude. Ainsi cette île n'est point dans la zône torride comme on l'a cru long-temps; elle s'y trouvait, il est vrai, il y a près de cinq mille ans ; mais la variation de l'obliquité de l'écliptique a changé sa position. Syène et Philæ sont à peu près situées sous le même méridien, et leur distance en ligne droite est de huit mille trois cents mètres, environ deux lieues.

Avant d'arriver à la dernière cataracte et d'entrer en Égypte, le Nil durant plus d'une lieue de son cours est divisé par un grand nombre de rochers qui forment une suite d'îles de diverses grandeurs. L'une d'elles, appelée *Geziret-el-Hasséh*, a plus d'une demi-lieue de large et partage le fleuve en deux bras principaux, l'un à l'est et l'autre à l'ouest. Dans cet endroit le Nil a près d'un demi-myriamètre de largeur entre ses deux rives les plus distantes. Le bras oriental, large de deux cent cinq mètres environ, coule d'abord du sud au nord-est, puis se détourne brusquement pour aller rejoindre l'autre bras à l'ouest ; c'est dans ce coude du fleuve, au milieu d'un bassin de forme arrondie, que se trouve située l'île de Philæ, séparée de la grande île par un îlot nommé *Geziret-Begéh*.

Cette île a trois cent quatre-vingt-quatre mètres de longueur, cent trente-cinq dans sa plus grande largeur et neuf cent de circonférence. Son ancien nom de Philæ, consacré par la tradition des historiens grecs et latins, est tout-à-fait inconnu maintenant dans le pays. Les habitans l'appellent *Geziret - él - Birbéh* (l'île du Temple). Elle porte aussi dans le pays le nom de *Geziret-él-Hayf*, nom susceptible d'un double sens; suivant l'un, ce serait l'*île sans pluie* (la limite des pluies tropicales); suivant l'autre, l'*île latérale*; et, en effet, des trois îles rangées de front en cet endroit du Nil, Philæ est celle qui occupe le côté oriental.

Quand on est placé sur l'île, si l'on regarde au nord, la vue ne peut s'étendre loin parce que le rivage du Nil, très-rapproché, court de l'est à l'ouest; et qu'au point où, formant un nouvel angle, il reprend sa direction du sud au nord, les rochers de la rive gauche se confondent avec ceux des îlots *Salib* et *Aouánarta*, et se projettent sur ceux de la rive droite; mais si l'on se tourne vers le sud-ouest, on plonge à plus d'une lieue sur tout le cours du fleuve qui, descendant de la Nubie, serpente au pied de rochers hauts de soixante à quatre-vingts mètres et taillés à pic. Cette nappe d'eau au milieu d'un encaissement pareil forme une grande et imposante perspective.

Sur la rive orientale (*voyez* Planche 63, lettre K), s'étend une plaine sablonneuse flanquée des montagnes d'êl-Djaniéh. Le terrain que les eaux découvrent chaque année est cultivé : le séné, le mimosa, l'acacia, la sensitive y croissent en outre sans culture. Vers l'est et dans la plus grande courbure du coude du Nil s'élève un hameau nubien entouré de palmiers et nommé *êl-Báb* (la porte). Au sud-est et plus haut que la pointe méridionale de Philæ, apparaît *Mechehet*, gros village remarquable par un minaret enduit de plâtre qui blanchit et se détache sur un fond de granit.

La rive occidentale (Pl. 63, lettre M) de la branche du fleuve qui sépare Philæ de l'îlot de *Begéh*, est une lande hérissée de rocs : à peine peut-on découvrir au milieu de cette contrée pierreuse un petit espace cultivé et planté d'arbres. Quelques ruines égyptiennes (lettre H) s'y font voir, ainsi qu'une petite maison assez semblable à un ermitage, qui se perd à mi-côte au milieu des blocs de rochers.

A l'époque des hautes eaux, l'île de Philæ compte peu d'élévation au-dessus de leur niveau ; mais à la dernière période de décroissance, elle est de huit mètres plus haute que le Nil. L'île est formée dans sa partie méridionale de rochers de granit, qui ont barré le cours du fleuve et ont déterminé des attérissemens. Les travaux des hommes ont fait le reste.

Les vestiges de ces travaux subsistent encore dans un mur de quai qui enceignait l'île (Pl. 63, n. 27). Ce mur d'une assez belle construction est en talus taillé avec soin et bâti de grès. La même particularité que nous avons signalée à Éléphantine se retrouve ici dans les murs courbes faits pour résister à la poussée horizontale des terres. Comme dans cette dernière île, il est facile de voir que tous ces quais ont été réparés, agrandis, consolidés par plusieurs mains et à diverses époques.

Le nord de l'île a été autrefois occupé par des constructions dont il ne reste que des décombres. Néanmoins, comme il est formé de terrains d'alluvion, on y voit quelque verdure : des dattiers surgissent autour d'un groupe de cabanes, et plus loin, sur le bord même du fleuve, de petites enceintes en pierre marquent les divisions de quelques champs cultivés. Mais la partie la plus féconde de toute l'île est le terrain qui se prolonge au pied du quai. Couvert chaque année par l'inondation, ce petit coin de terre donne de belles récoltes en *dourah* et en légumes : c'est le jardin de Philæ.

Le sud-ouest de l'île est occupé par les temples ; le sud-est par un grand nombre de maisons de Barabrâs et par beaucoup de décombres. Si l'on doit croire, d'après le texte de Strabon, que Philæ contenait une ville, ce serait dans cet endroit qu'il faudrait la chercher; mais, au dire de Diodore de Sicile, les prêtres seuls pouvaient pénétrer dans l'île ; ce qui ne permet guère d'admettre qu'une ville y ait existé.

On ne compte aujourd'hui dans Philæ qu'un très-petit nombre d'habitans, dix à douze familles au plus. Leurs cabanes sont placées entre l'édifice de l'est et la galerie qui conduit du premier au second pylône.

Réduite à si peu, la Philæ moderne ne vaudrait pas un coup-d'œil, si des temples antiques ne s'y révélaient dans toute leur magnificence primitive.

C'est un singulier contraste à signaler que celui de ces monumens, tous bâtis en grès, dont la pierre blanchit avec éclat au milieu de rochers granitiques brunis par les siècles. A la première vue de ces édifices, on est frappé surtout de voir leurs grands murs s'incliner en talus comme ceux de nos fortifications, et sans aucune autre ouverture que les portes; les terrasses des temples formant de larges plateaux sur l'un desquels est assis un petit village; enfin les sculptures peu saillantes dont tous les murs sont entièrement couverts; ensemble grave et mystérieux, aussi étonnant par son caractère architectural que par sa merveilleuse conservation.

Le monument le plus méridional (Pl. 63, n° 3) est une enceinte de quatorze ou seize colonnes sans plafond, dont un petit nombre restait seul debout. Cet édifice était de dimension exiguë, et semblait placé là sur le point le plus avancé de l'île comme pour donner aux voyageurs arrivant de la Nubie un faible échantillon des merveilles qu'elle contenait. C'était aussi sans doute la destination de deux petits obélisques en grès (même planche, lettre Y) placés au devant de l'enceinte et sur le mur même du quai qui leur formait un socle très-élevé : l'un d'eux a été renversé dans le fleuve, et l'on ne voit plus que l'entaille dans laquelle sa base était encastrée : l'autre est encore debout; mais il est cassé par le haut. Le peu d'élévation de ces deux obélisques, leurs faces sans hiéroglyphes en font une exception aux autres monumens de ce genre que l'on rencontre dans la Haute-Égypte. Ces deux aiguilles, se dressant au sud de l'île comme deux phares, n'avaient, ainsi que l'enceinte de colonnes, aucune liaison avec les temples qui la couvrent; seules, tandis que ces derniers se présentent obliquement, elles offraient des façades régulières aux navigateurs qui descendaient le fleuve.

Non loin de l'enceinte que nous venons de décrire est l'origine d'une longue colonnade formant galerie (Pl. 63, n. 4) et qui borde la rive occidentale du fleuve; les deux extrémités en sont abattues, et il est impossible de dire où se terminait celle du nord. Quant à celle du midi, il paraît qu'elle arrivait jusqu'au mur qui termine l'île, mur qui est encore debout et dans lequel on remarque une ouverture qui permettait aux personnes placées sous la colonnade d'apercevoir au loin les barques naviguant sur le Nil.

Cette galerie compte encore trente-une colonnes debout et une colonne à moitié détruite, de sorte que la longueur totale est encore de 93^m 3.^{d} Les chapiteaux ornés des fleurs du lotus, des feuilles du palmier, sont tous différens les uns des autres; ces différences qui ne se voient que de près ne détruisent pas l'uniformité générale et jettent quelque variété. Plusieurs colonnes sont détruites à demi, et leurs décombres interrompent le passage; mais au milieu de ces pierres qui ont conservé leur blancheur, au milieu de ces fûts dont plusieurs chapiteaux sont restés ébauchés, on se croit moins parmi des ruines que dans un édifice en construction. Le mur de la galerie est percé de plusieurs fenêtres, petites, disposées irrégulièrement, et dont le but évident était de laisser des jours pour que l'œil pût plonger sur la rive opposée.

En face de cette galerie se trouve une colonnade moins étendue (Pl. 63, n. 5), offrant à peu près le même caractère; la corniche manque entièrement et l'architrave a seule résisté. Il est assez singulier que ces deux colonnades qui se touchent ne soient pas parallèles; on ne saurait dire aujourd'hui si cette disposition a eu lieu par la volonté préméditée de l'architecte, ou par une nécessité du local. Les colonnes hautes de 5^m 01$_c$, ont des chapiteaux de la même forme, mais avec des sculptures très-variées. Les plus élégantes sont celles qui imitent le palmier, et le style en est si pur que même dans leur état d'ébauche elles ont souvent été prises pour un travail achevé. Lorsque cette double galerie était debout, avant que des décombres en eussent masqué le développement, elles devaient former une avenue imposante aux temples qu'elles précèdent.

C'est au-delà des deux colonnades que se trouve le grand pylône, l'un des édifices les plus importans de l'île (n. 9). C'est une immense porte avec deux massifs semblables, larges à leur base, plus étroits vers le sommet et de peu d'épaisseur, s'élevant l'un à côté de l'autre bien au-dessus de la porte qui se trouve comprise entre eux : cette sorte de construction tout-à-fait particulière à l'Égypte n'a été imitée dans aucune autre architecture.

La position de ces massifs porterait à croire qu'ils sont l'imitation de deux tours carrées placées originairement pour la défense des portes d'entrée; mais ce n'était là sans doute qu'un but accessoire, car leur hauteur et les escaliers intérieurs qui conduisent jusqu'au sommet se trouveraient mieux justifiés par la destination d'observatoires, édifices nécessaires chez un peuple dont la religion était en grande partie fondée sur l'astronomie.

Le grand pylône a environ quarante mètres de largeur et dix-huit mètres de hauteur; son épaisseur est d'à peu près six mètres, mais elle ne forme point une seule masse de pierres; car des escaliers et des chambres sont pratiqués à l'intérieur, et une rampe à marches assez douces serpente dans le massif et conduit jusqu'au sommet du monument.

Les portes des pylônes sont d'une proportion très-élégante; leur hauteur est toujours plus que double de leur largeur. On s'est assuré par une série d'observations qu'elles étaient autrefois fermées par des clôtures battantes.

On peut remarquer sur le grand pylône quelques-uns des caractères particuliers à ces constructions : les corniches qui partout sont du même modèle, la moulure inférieure de ces corniches qui descend en forme de rouleau sur les angles des édifices, enfin la distribution des sculptures. A la partie supérieure du pylône elles représentent des divinités assises et devant elles des prêtres debout qui leur présentent des offrandes. Chaque scène forme une sorte de tableau sculpté, séparé de ceux qui le suivent ou qui le précèdent par des légendes verticales d'hiéroglyphes.

Dans le rang inférieur toutes les figures sont debout et d'une énorme proportion (vingt-un pieds de hauteur). On y voit des divinités qui reçoivent des sacrifices. C'est Osiris, tantôt avec une tête d'homme, tantôt avec une tête d'épervier, et Isis coiffée de la peau d'un vautour. Ces divinités sont d'ailleurs faciles à reconnaître au bâton augural et à la croix à anse qu'elles tiennent dans la main. Le soubassement du pylône est décoré par les tiges et les fleurs de la plante sacrée du lotus; les montans et la corniche de la porte sont également ornés de tableaux et de décorations symboliques. Ainsi ce pylône est sculpté dans toutes ses parties; et quoique nous ne voyions encore qu'un monument et même qu'une seule face de monument, déjà elle nous offre plus de 600 mètres carrés, présentant 5,700 pieds de surface sculptée.

Cette profusion de sculptures est extrême, et cependant il n'en résulte aucune fatigue pour l'œil; les lignes de l'architecture n'en sont point interrompues ; et ce système de décoration, quelque nouveau qu'il paraisse, plaît et flatte la vue dès le premier abord. Cela tient à l'heureux emploi de cette décoration, à la simplicité de la pose des figures, à la manière uniforme dont elles sont répandues sur le monument, et enfin surtout à son peu de relief qui ne produit nulle part ni de grandes ombres, ni de vives lumières.

Au-devant du pylône gisent des débris en granit rouge qui ont été autrefois deux obélisques et deux lions : défigurés comme ils le sont, l'imagination seule peut les tirer de la poussière et les replacer de chaque côté de la porte du pylône, faisant ainsi de cette première entrée des temples une des plus simples et des plus admirables compositions que les hommes aient pu imaginer. Les obélisques sont d'un seul morceau et portent sur chacune de leurs faces une colonne d'hiéroglyphes. Plus grands de moitié que ceux de l'extrémité de l'île, ils sont cependant fort petits, comparés à ceux de Thèbes, d'Héliopolis et d'Alexandrie.

Les deux lions paraissent avoir été placés au-devant des obélisques; ils sont assis sur leur croupe, les pattes de devant étant droites.

Cette attitude, qui n'est reproduite dans aucun autre lion ou sphinx de ronde bosse, se retrouve assez fréquemment dans ceux qui sont en bas-relief.

Après le premier pylône (n° 11) est la cour qui précède le grand temple et qui peut en être regardée comme le péristyle. Elle est formée, à gauche, par le temple de l'ouest (n°ˢ 13 et 14), et à droite par une galerie composée de dix colonnes, ayant à peu près les mêmes proportions que celles des deux colonnades qui précèdent. Les chapiteaux présentent aussi les mêmes variétés, mais ils sont tous entièrement sculptés, cette galerie ayant été terminée. La corniche est surmontée d'un couronnement qu'on pourrait appeler une seconde corniche, et dont la forme est très-remarquable : il est composé d'une suite de ces serpens qui ont la faculté d'élargir leur cou en se redressant sur leur poitrine; ils sont tous rangés dans cette attitude, les uns contre les autres, sculptés en ronde bosse et portant un disque sur leur tête. Cet ornement est en lui-même d'une belle composition, mais il donne ici une grande épaisseur à l'entablement que supportent les colonnes.

Cette galerie, comme la précédente, manque de régularité dans la position des colonnades qui ne sont pas parallèles l'une à l'autre. On est porté à en conclure que ce groupe de monumens a été édifié à diverses époques et par différentes dynasties ; les uns ont été respectés dans la construction des autres, ce qui a nui à la régularité de l'ensemble. Les augmentations elles-mêmes n'ont été visiblement faites que pour raccorder ce qui avait été construit antérieurement, sauvant le plus qu'il était possible les fausses équerres et les incohérences générales. Cette espèce de confusion de lignes, qui paraît une erreur dans le plan, produit dans l'élévation des effets pittoresques que ne peut avoir la rectitude géométrale, multiplie les objets, forme des groupes, et offre à l'œil plus de richesse que la froide symétrie. D'après l'état d'inachèvement dans lequel se trouvent une grande partie des sculptures, il est aisé de voir que les Égyptiens commençaient par asseoir le massif de leurs monumens et qu'ils employaient ensuite des siècles aux détails de décoration. Toutes les différentes époques de travaux sont sensibles à Philæ, où il n'y a de fini que ce qui est de la plus haute antiquité ;

une partie des constructions qui servaient à rattacher les divers monumens n'avait été ni ragréée, ni sculptée, ni même achevée.

Sous la galerie cinq portes communiquent à de petites chambres formant des espèces de cellules et toutes revêtues de tableaux hiéroglyphiques. C'était sans doute là le logement des prêtres chargés du service des temples, et les sculptures relevées sur les murs semblent attester cette destination. On y voit un cynocéphale écrivant sur un *volumen* avec un stylet ; puis Isis et Osiris à tête d'épervier ; enfin la barque symbolique si souvent reproduite dans les monumens consacrés au culte.

Si de la deuxième galerie l'on cherche à pénétrer dans le temple, il faut passer sous un second pylône plus petit que le premier et aussi plus délabré (n° 17) : ce pylône a cela de particulier, que contrairement à la disposition ordinaire des temples égyptiens, il sert de façade au portique, qui se trouverait privé de jour par son massif, si l'on n'avait eu le soin de laisser une large ouverture dans le plafond. Ainsi le portique se trouve être une espèce de cour, environnée de colonnes de trois côtés, et avec des ailes qui viennent s'appuyer sur le pylône.

Les colonnes du portique (n° 18) ont des proportions beaucoup plus considérables que toutes celles dont nous avons parlé jusqu'à présent ; leur circonférence est de quatre mètres deux décimètres, et leur hauteur d'environ sept mètres et demi. Les chapiteaux en sont très-beaux, parfaitement sculptés, et presque tous différens les uns des autres ; mais par une sorte de contradiction bien digne d'être remarquée, les bases se ressemblent toutes.

Quand on est sous le portique, tout ce qu'on aperçoit autour de soi, colonnes, murs, plafonds, est couvert de sculptures, et toutes ces sculptures sont peintes de diverses couleurs. Cette peinture, il est vrai, ne se remarque pas au premier abord ; elle est cachée par la poussière ; mais les chapiteaux qui, par leur forme, en ont été préservés, offrent des teintes vertes, rouges, jaunes, bleues, de la plus grande vivacité. Dans les parties peu éclairées, les couleurs paraissent fondues ; elles sont cependant appliquées sans dégradation : cette illusion est produite par les ombres des reliefs, et elle y est d'ailleurs favorisée par le jour qui vient d'en haut, et par la manière dont il se distribue et s'adoucit en passant successivement entre les colonnes pour arriver jusqu'au fond du portique.

En retrouvant cette foule de peintures d'une si haute antiquité, on ne sait ce qu'on doit le plus admirer, ou des procédés qui ont su leur donner un éclat si durable, ou de la solidité des constructions qui les ont conservées intactes, ou bien enfin d'une nature de climat qui semble prendre sous sa garde les monumens qu'on lui confie. Et pourtant, malgré tant de causes de durée, les siècles ont pu mordre sur ces édifices favorisés. Qu'on regarde les colonnes! elles sont debout, mais que de pierres en sont détachées! on dirait que plusieurs d'entre elles vont crouler; et si l'on regarde les faces intérieures du fût, au travers du ciment qui les couvre il est aisé de retrouver des fragmens de sculpture, des hiéroglyphes tronqués ou renversés dont plusieurs ont encore conservé leur coloriage. Ainsi cet édifice en ruines, ce temple estimé si ancien, a été lui-même construit avec les débris d'un temple bien plus vieux que lui : ces mêmes pierres, ces hiéroglyphes, ces couleurs en sont à leur deuxième génération architecturale : ils ont vécu deux fois comme monumens; ils ont deux fois, au moins, l'âge du temple actuel, et de combien de siècles encore ne faudrait-il pas remonter dans le passé pour arriver à l'origine de ces arts et de la civilisation qu'ils supposent!

Parmi les tableaux hiéroglyphiques qui décorent le portique, il faut remarquer un bas-relief qui est d'une grande singularité par l'enroulement, on peut dire monstrueux, des trois figures qui le composent. On a quelque raison de croire qu'il a rapport à l'astronomie, parce que des figures analogues se retrouvent toujours dans les sculptures de ce genre, puis parce qu'il renferme un grand nombre d'étoiles, enfin parce qu'il est sculpté sur un plafond, emplacement qui paraît avoir été consacré plus spécialement aux sculptures astronomiques. Dans un autre bas-relief figure un Osiris, à tête de bélier, accompagné d'Isis; plus loin sont deux Isis, dont l'une à tête de lionne. Les prêtres présentent à ces divinités un vase d'où sort une flamme rouge, et l'on voit sur le bord du vase deux grains de l'encens qu'on y brûle. Enfin un dernier bas-relief donne la représentation d'une espèce d'apothéose; un jeune homme, Horus peut-être, est placé entre deux personnages, l'un à tête d'épervier, c'est Osiris;

l'autre à tête d'Ibis, c'est Thoth, le dieu des sciences, l'*Hermès* des Grecs : tous deux versent sur sa tête des croix à anse et des bâtons auguraux qui sont les principaux attributs de la divinité ; la plus grande similitude existe entre les deux phrases hiéroglyphiques qui séparent les deux personnages.

Après le portique vient le temple (n° 22), auquel cette série de colonnades et de pylônes sert de préparation. Ce sont d'abord trois salles obscures, éclairées seulement par un jour mystérieux et flanquées de chambres latérales ; puis le sanctuaire qui paraît être le tabernacle du temple. Ces trois salles, le sanctuaire et les autres chambres du temple sont sculptés comme le portique. Les sculptures, d'un relief extrêmement bas, distribuées par tableaux entourés de leurs légendes hiéroglyphiques, représentent presque toutes des scènes religieuses, des offrandes, des sacrifices, des initiations, dont on devine au moins le sens apparent ; mais plusieurs autres ne semblent que bizarres, et font désespérer qu'on puisse jamais en saisir la signification. Les plafonds sont autant sculptés que les murs, et il est impossible de découvrir une seule surface sans décorations. Il n'est aucune pierre du temple qui ne soit ornée de sculptures religieuses, couverte de l'écriture sacrée, et peinte de diverses couleurs. La moindre partie de l'édifice était en quelque sorte sainte, et il suffisait d'y jeter le regard pour en recevoir une impression de respect et de recueillement. Il est difficile de concevoir jusqu'à quel point un peuple naturellement pieux, chez lequel les institutions, les arts et les usages avaient une tendance mystique, devait ressentir l'effet de tant de moyens réunis.

C'est au fond du dernier sanctuaire que paraît s'être résumée la pensée de ces vastes édifices; là se trouve taillée dans un bloc de granit une niche monolithe, haute de sept pieds, et figurant une espèce de cage; c'était celle de l'épervier sacré, emblême d'Osiris, auquel ce temple paraît avoir été dédié. Au temps où ce culte avait ses fidèles, sans doute cette cage mystérieuse, ce tabernacle secret, n'avaient pour desservans que les hauts dignitaires du sacerdoce. Le vulgaire était tenu à distance, et la voix seule des initiés lui rendait compte des saintes révélations du dieu. A l'heure où cette parole tombait des voûtes, un peuple muet balayait de son front le parvis des salles antérieures, et cherchait à percer avec l'œil de la foi au travers de ces parois sacrées qui lui cachaient l'emblême de sa croyance, le type matériel d'un culte tout idéal. Dans ces lieux, tout était saint, mais à un degré d'autant plus élevé qu'on approchait davantage du sanctuaire, que nul pied profane n'osait fouler. Oh! quel décompte pour un de ces vieux Égyptiens, s'il pouvait, Épiménide de trente siècles, revenir dans cette même enceinte où sa prière fut si vive, sa croyance au dieu du monolithe si aveugle et si entière! Combien ses souvenirs de vie antérieure seraient confondus, s'il voyait son temple vide avec des murs tout noirs et tout couverts de poussière; ce sanctuaire divin, ce réduit invisible, que son imagination ne scrutait pas sans terreur, livrés à la curiosité dédaigneuse du passant, et le monolithe d'Osiris pollué par un essaim de chauve-souris, hôtes modernes du logement de l'épervier sacré! Ainsi passées au crible des siècles, les croyances religieuses voient tomber une à une toutes les pièces de leur organisme matériel; la seule chose qui survive d'elles, c'est leur pensée morale qui, féconde et impérissable, se transfuse dans les cultes nouveaux, en revêtant toujours une forme appropriée aux époques qu'ils doivent régir.

Au milieu des pierres et des décombres qui obstruent les anciennes communications intérieures du temple, on reconnaît néanmoins l'ouverture d'un passage étroit pratiqué dans l'épaisseur du mur. Déjà nous avons pu remarquer dans d'autres temples de la Thébaïde et de la Moyenne-Égypte des corridors semblables, et l'on peut en conclure par analogie que c'était de là que par l'organe des prêtres se rendaient de prétendus oracles.

Dans une des salles on remarque un escalier qui mène sur la terrasse du temple. Là même, sur les combles, encore des débris et des amoncellemens de terre. Sur cette terrasse était un petit village que les Barabrâs ont construit, habité et abandonné. Au temps où ce moderne hameau avait sa population, ce devait être un singulier spectacle que de voir des hommes logés au sommet d'un temple ! C'était sans doute pour eux une forteresse improvisée contre les attaques de quelques ennemis ; car les inondations du Nil, si hautes qu'elles soient, ne submergent jamais le terrain de Philæ.

On trouve également des maisons de terre au-dehors et au pied des murs du temple ; elles seules déforment l'extérieur des édifices et déguisent leur véritable hauteur ; car ils ne sont point enterrés sous le sol de l'île qui depuis long-temps paraît n'avoir éprouvé aucun exhaussement. Cet extérieur des édifices offre, vers le milieu du jour, un aspect remarquable et qui est dû au voisinage du tropique : dès que le soleil est un peu élevé, les corniches projettent de longues ombres qui descendent de plus en plus sur les murs des monumens ; et vers midi le soleil étant d'à-plomb, toutes les faces des édifices sont presque entièrement dans l'ombre.

La terrasse qui surplombe le temple n'est autre chose que le dessus des pierres qui forment les plafonds des diverses salles, et elle est entourée d'une espèce de parapet formé par la corniche qui s'élève un peu plus que le dessus de la terrasse. Dans certains endroits la terrasse se trouve plus basse ; mais on voit qu'on a cherché autant que possible à conserver le niveau, car les deux salles du temple étant moins hautes que le sanctuaire, on a pratiqué, pour que la terrasse fût uniforme, de petites chambres intérieures qui sont ornées de sculptures comme le reste de l'édifice.

D'autres sculptures décorent les faces extérieures du grand temple, et dans le nombre se trouvent plusieurs tableaux allégoriques que l'on regarde comme la représentation de sacrifices humains. Le plus remarquable figure un prêtre qui d'une même pique a percé quatre hommes dont les bras et les jambes sont noués sur le dos; dans cet état il les offre à une divinité assise.

Il ne faudrait pas toutefois conclure de ce tableau que les sacrifices humains aient été usités en Egypte ; il est possible qu'il n'y ait dans ces sculptures qu'un sens symbolique, soit pour rappeler d'anciens holocaustes de ce genre, soit pour indiquer la vengeance des lois et le châtiment des coupables, ou bien enfin pour figurer une offrande d'ennemis vaincus à la divinité invoquée dans le combat.

En marchant vers le grand temple, nous avons laissé sur notre gauche, entre les premier et second pylônes, un temple plus petit (n°s 13 et 14), mais non moins remarquable par son exécution. Se présentant sous la forme d'un trapèze, il étale autour de lui une triple galerie de colonnes, et au devant un portique qui est un modèle en miniature de tous les portiques égyptiens.

Ce qui frappe le plus quand on approche de cet édifice, c'est le ton blanc et poli de sa pierre et la multitude de sculptures dont il est couvert. Ces scultptures envahissent tout jusqu'au mur du fond de la galerie et les colonnes dans toute leur hauteur. Il en est de même dans les monumens égyptiens qui ont été complètement finis; aucune partie ne reste sans sculpture à l'exception des listels des corniches. Le listel d'une corniche est cette bande plate qui en forme la moulure supérieure et qui, dans les grands édifices, a quelquefois jusqu'à sept décimètres de hauteur; mais, malgré l'étendue de surface qu'elle présente, quelle que soit sa situation intérieure ou extérieure, dans un temple, dans un palais ou dans un tombeau, elle ne porte jamais aucun hiéroglyphe, aucun emblême, et elle se voit partout sans la moindre décoration. Cette règle, généralement observée, ne s'explique guère que par des raisons de convenance et de goût, et son influence est telle qu'elle s'est reproduite dans notre architecture avec des circonstances analogues.

C'est en raison de cette absence des ornemens hiéroglyphiques dans le listel, que les Grecs et les Romains, trouvant dans la façade des temples cette seule place vide, y ont presque toujours gravé les inscriptions votives dont ils surchargeaient les temples des dieux égyptiens, lorsqu'ils en faisaient une nouvelle dédicace aux dieux de leur mythologie.

Le temple de l'ouest est un petit édifice, sa longueur totale n'étant que de vingt-cinq mètres environ et les colonnes n'ayant que 5^m 5^d de hauteur jusque sous l'architrave. Ici, comme dans le temple d'Esnéh, tous les entre-colonnemens du portique, à l'exception de celui du milieu, sont fermés par un mur jusqu'au tiers et parfois jusqu'à moitié de leur hauteur. Ces entre-colonnemens sont par-là transformés en fenêtres, et leur disposition devait sans doute donner ce jour sombre et mystérieux, si favorable aux rites égyptiens : au premier coup-d'œil pourtant ces murs d'entre-colonnement choquent le goût européen, et l'on serait tenté de les mettre bas pour jouir de la vue de toute la hauteur des colonnes.

Ce n'est pas d'ailleurs dans ce seul détail que l'élégance dans ces édifices se trouve sacrifiée à l'utilité : plus on voit de ces monumens jetés sur les deux rives du Nil, plus on s'habitue à ne pas chercher les formes grecques dans l'architecture égyptienne ; son caractère est plus grave ; la solidité, la durée en étaient la pensée-mère. On y trouve la simplicité dans l'ensemble, la variété dans les détails et l'unité dans toutes les parties. Il est visible que cette architecture a été le type primordial sur lequel les Grecs ont modelé la leur ; et comme ils avaient pris leur religion en Égypte, ils y ont pris aussi la distribution de leurs temples. Celui qui nous occupe est du genre de ceux qu'ils avaient particulièrement imités. On ne peut méconnaître, même dans les accessoires de l'architecture des Grecs, l'imitation de celle qui a semé des temples dans la Thébaïde, surtout en comparant le chapiteau décoré de feuilles de palmier au chapiteau corinthien décoré de feuilles d'acanthe. L'idée tout entière de ce beau chapiteau grec est dans celui des Égyptiens, et quelque ingénieuse que soit la fable de Callimaque, l'emprunt est manifeste.

Le petit temple ne se montre pas moins riche de sculptures que le grand temple d'Osiris ; les figures qu'on y a le plus souvent représentées sont celles d'Isis et de son fils Horus. La tête d'Isis est aussi sculptée en relief sur les quatre faces des dés qui surmontent les chapiteaux, et l'on ne saurait douter que ce temple n'ait été consacré à Isis ou à Horus et peut-être à tous les deux à la fois.

Ce petit édifice n'a éprouvé aucune dégradation et semble tout neuf. Il est certainement postérieur au grand temple; mais on ne saurait toutefois, sur la seule différence de conservation, préciser la différence des âges. Quelques siècles d'antériorité sont peu sensibles entre des édifices qui ont certainement plusieurs milliers d'années, et qui sont encore si bien conservés.

Ce temple d'Isis paraît avoir, à diverses reprises et à différentes époques, servi de base et de point d'appui à un grand nombre de constructions secondaires. Les salles intérieures et le portique surtout regorgent des décombres d'anciennes maisons de terre, et le sol en a été tellement exhaussé que les colonnes y sont enfoncées jusqu'au quart de leur hauteur. On voit aussi en dehors, entre les colonnes de la galerie, des restes de murs qui l'interrompent, et forment des chambres séparées de différentes grandeurs; ils sont construits, les uns en briques, les autres en pierres liées avec de la chaux, et ils devaient avoir quelque solidité; néanmoins, presque tous sont écroulés et leurs débris empêchent de voir le pied des colonnes. Ces constructions, qui ne ressemblent point aux huttes en terre des Nubiens, seraient-elles les maisons bâties à Philæ par la garnison romaine? ou bien doit-on y voir l'ouvrage des chrétiens qui, long-temps persécutés en Égypte, cherchèrent asile dans ses grottes sépulcrales et dans ses temples abandonnés?

C'est dans l'édifice de l'ouest que les savans de la commission des sciences et arts reconnurent plus tard la *phrase* ou *légende sacerdotale*, qui leur parut être, d'après sa position constamment uniforme, un attribut du prêtre. Michel-Ange Lancret fut le premier que cette circonstance frappa; il visita un, deux, trois, quatre bas-reliefs, et dans chacun d'eux cette petite phrase hiéroglyphique se trouva être la même, et toujours sculptée derrière le prêtre. A l'instant il fit part de sa remarque à ses collègues présens, et chacun d'eux courut de son côté dans les autres édifices de l'île pour trouver de nouvelles preuves à l'appui de cette découverte. Partout *la légende sacerdotale* se représenta identique, à part quelques variantes dans la forme des signes et surtout dans une espèce de nœud qui est placé au-dessus de l'épaule du prêtre. Loin de détruire le mérite de l'observation, ces variantes elles-mêmes pourraient la corroborer, si, comme on le suppose, elles servaient à désigner les divers grades de la prêtrise.

Un second fait constaté dans ce temple, c'est l'existence de deux autres phrases hiéroglyphiques placées dans tous les tableaux au devant de la tête du prêtre, et qui, enveloppées dans une sorte de cadre, dépendent sans doute aussi de cette figure. Ce sont des espèces de médaillons, des légendes encadrées, marchant presque toujours deux à deux, et surmontées chacune d'un vase fort aplati, portant un disque avec des serpens. Les antiquaires ont nommé ces encadremens *scarabées*, parce que leur forme ovale et la disposition des signes hiéroglyphiques qu'ils renferment représentent parfaitement le plan de ces amulettes en forme de scarabées si nombreuses en Égypte et dont la surface inférieure offre une légende hiéroglyphique. Répétées un grand nombre de fois dans les tableaux, dans les hiéroglyphes et dans les ornemens, ces légendes paraissaient devoir être la devise, l'épigraphe du temple, et sans doute elles énoncent en peu de mots, et l'objet de sa construction et le nom du dieu qui y était adoré [1].

Avant de quitter ce temple d'Isis, nous devons nous arrêter un instant sur la décoration de sa corniche. Elle a cela de singulier que sa façade postérieure est différente de celle des trois côtés. Au milieu de sa corniche est une tête de lion, avec toute la partie antérieure du corps posée à la manière des sphinx. Les deux pattes de devant comprennent entre elles une rigole qui se trouve à la hauteur de la terrasse du temple. Sous un climat aussi sec que celui de l'Égypte, on n'est guère porté à croire que ce fût là un écoulement ménagé pour les eaux pluviales; on y devine plutôt un lieu destiné aux ablutions que commandait le rite religieux.

A quelque distance de ces temples, qui for-

---

[1] Il a depuis été reconnu que ces *scarabées* ou *cartouches* ne renferment que des noms propres ou des surnoms de divinités, de rois, de reines d'Égypte, et même d'empereurs romains.

ment corps de monument avec leurs pylônes et leurs galeries, subsiste encore sur le bord du quai une salle isolée, reste d'un édifice plus considérable. Quelques fragmens de murailles, quelques ruines vers le nord, prouvent qu'elle a fait partie d'autres constructions dont il est impossible de retrouver aujourd'hui le plan et l'étendue.

Quand on sort du temple d'Osiris par sa porte latérale, on se trouve presque en face de ces vestiges, et l'on y entre par le côté dont le mur est abattu. Le mur opposé qui est parallèle au bord de l'île est ouvert par une grande porte, qui donne immédiatement sur le quai, et qui forme pour le spectateur comme un grand cadre au travers duquel il aperçoit le fleuve, les rochers de la rive opposée et les palmiers qui se dressent à leur base. A gauche une autre porte, par laquelle on arrivait sans doute à d'autres salles de l'édifice, laisse également voir au midi le Nil et les rochers qui le bordent. Cette salle devait former ainsi une espèce de belvéder dont les points de vue étaient à la fois grandioses et pittoresques.

Elle est surtout remarquable par un tableau hiéroglyphique qui seul peut nous donner la clef d'une vieille tradition accréditée par les mythographes anciens. Pour expliquer comment l'île de Philæ, si distante du cœur de l'Égypte, perdue au milieu du Nil, avait pu grouper dans ses limites étroites tant de merveilles d'architecture sainte, ils prétendaient que c'était là qu'Osiris avait été inhumé, et que des prêtres choisis par le grand collége y veillaient sur son tombeau. En effet la salle qui nous occupe porte sculptée sur une de ses murailles une grande scène relative à la mort du dieu. Il est peint couché sur un crocodile qui représente là Typhon, le génie du mal, et ce crocodile l'emporte au milieu de marais figurés par des joncs. Parmi les attributs de cette scène, il faut distinguer un disque et un croissant qui sont des emblêmes du soleil et de la lune, et plusieurs étoiles disséminées. Ces deux astres, cette allégorie ainsi combinée ne se trouvent qu'au sein de ce seul édifice.

Osiris est entouré de divers personnages qui s'avancent vers lui; le premier semble se purifier en recevant de l'eau sur ses mains; le second, sans doute remplissant les fonctions d'*Ierogrammateus*, tient une tablette et un style, et se prépare à écrire; un troisième enfin porte sur ses épaules un sarcophage, probablement celui qui est destiné à renfermer le corps du dieu.

Voilà tout ce qu'on peut saisir de cette scène dont visiblement la sculpture n'a pas été achevée. Il eût été précieux pour la science de posséder tout entier un tableau de la mort d'Osiris, mais l'état de la salle indiquait que dans son enceinte, sculpture, architecture et peinture, n'avaient été exécutées qu'à demi. A côté d'une figure à peine ébauchée, on en voyait d'entièrement finies et déjà coloriées; plusieurs bas-reliefs sont restés esquissés; de grandes parties de murs ne présentent que des surfaces lisses ou montrent à peine les saillies destinées à la sculpture. Néanmoins on ne saurait en conclure que cette salle inachevée n'a jamais servi au culte : nous pensons au contraire que ce devait être là un des édifices les plus sacrés de l'île. A en juger par le grand nombre d'inscriptions égyptiennes en lettres cursives qui couvrent les murs, on peut croire que ce lieu était le but principal du pélerinage et que les voyageurs aimaient à y laisser leurs noms entourés de quelque pensée pieuse. On remarque, dans le nombre, une inscription tracée sur le plafond avec de l'encre rouge, sur plusieurs lignes et en caractères inconnus. Des caractères grecs, latins et européens, des noms et des sentences arabes viennent en outre se grouper autour de ces inscriptions primitives, et cette salle réunit ainsi sur ses murs trente siècles qui s'y sont donné rendez-vous.

Tout près de cet édifice est un escalier qui conduit au fleuve. Il fait face à un autre escalier, bâti sur la rive opposée, et qui conduisait à de nouvelles ruines d'une bien moindre importance. C'était un petit temple dont quatre colonnes restent seules debout.

Tout ce que nous avons décrit jusqu'ici des temples de Philæ, vu de la côte-ferme, n'offre qu'un amas de constructions confuses, dans lesquelles il est impossible de démêler ni proportions ni ordonnance architecturales. Mais voici maintenant un édifice que l'île semble étaler comme son phare monumental. L'élégance de sa colonnade percée à jour frappe de loin le regard, et, comme elle peut être vue de tous les côtés, elle sert de signe de reconnaissance à Philæ au milieu des îles qui l'environnent.

Cet édifice a été appelé *édifice de l'est*. On y voit une enceinte sans plafond, longue de vingt-un mètres et large de quinze : quatorze colonnes la composent, et elles sont engagées jusqu'au tiers de leur hauteur dans des murs d'entre-colonnement. Deux portes opposées sont ouvertes dans la direction de son grand axe qui est à peu près perpendiculaire au bord du fleuve.

Les colonnes de cet édifice sont les plus grosses que l'on trouve dans Philæ. Leur diamètre à la base est de un mètre cinquante-quatre centimètres; leur hauteur est de onze mètres; à quoi il faut ajouter la hauteur du dé qui surmonte les chapiteaux, ce qui fait, depuis le sol jusque sous l'architrave, une hauteur totale de treize mètres et demi.

D'après la forme de cette colonnade, il est visible que l'architecte l'avait destinée à rester sans toiture. Dans sa pensée ce devait être une vaste galerie à ciel ouvert, ou peut-être même l'avenue d'un temple dont les traces ont disparu. Cette dernière supposition acquiert plus de poids par des rapprochemens comparatifs. L'enceinte de Philæ est toute semblable à celle d'Hermonthis; les colonnes de l'une et de l'autre portent sur chacune des faces de leurs dés la figure entière de Typhon. Ces deux édifices, soit à cause de leurs figures, soit d'après les autres sculptures qu'ils renferment, paraissent avoir été consacrés au mauvais génie représenté par Typhon, d'où peut-être on peut inférer que le temple, dont l'édifice de l'est ne forme qu'une partie, aurait été aussi un *Typhonium*. C'est un motif de croire que ce temple ne devrait pas être très-vaste, quoique ce qui en existe soit élevé sur de grandes dimensions, car les temples de Typhon sont tous assez petits.

L'état d'inachèvement dans lequel se trouvait l'édifice de l'est permit à nos savans de prendre sur le fait l'architecture égyptienne, et de la suivre pas à pas depuis sa première ébauche jusqu'à son dernier degré de perfection. Venu dans les derniers âges de la puissance des Pharaons, ce monument porte l'empreinte de l'art le plus pur et le plus avancé; les chapiteaux y sont d'une beauté et d'une exécution admirables; les volutes et les feuilles fouillées comme au beau temps de la Grèce. Il est impossible de trouver des surfaces mieux dressées, des colonnes plus arrondies, des arêtes plus vives, des courbes plus pures et plus continues. L'exécution des figures n'est pas moins remarquable ; si le contour en est raide et défectueux, les formes des reliefs sont au contraire pleines de souplesse.

Cette perfection du travail se rencontre en divers degrés dans les édifices de Philæ : elle est remarquable dans le grand temple, dans celui de l'ouest, mais surtout dans l'édifice de l'est. Il serait possible néanmoins que la grande lumière qui l'éclaire, la blancheur de la pierre et la finesse de son grain, entrassent pour quelque chose dans la supériorité apparente de son exécution.

En comparant cette perfection du ciseau avec l'immobilité dans les poses et l'étrange ignorance de la perspective qui caractérisent les sculptures égyptiennes, on cherche à se rendre compte comment un peuple si progressif d'une part est resté de l'autre stationnaire et ignorant à ce point. Pour expliquer cette contradiction, une même idée se présente à tous les esprits.

La loi religieuse, souveraine aux bords du Nil, avait dû chercher à consacrer, dès l'origine, une sorte d'immutabilité dans les objets qui tenaient au culte. Ainsi les prêtres législateurs avaient eux-mêmes, dans l'enfance de l'art, arrêté les poses et les formes de leurs divinités symboliques. Depuis lors, pour que ces types restassent les mêmes, il y eut un ordre, écrit dans la loi, perpétué dans l'usage, de les copier servilement sur les nouveaux temples que l'on bâtirait. De là, sans doute, ces figures humaines dont les épaules sont de face, la tête et le reste du corps de trois quarts et de profil; de là aussi le petit nombre d'attitudes différentes admises dans les représentations sacrées.

A côté des grands monumens que nous venons de décrire se trouve un petit temple (n° 23) situé un peu au Midi de l'édifice de l'Est; le temple proprement dit subsiste sans doute encore, mais il est totalement enfoui, et l'on ne voit plus de ce monument en miniature que le haut des colonnes du portique. Ce portique, déjà remarquable par la petitesse de ses dimensions, l'est encore plus par l'élégance et la finesse de ses sculptures.

Tels sont les souvenirs que la domination égyptienne a laissés au sein de Philæ, mais d'autres vestiges s'y trouvent encore comme pour attester le passage des conquérans modernes dans cette région tropicale. Au milieu de la partie Nord de l'île, un pan de muraille (lettre D) est resté debout, et il est facile, à la nature des matériaux qui le composent, à l'entablement dorique qui le couronne, de reconnaître l'œuvre des Grecs ou des Romains du Bas-Empire.

Non loin de là se trouve une espèce d'arc de triomphe (Pl. 63, lettre A), qui est plus visiblement de création romaine. Moins fini, moins pur, moins grand que l'arc d'Antinoë, il s'en rapproche néanmoins par quelques détails. C'est une arcade ouverte au milieu d'un massif, et traversée latéralement par des arcades plus petites.

Si l'architecture égyptienne avait besoin d'une nouvelle preuve de sa supériorité sur celles des autres peuples, elle la trouverait dans l'examen comparatif de ses débris et de ceux qu'ont laissés les architectures plus modernes. Toutes ces constructions grecques ou romaines, postérieures aux monumens du pays, faites souvent avec les pierres qui en ont été arrachées, se montrent plus ruinées, plus dégradées qu'eux; un jour elles seront entièrement anéanties, et les temples égyptiens existeront encore pour prouver la grandeur et la prévoyance du peuple qui les a élevés.

Ainsi, de quelque côté que l'on envisage ces

monumens, soit qu'on se rejette dans leur passé, soit qu'on les suive dans leur avenir, l'imagination humaine ne saurait fixer ni leur première ni leur dernière date. Cette langue hiéroglyphique, prodiguée sur les murs, garde seule le mot de l'une de ces deux énigmes, et jusqu'au moment où paraîtra cet OEdipe qui doit nous en donner la véritable clef, ces caractères mystérieux ne seront, pour le voyageur, qu'un non sens ou un sarcasme. Cependant, à défaut de tout idiôme humain, les pierres parlent quelquefois pour donner au moins des explications analogiques. Ces débris sculptés, trouvés à l'intérieur des colonnes et provenus d'anciens temples en ruines, donnent la preuve presque mathématique de deux âges de monumens, et renversent de fond en comble les bases sur lesquelles est assise notre histoire moderne. Mais ce n'est pas tout; et il est possible encore, à la couleur de la pierre, à l'ordonnance des édifices, de juger leur âge relatif. Ainsi, d'après l'inspection exacte des monumens de Philæ, nos savans purent reconnaître que le grand temple était le monument le plus ancien de l'île, et l'édifice de l'Est le plus moderne. L'état d'inachèvement de ce dernier serait, à défaut d'autres, une preuve déjà déterminante de ce fait : en reportant la date du dernier monument élevé dans Philæ à quelques années avant les ravages de Cambyse, on lui trouve deux mille trois cents ans d'existence ; des observations d'un ordre astronomique relevées dans le temple de l'Ouest, et basées sur la position du lion qui sert de déversoir, placeraient l'origine de ce monument à 2,500 ans avant l'ère vulgaire.

Mais ces demi-découvertes, ces rapprochemens incomplets, ces notes vagues, ne font qu'irriter la curiosité au lieu de la satisfaire. On se demande toujours dans quel but le peuple égyptien a voulu laisser de tels témoignages de sa civilisation dans une île défavorisée, au milieu de la région la plus ingrate, la plus pauvre, la plus rocailleuse de ses domaines.

A toutes les époques, ces circonstances si étranges ont frappé l'imagination humaine, et un grand nombre de ceux que leur destinée voyageuse a amenés dans l'île de Philæ ont voulu que leur nom figurât dans ce sanctuaire mystérieux. Ainsi sur le pylône même on lit les inscriptions suivantes :

L. TREBONIVS ORICVLA HIC FVI.
C. NVMONIVS VALA HIC FVI
IMP. CÆSARE XIII COS. AD VIII KAL. APRILES [1].

A leur tour, les soldats de la colonne expéditionnaire voulurent monumenter sur le grès de Philæ les faits et les noms les plus saillans de notre campagne orientale. On lit sous la grande porte du pylône.

L'AN 6 DE LA RÉPUBLIQUE, LE 13 MESSIDOR,
UNE ARMÉE FRANÇAISE,
COMMANDÉE PAR BONAPARTE,
EST DESCENDUE A ALEXANDRIE.
L'ARMÉE AYANT MIS, VINGT JOURS APRÈS,
LES MAMLOUKS EN FUITE AUX PYRAMIDES,
DESAIX, COMMANDANT LA PREMIÈRE DIVISION,
LES A POURSUIVIS AU-DELA DES CATARACTES,
OÙ IL EST ARRIVÉ
LE 13 VENTOSE DE L'AN 7.
LES GÉNÉRAUX DE BRIGADE
DAVOUST, FRIANT ET BELLIARD,
DONZELOT, CHEF DE L'ÉTAT-MAJOR,
LATOURNERIE, COMMANDANT L'ARTILLERIE,

---

[1] Moi L. Trebonius Oricula, j'ai habité ici. Moi C. Numonius Vala, j'ai demeuré ici, sous l'empereur César, consul pour la treizième fois, le 25 mars.

EPPLER, CHEF DE LA 21ᵉ LÉGÈRE,
LE 13 VENTOSE AN 7 DE LA RÉPUBLIQUE,
3 MARS, AN DE J.-C. 1799.
GRAVÉ PAR CASTEIX [1], SCULPTEUR.

Plus loin sur la face du mur qui ferme le temple à l'orient, les savans de la commission des sciences et arts, chargés d'explorer la Haute-Égypte, consignèrent quelque temps après le résultat de leurs calculs astronomiques. Voici leur inscription :

R. F.
AN 7.
BALZAC, COQUEBERT, CORABOEUF,
COSTAZ, COUTELLE, LACIPIÈRE,
RIPAULT, LEPÈRE, MÉCHAIN, NOUET,
LENOIR, NECTOUX, SAINT-GENIS, VINCENT,
DUTERTRE, SAVIGNY.
LONGIT. DEPUIS PARIS, 30° 34' 16".
LATITUDE BORÉALE, 24° 1' 34" [2].

---

[1] J.-J. Casteix, natif de Toulouse, faisait partie de la commission des sciences et arts. Il est mort à l'Hôtel-Dieu, à la fin de 1822, dans un entier dénuement. Il avait modelé en cire, à Denderah même, le célèbre Zodiaque. Cette copie et une autre en marbre qu'il avait exécutée sur une dimension de trois pieds six pouces, dont malgré sa détresse il avait refusé de faire la vente pour 10,000 fr. à un souverain étranger, ont été vendues après son décès pour 600 fr. à un amateur américain.

[2] Ces deux inscriptions existent encore. L'un de nos collaborateurs,

Outre ces inscriptions européennes, il en existe une foule d'autres dans la salle du tombeau d'Osiris écrites en arabe, en cophte et en caractères inconnus. L'on dirait, à voir ces vestiges d'âges divers et de peuples variés, que Philæ a été dans chaque époque le but d'un pélerinage, religieux pour les uns, scientifique pour les autres. Célèbre aux temps anciens, ce coin de terre avait inspiré les poëtes et enthousiasmé les annalistes; mais dans un siècle où la critique historique sapait une à une les exagérations de nos devanciers, il ne fallait pas moins qu'un examen collectif, qu'une reproduction géométrale de Philæ pour rendre à cette île fabuleuse son importance traditionnelle.

M. le baron Taylor, les a reconnues lui-même à Philæ le 23 janvier 1828.

CHAPITRE II.

Arrivée de Desaix à Esnéh. — Combat de Louqsor. — Attaque de Kenéh. — Rencontre d'Abou-Manah. — Marche de Mohammed-el-Elfy et de Mourad-Bey. — Leur défaite. — Affaire de Saouâma. — Mourad se réfugie dans l'Oasis. — Désastre de la flottille. — Arrivée du général Belliard. — Qeft ou Coptos. — Affaire de Coptos. — Combat de Benâouet.

La marche sur Philæ, l'occupation de l'île avaient purgé d'ennemis toute la frontière nubienne; et ce territoire ravagé n'était plus tenable aux Mamlouks. Pour s'affermir complètement sur cette ligne, il suffisait de mettre Syène à l'abri d'un coup de main, en l'entourant de quelques ouvrages. Le chef de bataillon du génie Garbé fut chargé de ce travail : il traça le plan d'un fort, au sud de la ville, sur une éminence qui en commandait toutes les approches. Mais ce n'était pas tout que de concevoir, il fallait exécuter ; et pour cela, pelles, pioches, marteaux, truelles, rien ne se trouvait sous la main de l'armée. On forgea ces ustensiles; et comme le bois lui-même manquait pour faire cuire des briques, on rassembla toutes celles des vieilles fabriques arabes. Chaque individu, soldat ou officier, savant ou employé, fut taxé à deux voyages par jour pour le transport des matériaux; beaucoup avaient peiné à se traîner eux-mêmes, et aucun pourtant ne chercha de prétexte pour décliner la tâche commune. Laborieuse à l'égal des cohortes romaines, la brave 21ᵉ mit à bâtir des retranchemens la même ardeur qu'à gagner une bataille; les bastions furent tracés et les travaux conduits avec tant de célérité, qu'en peu de jours la forteresse sortit de ses fondemens. En même temps on crénela une fabrique romaine assez bien conservée et qui, par sa situation, dominait à la fois et la plaine et le cours du fleuve.

Ces précautions de l'armée au point culminant de sa conquête devenaient d'autant plus utiles, que la guerre s'était déclarée de nouveau sur les derrières. Dans la marche forcée vers Syène, tous les Mamlouks n'avaient pas fui devant les Français. Hassan-Bey et Mohammed-el-Elfy avaient franchi le Nil à la hauteur d'êl-Rahyn avec à peu près deux cent cinquante Mamlouks. Campés aux environs de Deyr-Hassan, ils avaient vécu pendant quelque temps aux frais des villages de la rive droite; puis, à la première nouvelle du mouvement de Desaix, ils s'étaient enfoncés dans le Désert. Quant au parti qui fuyait vers les cataractes, la désunion semblait s'être mise dans ses rangs. Le vieux Soleyman-Bey tenait encore Ybrim avec quatre-vingts Mamlouks, mais le détachement que le général Belliard avait poursuivi jusqu'à Demhyd était rentré en Égypte en décrivant un demi-cercle par le désert arabique, tandis que Mourad-Bey, traînant à sa suite tout ce que le pays supérieur avait pu lui fournir de vivres, revenait vers Syout par la rive libyque, à la tête de trois cents fidèles cavaliers.

C'était au moment où le général Desaix descendait aussi de Syène avec sa cavalerie partagée en deux colonnes, l'une sous ses ordres, longeant la rive occidentale du fleuve, l'autre commandée par l'adjudant-général Rabasse, et tenant la route du bord opposé.

Arrivé à Esnéh le 21 pluviôse (9 février), Desaix apprit à l'instant que Hassan-Bey, après s'être effacé sur la route du corps divisionnaire, venait de se montrer sur la lisière arabique, et ravageait tout ce littoral du Nil. On arrivait à peine, nos dragons et nos chasseurs avaient encore le pied à l'étrier, quand Davoust reçut l'ordre de se mettre à la tête des 15ᵉ et 22ᵉ pour aller au devant de ce gros d'ennemis.

Cet officier traversa le fleuve, et dans sa rapide marche il joignit Hassan le 24 pluviôse (12 février) au pied des ruines de Thèbes, devant le village de Louqsor. Le Bey était alors occupé à faire sa provision d'eau sur les bords du Nil : prévenu par ses éclaireurs de l'apparition des Français, il trembla pour le convoi immense qu'il emmenait à sa suite. Son premier soin fut de diriger les chameaux vers le Désert, tandis qu'il se rangeait en bataille avec ses soldats pour sauver ce précieux butin. Cette fois d'ailleurs les Mamlouks n'avaient pas affaire à une infanterie qu'ils ne pouvaient entamer : de cavaliers à cavaliers la lutte était plus égale, et la chance devenait belle pour les Musulmans dans une mêlée où pouvaient se déployer la souplesse de leurs montures et la supériorité de leurs armes.

L'affaire débuta par un choc effrayant. Le 15ᵉ dragons, qui formait la première ligne, après un temps d'arrêt combiné fit feu de ses carabines, et cette décharge mit le premier rang ennemi hors de combat. Mais loin de reculer devant cette attaque meurtrière, les Mamlouks lancèrent leurs chevaux, en cherchant, selon leur tactique habituelle, à déborder les ailes du corps de Davoust pour le prendre en flanc et à dos. Attentif à neutraliser cette manœuvre, le 22ᵉ chasseurs s'ébranla au grand trot, et fit front de toutes parts à cette nuée d'hommes qui tourbillonnait, épiant un côté faible, et poussant ses *houras* de guerre. Alors la mêlée devint générale. Pendant trois heures entières ce fut entre les deux corps un combat multiple, un duel d'homme à homme. A Louqsor comme à Salahiéh, nos cavaliers eurent à lutter contre l'adresse individuelle de ces Centaures orientaux, se dressant sur leurs hautes selles, trompant l'œil par la brusque vivacité de leurs mouvemens et décrivant autour de leurs adversaires un long cercle de poussière, de fumée et de feu. Tantôt simulant la fuite, ils se retournaient à l'improviste pour porter un coup plus sûr; tantôt, couchés à plat sur leurs chevaux, ils arrivaient presque inaperçus sur la victime qu'ils s'étaient choisie. Admirables au milieu d'un pêle-mêle, homme et coursier semblaient se comprendre et n'avoir qu'une intention; pendant que l'un méditait une attaque, l'autre semblait calculer dans son allure le moyen d'éviter la riposte. De tels antagonistes n'étaient pas indignes de l'épée française; aussi les dragons et les hussards firent-ils assaut de valeur dans ce conflit meurtrier. Le carnage fut grand de part et d'autre. A côté du chef d'escadron Fontette, tué d'un coup de sabre qui lui fendit le crâne, tomba Hassan-Bey lui même blessé grièvement; près d'une foule d'officiers et de soldats français, gisaient un nombre plus grand encore de kiachefs et de Mamlouks. Dans une affaire désordonnée où chacun payait de sa personne, il y eut de beaux faits d'armes individuels : le jeune Mont-Léger entre autres, aide-de-camp de Davoust, blessé, démonté au fort de l'action, se jeta sur un Mamlouk, l'étendit mort d'un coup de pistolet, et, sautant sur le cheval libre, il continua à se battre jusqu'au dernier moment avec autant d'intrépidité que de bonheur. Enfin le combat cessa de lassitude : Hassan-Bey, calculant que son convoi était désormais hors de la portée de l'ennemi, se replia sur la route que ses chameaux avaient prise, et laissa la plaine de Louqsor jonchée de cadavres. Français et Musulmans étaient tombés en nombre à peu près égal, tant les forces avaient été balancées. A vrai dire, là comme à Salahiéh, aucun des partis ne put s'attribuer la victoire. Le Bey avait rempli son but; Davoust sa mission; l'un avait sauvé sa caravane, l'autre déblayé le littoral du Nil.

Le soir même, Hassan alla camper à Êl-Guittah, nommé vulgairement *la Kitta*, caravanserail situé auprès de deux puits, dans l'intérieur du Désert, sur la route de Qosseïr. Mais ce n'était pas là une position tenable; tôt ou tard le Bey devait se rapprocher de Redisy près du fleuve, et même passer sur la rive gauche pour y prendre ses quartiers dans un village qui lui appartenait. Desaix, calculant toutes ces probabilités, envoya dans ce hameau un détachement de cent soixante hommes sous les ordres de son aide-de-camp le capitaine Clément. Lui-même, après avoir laissé à Esnéh une garnison de deux cents hommes, sous le commandement du capitaine Binot, se mit en route pour Kous avec la cavalerie de Davoust qui arrivait de Louqsor.

Déjà, peu de jours auparavant, le général Friant avait pris, par ses ordres, la même direction avec la plus grande partie de sa brigade ; il ne s'agissait pas cette fois d'aller combattre les Mamlouks, mais des fantassins non moins braves et plus fanatiques.

Les Mekkains, accourus d'Yambo, taillés en pièces à Semhoud, avaient, à la suite de cette affaire, rallié leurs débris sur la rive droite du Nil, dans la vallée qui s'étend entre Kenéh et Qosseïr. Là, recrutant à leur parti les Arabes Ababdeh qui peuplent cette région, ils avaient de nouveau confiance en leurs forces, et méditaient de reprendre l'offensive. A leur tête figurait le chérif Hassan, apôtre fougueux et soldat intrépide, soufflant sur les siens toute la haine du Koran contre le nom chrétien, et ne s'épargnant pas quand il fallait prêcher d'exemple. Pour opérer à coup sûr, ce chef de partisans attendait l'arrivée d'un second convoi qu'on lui avait promis de la Mecque, et il cherchait à se maintenir, dans cette intervalle, au milieu des gorges arides de la chaîne arabique. Le peu de subsistances qu'il pouvait s'y procurer lui venait tantôt de Qosseïr, tantôt de Kenéh ; et Desaix, voulant l'affamer dans son désert, donna l'ordre au général Friant d'occuper cette dernière ville, et de lever des contributions en argent, en vivres et en chevaux jusqu'à Girgéh.

Friant se mit en marche le 18 pluviôse (6 février) : le chef de la 61e demi-brigade, Conroux, marchait à quelque distance en avant-garde. Cet officier était à peine entré dans Kenéh avec son détachement, que les Mekkains sentant tout le danger d'un pareil voisinage, menacés d'ailleurs dans leurs dernières ressources, marchèrent vers la ville pour s'en emparer dans un assaut nocturne, et y surprendre la garnison française. Le 24 pluviose (12 février) à onze heures du soir, circonstance inouie chez des Musulmans, tous les postes de la 61e furent attaqués ; mais quoique cette agression fût imprévue, nos soldats la reçurent comme s'ils y avaient été préparés. En quelques minutes le corps entier se trouva sous les armes, et son jeune chef Conroux au premier rang, parcourant la ligne de bataille. Au moment où il donnait ses ordres, un coup de pique qu'il reçut dans la tête l'étendit par terre sans connaissance. En voyant tomber un officier aimé de tous, les grenadiers de la 61e s'élancèrent d'abord pour lui faire un abri de leurs poitrines et le mettre en sûreté; puis, remués à la fois par la douleur et la soif de la vengeance, ils se précipitèrent sur les assaillans avec une rage nouvelle, et les chassèrent à la baïonnette des avenues de la ville. Mais les ténèbres de la nuit ne permirent pas aux Français de profiter de leurs avantages; après avoir balayé les alentours de Kenéh, il fallut se replier sur les postes extérieurs. Ce répit inattendu, cette circonspection peu habituelle chez nos soldats, rendirent aux Mekkains toute leur présomptueuse audace. Prenant la prudence pour de la peur, ils s'élancèrent de nouveau vers la ville en poussant des hurlemens épouvantables. On les attendait; et la fusillade, éclairée alors par la lune, porta dans les rangs de ces agresseurs téméraires des coups plus sûrs et mieux dirigés. Quand ce premier accueil eut mis le désordre dans leurs rangs, le chef de bataillon Dorsenne, qui avait remplacé Conroux, ordonna une charge en colonnes serrées, et balaya tout ce qui se trouvait sur la route. A ce moment, une débandade complète, un *sauve qui peut* dispersa les Mekkains dans la plaine, et pendant trois heures nos soldats les poursuivirent la baïonnette dans les reins. Désorganisés, errans çà et là et privés de chefs, ces aventuriers ne démentirent pas néanmoins leur farouche courage; surpris un à un, ils aimaient mieux mourir que de se rendre, et trois cents d'entre eux, acculés dans un bois de palmiers, périrent jusqu'au dernier homme, sous les feux de bataillon, plutôt que de demander grâce. L'affaire de Kenéh ne fut sanglante que pour eux; car la 61ᵉ compta à peine quelques blessés, parmi lesquels, chose étrange! ses chefs de brigade et de bataillon, Conroux et Dorsenne. Du reste, l'avant-garde de la division Friant prit seule part à cette défense : ce général, quelque diligence qu'il eût faite, n'arriva aux portes de Kenéh que trois heures après la victoire.

A quelques jours de là, il devait prendre sa revanche contre les mêmes adversaires. Repoussés de Kenéh, les Mekkains avaient de nouveau demandé asile aux sables du désert arabique, et le plus grand souci des chefs français était de les tenir emprisonnés dans ces vallons sans ressources. De forts postes militaires gardaient tous les points qui débouchaient sur le littoral du Nil : un seul avait été oublié; ils en profitèrent. Le chérif Hassan avait de nouveau groupé autour de lui ces hordes fugitives : il les avait retrempées de son fanatisme, aiguillonnées de ses espérances. A l'entendre, les cheyks de la ville sainte allaient envoyer l'Arabie entière au secours *du turban vert;* des zaïmes chargées de soldats musulmans venaient d'aborder à Qosseïr, et dans huit jours il ne devait plus rien exister de cette poignée d'infidèles qui dévastaient l'Égypte. Pour donner encore plus de relief à ses paroles, il leur faisait un tableau pompeux du butin que leur promettait la victoire, caressant tour à tour les deux grands mobiles des passions orientales, la cupidité et le fanatisme. Ainsi préparés, le chérif guida leur marche au travers de la chaîne montueuse, et les fit entrer dans la vallée riveraine à la hauteur du village d'Abou-Manah. Là, pendant plusieurs jours, il grossit son corps de Mamlouks vagabonds et de fellahs que fascinait sa parole.

Cette fois le général Friant devait opérer en personne contre ces antagonistes obstinés. A son arrivée devant Abou-Manah, il vit l'armée du chérif rangée en bataille au pied du village, et faisant bonne contenance. Mais aux premiers coups de canon, cette nuée de fellahs et d'Arabes à cheval, inaguerris et mal disciplinés, se dispersa à travers la plaine, en poussant des cris horribles. Les Mekkains seuls tinrent encore; mais réduits à un petit nombre, démoralisés par la fuite de leurs alliés, ils cédèrent devant une charge à la baïonnette que dirigeait le chef de brigade Conroux, remis à peine de sa blessure. Acculés vers le village, tournés de toutes parts, envain se jetèrent-ils dans les habitations pour s'y défendre : forcés dans cette dernière retraite, ils y furent tous massacrés. Le chérif lui-même n'échappa au désastre commun qu'avec la plus grande peine : il regagna le Désert à pied, et rentra presque seul à la Kitta.

Lorsqu'après la victoire décidée, les Français se rassemblèrent au roulement de la générale, on fut tout étonné de voir qu'une brigade entière manquait à l'appel. C'était la 88e qui au début de l'affaire s'était élancée avec son commandant Silly à la poursuite des premiers fuyards. Pendant une journée entière, on attendit son retour avec une anxiété extrême : le général Friant lui-même ne savait que penser de cette absence si longue et si inconcevable. Attirée dans une embuscade, la brigade essuyait-elle en ce moment un combat inégal ? ou bien égarée dans ces immenses plaines, sans guides pour en sortir, sans vivres pour y subsister, était-elle destinée à périr de soif et de famine ? Au moment où ces noires conjectures roulaient dans la tête du brave général, voilà qu'à l'horizon reparaît la brigade perdue, non pas haletante, décimée, mi-morte de faim, mais fraîche, riante et chargée de dépouilles ennemies. Dans le premier feu de sa poursuite, elle avait pris un fellah qui lui avait offert, comme pour rançon, de la conduire au camp des Arabes d'Yambo, et elle avait accepté. Six heures durant, elle avait suivi la route sablonneuse du Désert ; l'étape commençait même à lui paraître longue, quand s'offrirent à elle les tentes abandonnées des Mekkains, bien pourvues de vivres, d'eau et de dattes, garnies de bons tapis persans et de belles pipes orientales. L'absence fut expliquée, et l'inquiétude fit place aux réjouissances de bivouac.

A la suite du combat d'Abou-Manah, le général Friant reçut l'ordre de balayer toute la rive droite du Nil jusqu'à Girgéh, où il arriva le 3 ventôse (21 février). Il laissa un bataillon de la 88ᵉ, sous les ordres du chef de brigade Morand, puis se porta sur Farchout, d'où il renvoya les deux bataillons de la 61ᵉ à Kenéh. Pendant ce temps, Desaix était arrivé à Qous avec les 14ᵉ et 18ᵉ de dragons : les 15ᵉ et 20ᵉ placés sous les ordres du colonel Pinon avaient été détachés, chemin faisant, vers Salahiéh, point important, débouché de la route de Qosseïr à Kenéh, et du caravanserail de la Kitta. En même temps il couvrait le pays de colonnes mobiles chargées de faire rentrer le miry, et de mettre en réquisition tous les chevaux nécessaires à la remonte de la cavalerie.

Au milieu de ces soins militaires et administratifs, Desaix reçut la nouvelle qu'une partie du corps mamlouk refoulé au-delà des cataractes, avait rallié autour de lui quelques paysans nubiens, et qu'après un long circuit dans le désert de la droite, il avait rejoint le détachement d'Hassan-Bey. Enhardie par ce renfort, cette colonne de huit cents cavaliers s'était présentée devant Esnéh, mais l'attitude du capitaine Clément à la tête de ses cent soixante hommes l'ayant empêché de franchir le Nil à cette hauteur, elle avait effectué son passage à Erment, quinze lieues plus bas.

Ce n'était là encore qu'un incident dans le nouveau plan de campagne des beys. Ces cavaliers descendus par la rive droite devaient rejoindre sur la gauche le corps principal de Mourad-Bey ; et lui-même accourait dans l'Égypte-Moyenne à la voix de son fils d'adoption, de Mohammed-Êl-Elfy, sa créature et son lieutenant.

Séparé de Mourad après la bataille de Semhoud, Mohammed avait d'abord suivi Hassan-Bey sur le littoral arabique. Informé plus tard par ses émissaires que les provinces de Syout et de Girgéh étaient libres d'ennemis, il était venu prendre position avec un noyau de cavaliers dans la petite vallée d'Êl-Akhmym. De là, il avait d'abord entretenu des intelligences dans le pays, puis enhardi par l'éloignement des Français, il s'était établi dans Syout même, avait levé des tributs d'argent et de vivres, soulevé diverses peuplades arabes, et enrôlé sous ses drapeaux toute la population adulte de la province.

C'était sur la foi de ces nouvelles favorables que Mourad-Bey descendait de la région nubienne avec son corps réparti sur les deux rives; mais Desaix surveillait son ennemi, il avait deviné ses nouvelles visées stratégiques, et son plan était déjà fait. Sur l'ensemble des mouvemens, il jugea que Syout était le rendez-vous général de ces corps éparpillés. A l'instant même il se mit en marche pour les attaquer isolément : le 12 ventôse (2 mars) il franchit le Nil à la hauteur de Farchout, laissant derrière lui la flottille dont l'allure était trop lente à son gré. Dans son mouvement rapide vers Syout, il apprit que dans les environs de Saouâma un simple Mamlouk, appuyé des cheyks du pays, avait rallié autour de lui une nuée de fellahs et de Bédouins; et que cette armée nouvelle se préparait à lui disputer le passage.

Desaix redoubla de vitesse pour la combattre avant la jonction générale. Il la rencontra devant Saouâma, rangée en bataille, et cherchant à s'aguerrir par des cris sauvages contre le péril qui la menaçait. L'ordre de bataille fut formé à l'instant. Pour empêcher que les débris de ce corps ne se frayassent une voie vers Mourad-Bey ou Mohammed-Êl-Elfy, le général Friant partagea ses soldats en trois détachemens, qui cernèrent les fellahs et leur coupèrent la route du Désert. Ainsi tournés et flanqués de baïonnettes, Desaix les aborda de front au pas de charge, pendant que les colonnes détachées les contenaient sur les flancs et sur les derrières. Peu à peu ce carré de feu et de fer se replia dans un moindre espace, jusqu'à ce que, se rejoignant comme un mur sans issue, il n'offrit aux malheureux traqués de la sorte d'autre refuge que les eaux du fleuve. Ils s'y jetèrent tous ; mais entraînés par le courant, ou criblés par les feux du rivage, la plupart y trouvèrent leur tombeau.

A la suite de ce premier avantage, Friant se sépara de Desaix, et les mouvemens de ces deux corps se combinèrent pour provoquer un résultat décisif. Le premier marcha droit vers le Désert en étendant sa ligne de manière à couper Mourad et Mohammed. Le second fit route dans la direction de Syout, dans le but de chasser de cette ville jusqu'aux derniers débris du rassemblement, et d'y tuer la révolte dans son germe.

Cette double manœuvre réussit à souhait. Mourad-Bey se voyant prévenu n'osa pas engager une action inégale ; entraînant à sa suite cent cinquante cavaliers, il chercha dans la grande Oasis (El-Ouah) un refuge contre la vigilance française. Quelques traîneurs de sa colonne, parmi lesquels se trouvaient plusieurs kachefs et le bey Osman-Êl-Cherqaouy, parvinrent seuls à rejoindre Mohammed-Êl-Elfy ; et ce dernier déjoué dans ses plans, isolé, réduit à ses propres forces, regagna promptement la vallée d'Êl-Akhmym, où la prudence le tint confiné jusqu'à nouvel ordre. Au milieu de tant de marches et contremarches, un grand nombre de Mamlouks, ou égarés dans le Désert, ou transfuges volontaires, épuisés de fatigue, mourant de privations, se cachaient dans les villages et même dans Syout, et vendaient leurs armes pour y subsister : il y en eut qui s'offrirent comme recrues aux Français ; l'un d'eux, entre autres, soldat d'Osman-Bey, supplia nos officiers de vouloir bien accepter ses services, faisant valoir sa qualité de Hongrois et de chrétien. C'était en effet un ancien sous-officier des hussards autrichiens du régiment de Wentschal, fait prisonnier dans une guerre de l'Empire contre la Porte. D'autres se présentèrent plus tard, qui avaient appartenu aux anciens dragons de la Tour ou à des corps croates : captifs à Constantinople, ils avaient été transportés en Égypte jeunes encore, et de force ou de gré ils étaient devenus circoncis et Mamlouks. Plus tard on les enrégimenta, et ce fut, pour nos phalanges républicaines, de braves et loyaux auxiliaires.

Desaix avait gagné la partie ; mais une cruelle revanche l'attendait. Impatient qu'il était d'en finir avec Mourad, il avait laissé sa flottille sans sauve-garde militaire. Au milieu de ces marches combinées, le rayon dans lequel elle se trouvait restait entièrement dégarni de troupes. Son commandant Morandi avait bien cherché à gagner Syout pour se remettre sous la protection de nos brigades ; mais un vent du nord très-violent l'empêchait de faire route dans cette direction, et avec des peines infinies, il n'avait pu arriver qu'à la hauteur du village de Benâouet. Un des éclaireurs du chérif Hassan lui rendit compte de cette position critique. Ce chef des Mekkains avait rassemblé autour de lui les restes échappés au combat d'Abou-Manah, et comme pour le servir à point, quinze cents Arabes d'Yambo, tout fraîchement débarqués à Qosseïr, venaient de le rejoindre dans son camp de la Kitta.

L'occasion était belle ; le chérif la saisit. Il

prit à peine le temps de prévenir Osman-Bey, pour qu'il pût au besoin lui prêter aide avec ses Mamlouks; et réchauffant l'ardeur de ses nouvelles milices par ses promesses trompeuses, il marcha vers Benâouet pour attaquer la flottille de Morandi.

Cette flottille se composait de plusieurs barques chargées de munitions, de vivres et d'effets, sous la conduite de la djerme *l'Italie* armée en guerre, sur laquelle le commandant avait mis pavillon. Cette djerme portait les blessés, les malades et quelques hommes armés.

Quand cette nuée de fanatiques parut sur le rivage, en hurlant des cris de guerre, Morandi sentit que la partie n'offrait point de chances pour lui : néanmoins il voulut que la vie des siens et la prise des barques fussent chèrement payées. Supportant une vive fusillade, il laissa les Mekkains s'agglomérer sur le bord du fleuve, et quand ils s'offrirent en masses serrées, *l'Italie* démasqua ses batteries et les salua par une canonnade terrible. Cent Arabes d'Yambo tombèrent à la première décharge, sans que les autres en fussent ébranlés : plongeant dans le fleuve, ils s'élancèrent à l'abordage des petites barques du convoi, les amarinèrent, et après les avoir allégées de leurs munitions de guerre, ils les remplirent de soldats armés qui cinglèrent vers *l'Italie*. Cette djerme restait seule ; entrourée d'ennemis, elle faisait voler sur eux sa mitraille : debout sur le pont, l'intrépide Morandi commandait le feu, et dirigeait lui-même les bordées ; mais ses canonniers étaient presque tous blessés ; et déjà sur la rive gauche les fellahs se rassemblaient en armes pour le prendre entre deux feux. Alors le commandant songea à la fuite. Il donna l'ordre d'appareiller, et peut-être, malgré la violence du vent, eût-il réussi dans sa manœuvre, si la djerme, mal servie par un épuipage décimé, ne se fût engravée à quelques encâblures du champ de bataille. A la vue du bâtiment échoué, ce fut une longue clameur de joie parmi les Mekkains et les fellahs ; on se disputait sur les deux rives à qui se jetterait dans les barques ; on dévorait *l'Italie* des yeux comme une proie ; le Nil fourmillait de têtes de nageurs qui glissaient vers la djerme. En un instant le pont en fut inondé. C'était le moment qu'attendait Morandi : réalisant son dernier effort, il s'élança vers la soute aux poudres, alluma la mêche de sa main, et sauta dans le fleuve avec le reste de son équipage. Les balles et les pierres achevèrent ces infortunés; mais la vengeance ne se fit pas attendre; *l'Italie* éclata, en rejetant sur le rivage ses débris fumans au milieu des cadavres des vainqueurs [1].

Le chérif Hassan triomphait : cette fois sa parole prophétique avait eu raison; une victoire d'extermination contre une poignée de Français venait d'affermir l'autorité du chef arabe et d'exalter le courage de ses soldats. Prévenus de l'approche d'une colonne républicaine, ils lui présageaient le sort de la flottille, et s'en partageaient d'avance les dépouilles.

Cette colonne était celle du général Belliard qui, sur les premiers mouvemens des Mamlouks, avait quitté Syène le 6 ventôse (24 février). Ayant laissé garnison à Esnéh, ce général s'était depuis lors contenté d'observer Hassan-Bey qui se remuait d'une rive à

---

[1] La nouvelle de ce désastre parvint à Bonaparte sous les murs de Saint-Jean-d'Acre. Bourrienne raconte qu'à la lecture de la dépêche où elle était relatée, le Général, faisant allusion à des craintes qu'il avait exprimées quelques jours auparavant sur le sort de la péninsule Italique, s'écria en frappant violemment sur sa table : *Que vous avais-je dit, Bourrienne? L'Italie est prise : mes pressentimens ne me trompent jamais.*

l'autre du Nil. Informé d'ailleurs de la défaite récente des Mekkains, rassuré par les rapports de Desaix, il était loin de penser que sa présence fût aussi nécessaire dans les environs de Benàouet. Le 18 ventôse (8 mars), quand la nouvelle du désastre naval lui parvint entre Thèbes et Qous, il força sa marche, traversa le Nil à El-Kamouléh et arriva à Qous le 19 (9). Dans cette ville peuplée de Cophtes ennemis des musulmans, on renchérit encore sur le tableau de la catastrophe : les cheyks de la ville en firent à Belliard le récit exagéré; ils racontèrent les traitemens barbares que les vainqueurs avaient fait subir aux marins jetés sur les rives du Nil après l'explosion de *l'Italie*. Suivant eux, on avait cloué ces infortunés aux palmiers voisins, et là, torturés avec le fer ou le feu, ils étaient morts, après deux jours d'agonie, aux sons de la musique arabe et d'hymnes d'imprécations. A ces effroyables détails, les Cophtes ajoutaient des confidences stratégiques; dans la naïveté de leur propre terreur, ils ne trouvaient point de chiffre assez haut pour nombrer les Mekkains; ils ajoutaient que les Mamlouks d'Osman-Bey, au nombre de cinq cents, avaient passé le Nil à Edfou, et opéré leur jonction avec les

Arabes d'Yambo. L'un de ces Cophtes, cheyk principal de l'endroit, semblait, à un degré plus haut que les autres, préoccupé du danger qui attendait nos soldats. « N'y allez pas, disait-il, » ce sont des hommes féroces, que le Koran a » élevés dans la haine du nom chrétien; ils ne » craignent pas la mort, et vous égorgeront » jusqu'au dernier. » Et comme il voyait que la crainte n'était guère bien venue auprès du brave Belliard, il se rabattit de nouveau sur le chapitre des renseignemens, précisa mieux les localités, les forces de l'ennemi et ses ressources. Ce dernier devoir accompli, il suivit la colonne française aussi loin qu'il le put, et la quitta les larmes aux yeux.

Qous était déjà loin; on venait de dépasser Qeft (l'ancienne *Coptos*) lorsque Belliard vit déboucher, tambour battant et drapeaux déployés, trois colonnes d'infanterie mekkaine et les cinq cents cavaliers d'Osman-Bey. Leur développement occupait une ligne longue à peu près d'une lieue. A cette vue, le général français composa son ordre de bataille, la brigade fut formée en carré, flanqué d'une pièce de canon de 3, la seule qu'elle eût, et de quinze hommes de cavalerie. Elle avança de la sorte et silencieusement jusqu'aux premiers villages occupés par les gens d'Yambo. Là les cris d'usage annoncèrent l'attaque : une colonne mekkaine se détacha pour y préluder ; et comme Belliard avait éparpillé quelques tirailleurs autour de son massif de soldats, Hassan ne voulut pas être en reste ; d'une voix solennelle il ordonna aux cent plus braves de sa troupe d'aller égorger ces infidèles jusqu'au dernier. Deux cents au moins s'élancèrent, délirans de bravoure, se disputant l'honneur du premier péril. A cet élan, nos tirailleurs se réunirent; et cessant leur feu, ils reçurent le premier choc à la baïonnette. Bientôt cette escarmouche d'avant-postes devint un combat corps à corps, une lutte d'homme à homme. Les Mekkains étaient forts de leur nombre; les Français de leur tactique; les premiers, mal armés, se jetaient en furieux sur les fusils de nos soldats peu habitués à ce genre de guerre. Cette position critique dura quelque temps avec des chances balancées, et l'on ne prévoyait pas à qui resterait l'avantage, lorsque la petite réserve de dragons, qui escortait notre infanterie, exécuta une charge à fond, et donna ainsi aux éclaireurs le temps de se reformer. Alors ce fut une boucherie ; les feux croisés des fantassins, le sabre des cavaliers, la mitraille des artilleurs broyèrent en morceaux tous ces enfans perdus de l'armée asiatique. Près de quatre-vingts mordirent le sable ; l'adjudant-major Laprade en tua deux de sa main ; et trois drapeaux de la Mecque restèrent à nos tirailleurs comme dépouilles opimes.

Ce n'était là que le prologue du drame qui devait durer deux jours : l'avant-garde une fois écrasée, Belliard marcha vers le corps de bataille qu'il avait jusqu'alors tenu à distance avec le canon ; mais à mesure qu'on gagnait du terrain la lutte devenait plus sérieuse et plus inégale. On était au pied des villages dans lesquels le chérif avait pris position : la fusillade sifflait de tous côtés ; les balles semblaient sortir des murs, des haies, des fossés ; il fallait marcher l'arme au bras, au milieu de cette singulière harmonie, respirer cette atmosphère où la mort se croisait, et servir de cible à ces tireurs invisibles, jusqu'à ce qu'on les eût délogés.

Deux hameaux avaient été emportés ainsi, et l'on se trouvait en face du troisième, lorsque les Mamlouks, demeurés jusqu'alors témoins impassibles de l'action, s'ébranlèrent en menaçant la queue du carré : une poignée de tirailleurs suffit pour contenir cette cavalerie qui cherchait moins à entamer une affaire qu'à susciter une diversion; et le reste de la brigade n'en poursuivit qu'avec plus d'ardeur sa route en avant sur le front d'attaque.

Des canaux à traverser, des halliers à franchir ne dérangèrent rien à ce bel ordre de bataille : Belliard arriva ainsi, presque sans perte d'hommes, jusque dans la plaine de Benâouet où se trouvait le gros des forces mekkaines. Le général français s'attendait bien à un combat opiniâtre : il connaissait l'aveugle dévouement et le courage entêté de ses adversaires; il avait prévu toutes les chances d'une prise d'assaut, piéges, guet-apens, fusillades de maisons; mais dans cette série d'obstacles possibles, celui sur lequel il avait le moins calculé devait se présenter à lui le premier. A peine en vue de Benâouet, la brigade fut saluée par des décharges d'artillerie qui faisaient pleuvoir sur elle la mitraille et les boulets. Belliard crut d'abord que ces pièces, montées à l'orientale, ne roulaient pas sur affût, et ne battaient par conséquent que dans une seule direction; pour les éviter, il ordonna une marche oblique; mais le canon suivait les mouvemens de la brigade, labourait les rangs, et faisait de nouvelles victimes. C'était la première fois que nos officiers se trouvaient en face d'une artillerie égyptienne mobile dans son jeu, et cette circonstance leur paraissait inexplicable. En effet, la batterie sous laquelle on marchait était composée de quatre pièces conquises par les Arabes à bord de *l'Italie*, servies avec des munitions françaises, et disposées sur la berge d'un canal large et profond.

L'intrépide Belliard, devinant le fait, sentit que la moindre hésitation serait fatale sous ces bouches tonnantes. A l'instant il fit battre la charge, et formant des carabiniers en colonne d'attaque, il leur confia la mission périlleuse d'enlever la batterie, pendant que le grand carré, continuant le combat avec le corps principal de l'ennemi, passerait le canal et chercherait à le tourner.

Les carabiniers s'élancèrent vers le point indiqué : déjà même, parvenus sur la berge, ils allaient rester maîtres des canons, lorsque les Mamlouks d'Osman-Bey se précipitèrent à toute bride sur eux, croyant avoir bon marché de soldats engagés en tête et en queue. Mais le sang-froid des carabiniers ne se démentit pas : faisant face en arrière, ils accueillirent d'abord les cavaliers avec des feux de peloton si bien nourris, que ceux-ci, renonçant à la partie, opérèrent une conversion rétrograde; puis se retournant contre la batterie, ils massacrèrent les Arabes d'Yambo qui la servaient, et, maîtres des pièces, les dirigèrent à l'instant même contre l'ennemi.

C'était au moment où le grand carré se jetait dans le canal à la poursuite de l'armée de Hassan : serrés de près par les baïonnettes, foudroyés par le canon qui leur avait été enlevé, les Mekkains se repliaient en désordre vers un bois de palmiers, au milieu duquel blanchissaient les maisons du grand village de Benâouet. Quand ils virent que le large fossé qui les couvrait ne retardait pas la marche de la brigade, ils se dispersèrent çà et là, les uns cherchant un refuge dans les barques, les autres prenant position dans les habitations, dans une mosquée, mais surtout au sein d'un grand château de Mamlouks, résidence habituelle du kachef qui gouvernait le pays, enceinte crénelée de murailles, espèce de camp retranché dans lequel se trouvaient alors toutes les munitions de guerre, tous les bagages des aventuriers asiatiques.

Là, dans ce château, devait se terminer la lutte meurtrière qui durait déjà depuis douze heures. Belliard y marcha, après avoir partagé sa troupe en deux colonnes, l'une destinée à étendre un cordon de siége autour du bâtiment des Mamlouks, l'autre chargée de battre le village, de nettoyer les maisons qui abritaient les ennemis, et d'enlever la mosquée de vive force. Ainsi divisée, la brigade s'élança au pas de charge vers Benâouet, et chacun de ses mouvemens, dans cette bourgade, fut marqué par des scènes de sang. Traqués dans leur dernière retraite, les Arabes d'Yambo firent des prodiges de résistance. Chaque mur, chaque fenêtre grillée, chaque terrasse envoyait sa mousqueterie; le Nil lui-même portait son contingent de tirailleurs mekkains. Barques, maisons, jardins, enclos, il fallut forcer un à un tous ces retranchemens improvisés, faire cinquante siéges dans un seul. Les soldats de Hassan étaient ivres d'acharnement et de fanatisme; blessés, à demi-morts, ils cherchaient encore de l'œil une victime; étreignaient avec leurs bras, déchiraient avec leurs dents les pieds vainqueurs qui croyaient fouler des cadavres. Ce fut ainsi pendant plusieurs heures un assaut multiple, une guerre d'égorgement, mêlée de râles d'agonie, de hurlemens de blessés, de clameurs de femmes et d'imprécations religieuses.

La scène la plus vive se passa devant la grande mosquée, toute pleine de puritains musulmans, qui, le doigt sur la détente, l'œil sur la porte et les lèvres à la prière, demandaient à *Allah* la faveur de mourir au sein de son temple. Le chef de brigade Eppler se présenta avec un détachement pour les forcer dans cet asile ; déjà même il avait atteint le porche de la mosquée, lorsqu'une vive fusillade l'arrêta sur le seuil. A grande perte d'hommes, il eût pu pénétrer dans l'enceinte, et acheter par un peu de sang l'extermination de tous ces fanatiques, mais la vie des soldats républicains jetés en terre égyptienne était trop précieuse pour qu'on ne cherchât pas à la ménager. Le fer aurait rendu la victoire coûteuse ; on eut recours aux flammes ; l'incendie tint lieu de l'assaut. Armés de brandons résineux, les carabiniers mirent le feu à la mosquée : bientôt la charpente pétilla, les combles s'affaissèrent, et les Mekkains, cernés dans l'édifice, périrent tous asphyxiés par la fumée ou rôtis dans ce brasier ardent. Fille de la nécessité, cette méthode expéditive fit fortune; on l'appliqua à toutes les habitations du village qui prolongèrent leur résistance; de toutes parts la flamme tourbillonnait, ici douteuse encore au milieu de son enveloppe de fumée, là vive et montant en pyramide du sein des murailles écroulées. Grâce au nouveau genre de guerre, Benâouet n'offrit en peu de temps qu'un monceau de ruines fumantes semé de cadavres charbonnés. Jamais, dans le cours de la campagne égyptienne, scène hideuse à ce point n'avait contristé le regard.

Tout était soumis; barques, mosquée, village, tout, excepté la grande maison carrée des Mamlouks, dans laquelle s'étaient repliés les détachemens fugitifs, et où le chérif commandait encore avec toute son autorité de chef religieux et militaire. Depuis près de deux heures, la colonne que Belliard dirigeait lui-même, tournait autour de cette vaste enceinte, en cherchant le point le plus accessible à l'attaque. Pendant cette longue reconnaissance, les assiégés faisaient feu sur les assaillans, de toutes les ouvertures crénelées, des embrasures de fenêtres, des cours intérieures et des terrasses du comble. A la portée de leurs fusils, au calibre des balles, il était facile de reconnaître que les Mekkains usaient de leur conquête, en utilisant les armes et les munitions trouvées à bord de la flottille. Sur tous les flancs du château éclatait une mousqueterie vive et meurtrière; les issues fourmillaient de défenseurs étagés du plain-pied jusqu'au faîte du bâtiment. La nuit venue, les Français n'avaient pu réussir à rien, et soixante des leurs étaient tombés victimes de toutes ces fausses attaques. Alors on prit des mesures pour un siége sérieux : les maisons adossées au grand bâtiment furent incendiées, on coupa les communications entre le Nil et l'ennemi; on plaça en batterie les pièces reprises sur la berge du canal. De leur côté, les Arabes de Hassan se livaient aussi à des travaux de défense; ils crénelaient les murailles qui ne l'étaient pas, organisaient des batteries basses, et pointaient les canons dont ils ne s'étaient pas encore servis. Les heures de la nuit s'écoulèrent ainsi, à la lueur des édifices flambans, au bruit des coups de feu qu'échangeaient les avant-postes.

Quand parut l'aube, Belliard donna l'ordre de faire jouer l'artillerie et de battre en brèche la maison carrée; mais construite en briques non cuites, chaque boulet y creusait son trou sans provoquer aucun éboulement. Criblées, percées à jour, les murailles ne livraient point passage, et pour en venir à bout de cette façon, il eût fallu plus de temps et de gargousses que la brigade n'en avait. Alors revint à la pensée l'arme de l'incendie, employée déjà avec tant de succès; mais cette fois la disposition des bâtimens attaqués ne lui offrait pas des résultats si prompts et si décisifs. Séparé de la circonvallation par des cours intérieures, le corps de logis se trouvait préservé des flammes tant que les assiégeans n'étaient pas maîtres des ouvrages avancés.

L'assaut restait donc comme seul moyen d'en finir; Belliard l'ordonna. A l'instant le chef de brigade Eppler, chargé de l'expédition, se précipita vers les retranchemens : attaqués et défendus avec une valeur inouie, ils tombèrent enfin sous les efforts des assiégeans qui débordaient de toutes parts. D'un côté les sapeurs de la demi-brigade, arrivés devant la grande porte, la faisaient voler en éclats; de l'autre, les pionniers du génie trouaient la muraille du flanc gauche qui offrit bientôt une large brèche; et pendant ce temps les chasseurs mettaient le feu à une petite chapelle musulmane attenant à la maison carrée, magasin de réserve dans lequel les Arabes avaient renfermé leurs munitions de guerre. Bientôt l'incendie gagna les poudres; et la petite mosquée jeta, comme par un cratère de volcan, bois enflammé, briques, pierres, lambeaux de cadavres et débris d'édifice. La secousse fut si violente que le mur de circonvallation se déchira en livrant issue.

Dès ce moment l'incendie eut un foyer; pour le nourrir encore, on poussa jusque dans la cour intérieure de larges amas de combustibles, qui, flamboyant autour de la maison, lui faisaient une ceinture de feu de plus en plus menaçante. La flamme serpentait le long des murailles, caressait toutes les ouvertures en y cherchant une issue; à tout instant la charpente, les boiseries extérieures jetaient leurs étincelles; l'enveloppe du château brûlait en divers endroits, et les assiégés n'avaient pas une goutte d'eau pour combattre cet ennemi; le feu était à leurs côtés et rien pour l'éteindre;

il fallait étouffer les tisons ardens avec le corps, avec les pieds, avec les mains. Dans cette fournaise qui se chauffait graduellement, au sein de cette atmosphère raréfiée, on voyait ces malheureux, noirs et nus, marcher sur les tisons, courir au travers des colonnes de flamme et de fumée. Le sabre aux dents, le fusil à l'épaule, ils se glissaient jusqu'aux embrasures des fenêtres et cherchaient à la lueur de l'incendie la victime qu'ils devaient encore ajuster. A d'autres instans, et par intervalles marqués, ils se réunissaient dans la salle de la prière. Là, l'intrépide chérif rappelait aux croyans toutes les délices réservées à une mort glorieuse; il leur racontait ce que le Prophète promet dans l'autre monde à ceux qui meurent pour la foi. C'était chose merveilleuse à voir que ces visages déjà crispés par le feu, ces yeux brûlés, ces gosiers secs, se ranimer, se dilater aux peintures d'ombrages toujours verts, de cascades retentissantes, de femmes éternellement belles. A la voix de Hassan, tous ces hommes à demi morts se redressaient vigoureux et sublimes; des cris de combat, des hymmes sacrés servaient de prélude à de nouvelles sorties, puis on voyait par toutes les issues s'élancer à flots ces espèces de démons armés, barbares héroïques, invoquant la mort comme un don [1], milice digne d'une cause meilleure, qui placée entre un bûcher ardent et une tombe ouverte, avec l'alternative d'être brûlée vive ou tuée, n'avait que des pensées de vengeance, et pas une de capitulation.

La lutte se prolongea ainsi jusqu'au déclin du jour, heure à laquelle commença l'assaut le plus terrible. Deux fois les Français pénétrèrent dans l'enceinte, deux fois ils en sortirent chassés par l'incendie ou par la résistance armée. Ce fut à ce moment que tomba le capitaine Bulliand près de la grande porte, à la tête de ses carabiniers. Connu par son insouciante imprudence, brave à l'idéal, cet officier avait été, ce jour-là même, fatigué par une divination intérieure. Il venait à l'instant même de faire à Denon un adieu sinistre; puis en proie

---

[1] Voici une strophe de l'hymne guerrier que chantaient ces Arabes :

« Sont-ce les délices du harem des riches habitans des villes,
» Sont-ce les trésors de l'Inde et la puissance des Rois,
» Que désire en ses vœux le guerrier de l'Arabie ?...
» Non! quand son noble cœur invoque le ciel, il dit :
« O Allah! donne-moi la mort au sein de la victoire! »

à de sombres pressentimens, il s'était élancé avec la colonne d'attaque. Cinq minutes après il se traînait sur le sable humide, blessé à mort et se débattant contre l'agonie.

Combien d'autres manquèrent encore quand le soir, à la nuit tombée, chaque brigade fit son appel aux lueurs de l'incendie! Que de soldats, que d'officiers absens, vide irréparable, perte immense au fort d'une campagne si active et si longue! Cinquante morts et cent blessés avaient marqué l'attaque d'une misérable mâsure! Les uns couchés autour de l'enceinte reposaient froids et silencieux; mais les autres, étendus sur leur lit de souffrance, poussaient des cris horribles de douleur et d'angoisse. Pour les secourir, on n'avait ni instrumens de chirurgie, ni bandages, ni médicamens. Tout cela se trouvait au dépôt de la brigade dont *l'Italie* avait été le magasin. Aussi, faute de pouvoir faire les opérations les plus urgentes, laissa-t-on périr une foule de blessés que l'art eût sans doute rendus à leurs drapeaux.

Décidément on ne pouvait pénétrer alors dans le château assiégé. C'était un volcan qui devait se dévorer lui-même, et le soin principal des soldats fut d'attiser ce vaste foyer qui étreignait l'ennemi. De nouveaux tas de combustibles furent jetés autour de l'enceinte ; on les multiplia dans toutes les cours intérieures, aux avenues de la maison, et à chacune d'elles veillèrent des postes formidables, pendant que le grand carré reposait en bataille.

Il était minuit ; les Mekkains, cernés dans leur dernier asile, ne donnaient que de loin à loin signe de vie. Des coups de mousquet perdus partaient encore quelquefois des embrasures, mais ces signes d'hostilité devenaient rares de plus en plus, quand tout-à-coup les postes donnèrent l'alerte, et le carré se releva en sursaut debout comme un seul homme. Le bruit de la fusillade des vedettes faisait croire qu'il s'agissait d'une attaque nocturne, dernier effort du bataillon assiégé. On s'inquiéta, on s'interrogea. Les ordonnances se croisaient au milieu des ténèbres, et long-temps il y eut incertitude sur la cause de ce mouvement imprévu. On l'apprit enfin.

C'était un malheureux évêque cophte, prisonnier dans le château, qui, cherchant à se sauver avec quelques compagnons d'infortune, n'avait pu arriver au quartier-général qu'à travers le feu des postes français. Couverts de

blessures et de contusions, ils se jetèrent aux pieds du général Belliard, qui les accueillit avec la plus touchante bienveillance. Par eux on eut quelques détails sur la situation des assiégés; elle était épouvantable : depuis douze heures les Mekkains n'avaient plus d'eau; leurs murailles ardaient; leurs chairs se calcinaient; leurs langues épaissies les étouffaient. Acculés par le feu, ils allaient bientôt se trouver tous cernés, étreints, dévorés par lui. En effet, peu de momens après, et une heure avant le jour, trente des mieux armés parmi les Mekkains forcèrent un poste et se sauvèrent. Au point du jour, les assaillans entrèrent dans le château par les brèches de l'incendie, poursuivirent et achevèrent ceux qui, grillés à demi, opposaient encore quelque résistance, et conduisirent au général ceux qui se rendaient à discrétion. Au nombre de ces derniers se trouvait un chef de ces Arabes, entouré de quelques serviteurs. La peau de cet homme était enflée à tel point que, lorsqu'il se ploya pour s'asseoir, elle se fendit par larges crevasses : tous ses muscles étaient crispés, tous ses membres racornis, tant il souffrait : « Oh ! si c'est
» pour me tuer que l'on me conduit ici, s'écria-

».t-il, qu'on se dépêche, de terminer mes dou-
» leurs! » Le général donna l'ordre qu'il fût
soigné et traité avec égards; puis faisant défiler
devant lui les autres prisonniers plus valides,
il leur annonça que la liberté leur était rendue,
appuyant beaucoup sur cette preuve de géné-
rosité vis-à-vis d'un ennemi qui, victorieux,
n'aurait fait grâce à personne. A cette nouvelle,
les Mekkains visiblement émus tombèrent aux
genoux de Belliard; ils baisaient ses bottes,
les pans de son habit; d'autres, les larmes aux
yeux, demandaient à le suivre, à le servir
comme des esclaves.

L'affaire était à peine terminée vis-à-vis des
Mekkains que l'on vit accourir, à l'horizon, les
Mamlouks d'Osman-Bey. Ces cavaliers avaient
joué dans l'assaut de Benâouet un rôle digne à
peine d'une horde de Bédouins. Après avoir engagé dans leur querelle les combattans d'Yambo, ils s'étaient tenus à l'écart pendant la bataille, prêts à venir au besoin accaparer la victoire. Une dernière démonstration de leur part
n'était donc qu'une ruse de guerre. Avant de
rentrer au Désert, ils voulaient que leurs chameaux pussent remplir leurs outres sur les
bords du Nil. Nos soldats ne leur en laissèrent

pas le loisir ; ils les chassèrent la baïonnette dans les reins jusque vers la lisière arabique.

Toutes leurs forces s'y trouvaient réunies, consistant en mille chevaux et mille serviteurs à pied, que grossissaient de moment en moment les Mekkains échappés par miracle aux balles et à l'incendie de Benâouet. Après quelques heures de poursuite, le général français se vit obligé d'y renoncer. Osman-Bey mesurait ses mouvemens sur ceux de sa colonne, ne fuyant que par saccades afin de lasser son ennemi, tenant à son arrière-garde des gens bien montés qui l'avertissaient, par des signes convenus, des haltes et des marches de l'infanterie républicaine. Avec une tactique pareille nul espoir ne restait d'atteindre des cavaliers qui fuyaient le combat. On y renonça donc ; et l'on regagna Benâouet pour y prendre quelque repos après soixante-douze heures de lutte meurtrière.

Ce village se trouvait alors occupé militairement par des postes français ; et dans chacun d'eux s'étaient établies, avec une aisance familière, quelques femmes des habitans fugitifs. Toutes avaient fait librement leur choix et n'en paraissaient pas mécontentes ; il leur semblait nouveau d'être nourries, servies et bien traitées par les vainqueurs. La soirée se passa en réjouissances, et cette même enceinte, noire de poudre et rouge de sang, fut témoin de scènes d'amour et de folies militaires.

Le général seul était préoccupé d'intérêts plus graves : après trois jours de guerre active, venaient pour lui les heures de travail administratif. Le courage du champ de bataille avait fait place à l'intelligence du cabinet. Le premier soin de Belliard fut de rassembler toutes les pièces d'artillerie retrouvées dans Benâouet, les munitions, les ustensiles de guerre, les bagages des soldats, enfin tout ce qui restait encore du sauvetage de *l'Italie*. Ce butin précieux fut chargé sur les barques de la flottille, qui toutes avaient été reprises, hors la djerme amirale que Morandi avait fait sauter lui-même.

Arrivé à point comme réparation d'un échec grave, le combat de Benâouet peut être cité au rang des affaires les plus décisives et les plus glorieuses de la campagne égyptienne. Sans cette leçon vigoureuse et prompte, l'exemple des Mekkains, leur triomphe sur le fleuve, auraient ameuté tous les fellahs du Saïd, et attiré, comme vers une proie facile, les tribus qui peuplent l'autre rivage de la Mer-Rouge : à l'appel de chances victorieuses, des ennemis seraient sortis de terre, et peut-être la bravoure et la tactique auraient-elles cette fois perdu la partie devant le nombre. L'à-propos décisif du général Belliard répara tout. Douze cents Mekkains avaient péri par le fer ou par le feu. Quant à leur chérif, les uns disent qu'il fut trouvé au nombre des morts; les autres, qu'il réussit à se sauver pendant la dernière nuit du siège.

Mais l'affaire de Benâouet, à côté de ses résultats brillans, avait aussi son fâcheux point de vue. Ses trois jours de canonnade et de mousqueterie n'avaient eu lieu qu'aux dépens des munitions françaises. La brigade s'était vue saluer avec ses propres boulets; elle avait même, de sa main, fait sauter la mosquée qui renfermait les caissons de guerre pris à bord de *l'Italie*.

Aussi toute récapitulation faite, et dans le camp envahi, et dans les magasins des vainqueurs, après la victoire, il ne restait aux républicains ni cartouches, ni gargousses. Les chasseurs avaient au plus vingt-cinq amorces à brûler; les boulets manquaient totalement, et à peine se trouvait-il de quoi charger douze coups de canon à mitraille. Cependant la campagne n'était pas achevée : admirables d'énergie et de constance, les Arabes d'Yambo se reformaient à Bir-el-Bahr; forts de leur jonction avec les Mamlouks de Hassan et d'Osman-Bey, ils paraissaient se résigner, moins que jamais, à un rôle d'attente passive.

Belliard comprit du premier coup-d'œil tout le danger de sa position. Quoique le *Khamsin* [1] promenât dans l'air ses tourbillons de sable, il se mit en marche pour Kenéh le 21 ventôse (11 mars), et arriva dans cette ville le jour suivant. Là le général trouva des lettres de Desaix, mais antérieures aux derniers événemens, et peu significatives. Pour se rassurer contre toutes les chances de la guerre, il fit fortifier le château qui servait de quartier-général, et disposa ses troupes de telle sorte qu'elles fussent prêtes à la première alerte. En même temps il expédia dans diverses direc-

---

[1] Savary et Volney ont suffisamment décrit la nature et les effets terribles de ce vent pestilentiel et enflammé. Le mot *Khamsin* signifie *cinquante,* et ce nom lui a été donné parce qu'il souffle ordinairement pendant cinquante jours. Ce vent est aussi désigné par les noms de *Samoum*, de *Samoun* et de *Simoun*, qui signifient *empoisonné.*

tions, et à différentes reprises, des émissaires porteurs de dépêches pour Desaix; mais des partis de Mekkains, d'Arabes et de fellahs qui infestaient les environs, les arrêtèrent ou les tuèrent presque tous.

Enfin, l'un de ces envoyés, plus heureux ou plus hardi, trouva le général divisionnaire aux environs de Syout : à l'heure même, Desaix rassembla tout ce qu'il put trouver de munitions de guerre, les chargea sur des barques de transport, passa le Nil le 28 ventôse (18 mars), puis échelonnant son corps d'armée par colonnes successives, qui escortaient le convoi à tour de rôle, il arriva, le 10 germinal (30 mars), à Kenéh où il fit sa jonction avec le général Belliard. Alors s'ouvrit, pour les deux généraux, une nouvelle campagne, basée sur une échelle d'opérations combinées.

CHAPITRE III.

Situation de la Basse-Égypte. — Apostasie et mariage du général Menou. — Conspiration de l'émir-Hadgy. — Ouvertures aux cheyks. — Révolte. — Mesures de Poussielgue et du général Dugua. — Intervention du Divan du Kaire. — Massacre de Myt-Qamar. — Le général Lanusse se met à la poursuite de l'émir-Hadgy.—L'Ange el-Mahdhy. — Prise de Damanhour. — Mission du commandant Redon. — Combat de Senhour. — Arrivée de Lanusse. — Sac de Damanhour. — Mort de l'Ange.

Telle était, aux premiers jours de germinal, la situation des deux ailes avancées de l'armée orientale. L'une, sous les ordres de Bonaparte, campait devant Saint-Jean-d'Acre; l'autre, guidée par Desaix, contenait la Haute et la Moyenne-Égypte. Toutes les deux avaient en présence la guerre active et tracassière, celle-ci sous la forme d'assauts interminables, celle-là dans le retour périodique d'insurrections éteintes, de bataillons détruits qui semblaient renaître en touchant le Désert.

Tandis que toute l'action militaire paraissait se porter aux extrémités de la conquête, le centre jouissait d'un calme transitoire. La Basse-Égypte avait assisté, presque indifférente, au départ de l'armée expéditionnaire de Syrie; et malgré le vide survenu dans les cadres de sa garnison, le Kaire, tenu en respect par le canon des forts, résigné aux conseils pacifiques de son Divan, paraissait avoir chassé loin de lui toute pensée d'insurrection nouvelle. Alexandrie seule, livrée aux doubles atteintes de la peste et du bombardement anglais, se débattait encore contre l'un et l'autre ennemi; mais armée d'une force passive, elle avait pour les vaincre, d'une part les mesures sanitaires, de l'autre la saison mauvaise.

Dans le Delta tout était tranquille : Rosette, où commandait Menou, jouissait d'un repos tel que Bonaparte ne craignait pas de rappeler à lui son gouverneur, pour l'investir de hautes fonctions en Palestine. Mais déjà le paladin Menou avait trouvé son Armide : un amour musulman s'était logé dans le cœur du général français.

Aux premiers jours du débarquement, les habitans de Rosette, inquiets encore sur les intentions des conquérans, avaient prudemment écroué leurs femmes au fond des harems. Désormais plus de réunions pour elles dans le local des bains, plus d'assemblées aux cimetières publics, plus d'intrigues, plus de causeries. Les seuls asiles de liberté que leur laissait la loi orientale, venaient de se fermer pour les pauvres recluses. Grande fut la désolation ; si grande qu'après un complot habilement ourdi, deux déléguées vinrent, au nom de leurs compagnes, supplier Menou d'intervenir. Ces jeunes Turques furent introduites secrètement auprès du général qui parut distinguer, même au travers de son voile, l'une des deux, fille du baigneur de Rosette. Le lendemain un arrêté fut rendu, qui déclarait « que les femmes » étaient pour les Français un objet de res- » pect ; que le général Bonaparte avait lui- » même attaché la peine de mort à toute vio- » lence contre le sexe ; et qu'enfin tous les » cheyks et ulémas, rassurés par cette décla- » ration, devaient laisser les femmes circuler » dans la ville, et remplir leurs devoirs reli- » gieux comme à l'ordinaire. »

Cette pièce produisit son effet ; la liberté du bain et des cimetières fut rendue aux musulmanes, et dès ce jour la galanterie du général devint le sujet de toutes les conversations féminines. Lui pourtant n'avait pu, même au milieu de ses travaux militaires, oublier ces yeux noirs qu'il avait entrevus comme une apparition. Auprès de cette beauté du harem, la séduction était impossible, la violence impolitique ; le mariage seul pouvait conduire à sa possession ; et pour en venir là il fallait abjurer sa foi, se laisser faire musulman, lui, vieux sceptique, ne croyant pas plus à Jésus-Christ qu'à Mahomet. On doit croire qu'avant de descendre à cette parade religieuse Menou combattit long-temps : si insoucieuse que fût l'armée pour tout ce qui tenait au culte, elle devait voir, dans cet acte public, non pas la question puérile d'orthodoxie, mais la question bien plus grave du décorum et de la dignité française. Jusqu'alors il n'y avait eu que deux exemples d'abjuration, encore avaient-ils eu lieu parmi les employés subalternes de l'armée, et non parmi les soldats, aux yeux desquels la chose était à la fois odieuse et ridicule. Le général pesa pendant plusieurs mois ces chances diverses : d'une part l'amour, de l'autre la crainte de l'opinion ballottaient ses volontés en sens contraires; il ne savait que choisir entre un stoïcisme malheureux et un bonheur bafoué.

Enfin la passion l'emporta : la demande fut faite au baigneur qui, menant les choses à la musulmane, fixa le prix de sa fille, et déclara qu'elle serait livrée au général le jour même de son admission dans la foi musulmane. La double cérémonie eut lieu dans le courant de ventôse : comme on le présume, Menou n'eut garde d'y convier des témoins nombreux : la chose se fit nuitamment et sans bruit. Le muphti, gagné par des présens, coupa court aux formalités de la circoncision par égard pour l'âge avancé du général, glissa sur les délais, et conquit une ame au mahométisme le plus lestement du monde. La noce eut aussi lieu sans éclat : on n'y vit ni cortége de femmes accompagnant l'épouse de leurs singuliers gloussemens, ni almés récitant des *moals;* tout se passa entre le général, devenu *Abdallah* Menou, et la jeune et fraîche vierge d'Égypte à laquelle il avait sacrifié son dieu d'Europe [1].

---

[1] Quelques observateurs ont prétendu que l'amour fut le prétexte et non la cause de l'abjuration de Menou. Poussé par un rêve d'am-

Le couple en était encore aux jours dorés, quand l'ordre parvint au général de se rendre sur-le-champ en Syrie où l'appelaient ses nouvelles fonctions. La dépêche était nette, pressante ; tout autre eût immédiatement obéi ; mais le gouverneur de Rosette trouvait la résidence bonne ; nouveau musulman, il voulait user de la molle vie mahométane, dormir au harem, dans les bras de son épousée, jouir au moins du beau côté de son abjuration récente. Aux instructions de Bonaparte il opposa des excuses dilatoires, se prévalut auprès de lui de quelques mouvemens insurrectionnels qui retardaient son départ, et fit si bien que, lorsqu'enfin il s'achemina vers la Syrie, l'armée expéditionnaire opérait déjà son mouvement rétrograde.

Ces mouvemens insurrectionnels qui servirent à point nommé l'indolence de Menou eurent lieu dans le Delta vers le milieu de

---

bition étrange, il avait, disent-ils, voulu par cet acte public se ménager de plus belles chances au milieu de populations musulmanes. Du reste, et par une coïncidence singulière, le général Menou descendait du célèbre comte de Bonneval, devenu au commencement du siècle pacha à trois queues. Le titre de renégat était presque pour lui un héritage de famille.

ventôse. Leur premier moteur fut l'ancien lieutenant ou *kyaya* du pacha d'Égypte, Moustafa-Bey, comblé d'honneurs par Bonaparte, et nommé, tout récemment encore, *Emir-Hadgy* (prince de la caravane de la Mecque). Cet homme faisait partie du petit nombre de musulmans qui devaient escorter le Général en chef dans son expédition syrienne. Il se mit en route en effet avec les cheyks êl-Fayoumy, êl-Saouy, êl-Arichy, êl-Dewaykly, et accompagna le quartier-général jusqu'à Belbeys. Arrivé là il saisit un prétexte pour rester en arrière, et quand Bonaparte lui envoya de Katiéh l'ordre de le rejoindre, il répondit qu'on lui avait volé ses chameaux et que les chemins n'étaient pas sûrs. Cependant il s'avança jusque vers Korâym.

Ce fut dans ce village, hors du rayon du Kaire, et bien distant encore de l'arrière-garde expéditionnaire, que l'émir-Hadgy démasqua ses projets de révolte, depuis long-temps couvés. Rassemblant autour de lui les cheyks ses compagnons de route, il leur dit « qu'il savait » que le sultan ottoman avait déclaré la guerre » à la France, ainsi que tous les princes su- » jets de la Porte; que dès-lors il ne pouvait,

» sans manquer à son devoir, se dispenser d'a-
» gir contre les Français ; qu'il invitait les
» cheyks à le seconder. » Il ajoutait « que, d'a-
» près toutes les apparences, êl-Arych tien-
» drait plusieurs mois ; que les armées du Pa-
» cha battraient celles de Bonaparte, et qu'alors
» il convenait de les achever en tombant sur les
» derrières avec tous les Arabes qu'on pour-
» rait rassembler. »

A cette confidence inattendue, la plupart des cheyks présens se prirent à trembler. L'idée seule d'une conspiration bouleversa leurs timides consciences. Ils avaient encore trop présens devant les yeux la récente punition du Kaire et le châtiment de sa population rebelle. Soit terreur, soit fidélité, ils répondirent donc à l'émir-Hadgy « qu'ils désapprouvaient son
» plan de révolte ; que les Français étaient
» maîtres de l'Égypte ; qu'il fallait laisser les
» pachas, envoyés par la Porte, se tirer d'af-
» faire eux-mêmes, et ne pas s'en mêler, pour
» que des malheurs ne retombassent pas sur
» leurs propres têtes. »

Seul parmi ces cheyks, êl-Fayoumy ne lutta point contre l'opinion de l'émir-Hadgy ; et sa conduite, dans cette intrigue, justifia certains soupçons que l'administrateur-général Poussielgue avait exprimés dans sa correspondance avec Bonaparte. Mais les autres membres du Divan qui accompagnaient Moustafa-Kiaya refusèrent nettement de s'associer au complot; ils le menacèrent même de le quitter à l'instant, s'il persistait, et, par mesure de prudence, ils expédièrent un dromadaire au Général en chef en lui exprimant le désir de le rejoindre.

Ainsi éconduit, l'émir-Hadgy n'insista plus : il eut l'air de se rendre et d'abjurer son plan de conspiration; mais au lieu de reprendre le chemin de Katiéh, il se rejeta vers le Delta, et vint coucher à Koufour-Neqoum. Alors survinrent de nouvelles explications à la suite desquelles les cheyks rompirent avec Moustafa, et se séparèrent de lui. Souleymân êl-Fayoumy resta seul fidèle à sa cause, prétextant l'ordre formel qu'il en avait reçu; Mohammed Dewaykly vint au Kaire où il tomba malade dès son arrivée. El-Saouy écrivit à l'interprète de Poussielgue une longue lettre dans laquelle, après avoir rendu compte des discussions survenues entre l'émir-Hadgy et les cheyks, il demandait comme une grâce la permission de retourner dans la capitale avec son collègue.

Quand ces nouvelles parvinrent à Poussielgue, sa prudence en éveil devina la pensée secrète de l'émir-Hadgy. Sur-le-champ il envoya l'intendant-général cophte chez le cheyk Dewaykly, dont les rapports firent paraître sous un jour plus suspect encore la conduite de Moustafa. Fort de ces renseignemens, Poussielgue se rendit chez le général Dugua, où d'un commun accord se combinèrent les mesures à prendre. A la suite de cette conférence trois lettres partirent du Kaire, l'une à l'adresse de l'émir-Hadgy, l'autre à celle du cheyk êl-Fayoumy, pour leur demander compte du retard qu'ils mettaient à rejoindre le Général en chef, et la troisième au cheyk êl-Saouy, dans laquelle Poussielgue déclarait n'être pas autorisé à le laisser revenir dans la capitale.

Tout ceci se passait vers la fin de ventôse et dans les premiers jours de germinal. L'émir-Hadgy avait répondu à Poussielgue; sa lettre, apostillée par le cheyk êl-Fayoumy, par Mohammed-Agha, et les principaux membres du corps des Odjaqlys [1] qui étaient demeurés avec

---

[1] *Odjaq*, et au pluriel *Odjoqat*, est le nom des sept corps militaires institués par le sultan Selym, en Égypte, pour défendre le pays et contenir les habitans.

lui, répondait, par un démenti formel, à toutes les défiances dont il avait été l'objet. Mais d'autres nouvelles indirectes effaçaient toutes ces protestations hypocrites. Dugua venait d'apprendre, par un exprès, que les Français, restés auprès de Moustafa, étaient re-

---

Les membres qui composent ces corps sont appelés *Odjaqlys*. Chaque *Odjaq* était commandé par un *Agha* et avait son *Kyaya* ou lieutenant, son *Bach-ikhtiar* ou doyen, ses *Tchor-badjys* ou officiers, son *Defterdar* ou chancelier, son *Khazindar* ou trésorier, et son *Rouzmangy* ou contrôleur et architecte : leur réunion formait le Divan particulier de chaque *Odjaq*.

Les corps des *Odjaqs* étaient les suivans :

Le premier et le plus considéré, celui des *Metferegah*; c'est dans ce corps que l'on choisissait autrefois les *Beys*.

Le deuxième, celui des *Djaouychiéh* ou *Tchaouychiéh*, était spécialement chargé de la levée de l'impôt appelé *Miry*.

Le troisième, celui des *Gamelyân* ou *Gamoulyân* qui signifie proprement chancelier.

Le quatrième, celui des *Tafekdjân*, c'est-à-dire des fusiliers ou artilleurs.

Le cinquième, celui des *Seraksah* ou *Saraksey*, c'est-à-dire Circassiens.

Le sixième, celui des janissaires, en arabe vulgaire, *Enkichariéh* : on les désignait aussi sous le nom de *Moustah-fezzân*, qui signifie gardes, gardiens. Quoique le sixième en ordre, cet *Odjaq* était réellement le premier par sa force et sa puissance.

Enfin, le septième corps est celui des *Azabs* nommé aussi *Azabân*.

Les chefs des sept *Odjaqs* furent appelés par le Général en chef à faire partie des membres du grand Divan établi au Kaire.

tenus prisonniers; on les avait obligés, sous peine de mort, de prendre le turban, et Omar, chef des Mogrebins de l'escorte, avait été cassé et remplacé par l'émir.

La révolte était flagrante dans les intentions; elle ne tarda guère à se manifester plus vivement dans les actes. A l'appel de l'émir-Hadgy une foule de tribus arabes affluèrent dans la province de Charqyéh. Les cheyks des villages, avec lesquels il entretenait depuis quelque temps des intelligences, accoururent à la tête de leurs fellahs. Bientôt ces hordes mal armées se renforcèrent de Mamlouks isolés et de montagnards descendus de la chaîne arabique. L'émir-Hadgy fit jeter parmi ces bandes fanatiques un manifeste demi-guerrier, demi-religieux, où il parlait des forces immenses que le Sultan venait de diriger contre ces infidèles qui menaçaient les deux cités saintes, la Mecque et Médine. « Ceux qui vont en Syrie n'en sortiront pas, » ajoutait-il; hâtez-vous donc d'exterminer » la poignée d'hommes qui souillent encore la » terre d'Égypte; car leur butin sera pour » vous seuls, et les Osmanlis n'en auront rien. »

En même temps qu'il agissait ainsi sur la soldatesque, l'émir-Hadgy caressait l'amour-propre des cheyks, et les gagnait à lui par des présens. Il leur distribua des pelisses, des armes, des kaftans, des chevaux; puis, quand il se crut assuré de leur dévouement, il partit de Koufour-Negoum à la tête de plusieurs milliers d'hommes, traversa Tel-Mohammed, Hassan, Dagadous, pour se rendre dans le pays de Tant, frappant des impôts sur son passage, et grossissant sa troupe de recrues forcées ou volontaires.

Il arriva ainsi le 5 germinal (25 mars) devant Myt-Ghamar, grosse bourgade située sur la rive orientale de la branche de Damiette. Là passait à l'instant même un convoi qui portait à l'armée de Syrie des vivres, des munitions et six pièces de canon. Les révoltés se jetèrent sur les barques, prirent à l'abordage une djerme armée qui les protégeait, massacrèrent vingt Français qui se trouvaient à bord, et capturèrent l'artillerie et les approvisionnemens du convoi.

Au premier bruit de cet attentat, le général Dugua et Poussielgue sentirent qu'il fallait couper court à cette levée de boucliers. La chose devenait d'autant plus urgente, que la Charqyéh, théâtre de l'insurrection naissante, était restée dégarnie depuis le départ de son gouverneur Reynier et des troupes sous ses ordres. A son passage sur cette ligne, Bonaparte avait bien désigné pour commandant de la province le chef de bataillon du génie Marc-Antoine Geoffroy [1], qui se trouvait sur les lieux pour diriger les fortifications de Salahiéh et de Belbeys; mais que pouvait cet officier avec cent hommes à peine sous ses ordres? Pour comble de fatalité, la peste venait de l'atteindre au moment où l'insurrection, gagnant de bourg en bourg, le forçait à se porter de tous côtés avec sa petite troupe. A la vue des bubons qui pointaient sous ses aiselles, un chirurgien lui conseilla le repos. « J'y songerai, » répondit-il, et cloué sur son cheval, continuant sa vie de dévouement et d'activité, il se trouva à son insu dans les meilleures voies de guérison, l'excès de ses travaux le tenant sous le coup de

---

[1] Frère de notre célèbre naturaliste M. Geoffroy Saint-Hilaire, officier d'un rare mérite, qui mourut à Austerlitz colonel du génie. Bonaparte faisait un tel cas de lui, que plus tard, lorsqu'il s'agit de créer dans son état-major un aide-de-camp de chaque arme, le souvenir de ce brave et savant militaire lui revint en mémoire. « Si Geoffroy était-là! », dit-il avec une de ces réticences significatives qui lui étaient familières.

transpirations abondantes. Mais, livré à ses propres forces, isolé, entouré d'ennemis, le commandant Geoffroy ne pouvait tenir long-temps : sa situation était d'autant plus critique que les généraux Fugière et Lanusse n'avaient pas trop de leurs demi-brigades pour contenir l'intérieur du Delta.

Sous le point de vue militaire, le soulèvement de l'émir-Hadgy était donc un événement très-grave, mais plus grave encore sous le point de vue politique. Le titre de *Prince du Pélerinage*, dont il venait d'être revêtu, en faisait un haut et religieux personnage aux yeux des sectaires de l'islamisme.

C'était au Kaire surtout qu'il fallait éviter le contre-coup de la révolte extérieure. Dans cette ville Moustafa avait des parens, des amis et de nombreux acolytes. Son lieutenant gardait chez lui le précieux *Kissouéh* de la *Kaabah*, riche tapis que la caravane devait porter à la Mecque, et dont il sera question tout à l'heure. Il fallait, pour étouffer toute connivence, s'emparer de cet homme et des serviteurs de l'émir, enlever le dépôt symbolique, objet de la vénération des musulmans; puis annoncer que Moustafa-Bey avait profané, par sa trahison, la sainteté de son caractère, et que les armes en allaient tirer vengeance.

Avec l'intervention seule des Français, toutes ces mesures auraient pu sans doute se réaliser; mais elles avaient aussi des inconvéniens qu'il était convenable d'éviter. Poussielgue imagina un moyen qui allait au même but sans offrir les mêmes chances : c'était de faire frapper l'émir-Hadgy et les siens par le divan du Kaire. En effet, après s'être concerté avec le cheyk êl-Mohdy, l'ame de cette assemblée, Poussielgue obtint que deux commissaires musulmans seraient nommés pour recevoir le *Kissouéh*. Ces délégués devaient en outre assister à l'inventaire des effets de l'émir et à l'arrestation des personnes de sa maison.

Tout se passa sans bruit ni esclandre : le tapis précieux fut porté dans une mosquée et confié à des chérifs qui devaient surveiller son confectionnement; l'aga des Janissaires s'empara du Kyaya et des gens de Moustafa qui furent conduits sur-le-champ à Gizéh; et le 10 germinal au soir (30 mars) la chose était conduite à bonne fin sans que la susceptibilité religieuse du Kaire s'en fût sérieusement émue.

Le lendemain on fit crier et afficher dans le

Kaire que l'émir-Hadgy était déposé pour cause de trahison, mais que le pélerinage habituel n'en aurait pas moins lieu avec le Poura-Eminy. Cette pièce émanée du Divan rassurait les fidèles sur le *Kissouéh* et entretenait le peuple des dispositions prises pour le départ de la caravane.

Lorsque l'assemblée égyptienne se fut ainsi séparée de Moustafa-Bey par une démonstration publique, il devint moins dangereux d'en finir par une répression militaire. Des ordres avaient été donnés dans ce but au général Lanusse qui se hâta de les mettre à exécution. Ce général entra dans la province de Charqyéh à la tête de six cents hommes. Sa marche fut si rapide que l'émir-Hadgy allait être surpris dans son camp de Djeziret-Byléh, sans le rapport d'un Arabe qui le prévint de la prochaine arrivée des Français. A l'instant même il leva ses tentes, et se replia sur la lisière arabique : poursuivi avec opiniâtreté, il se vit bientôt contraint de gagner le petit Désert qui sépare la province de Charqyéh de celle de Qélioubyéh; et là retranché dans les gorges rocailleuses qui servent de retraite à la tribu des Byllys, il résolut d'attendre Mohammed-

Bey êl-Elfy, qui avait promis de le rejoindre avec ses Mamlouks.

Ses hordes indisciplinées ne le suivirent pas dans cette région ingrate ; se formant en petites bandes, elles infestèrent tout le littoral de la branche du Nil dite de Damiette, et rendirent pendant fort long-temps les communications difficiles sur cette ligne. Comme acte de représailles et d'exemple sévère, Lanusse fit alors brûler le village de Myt-Ghamar témoin du massacre des Français et du pillage d'un convoi. On n'y laissa pas pierre sur pierre. A la suite de ce coup de rigueur, le général allait compléter sa mission en balayant tout ce rayon égyptien, lorsque de plus graves soulèvemens le rappelèrent au sein du Delta et sur la branche de Rosette. Il partit, laissant pour protéger le pays de Charqyéh une petite colonne mobile aux ordres de l'adjudant-général Duranteau.

Cette insurrection nouvelle, qui provoquait le brusque retour de Lanusse, avait un caractère d'acharnement fanatique, dont les combats de la Basse-Égypte ne s'étaient pas empreints jusqu'alors. Un homme, un Barbaresque, débarqué à Derne, être mystérieux dont l'origine n'est que vaguement connue, était apparu aux peuplades sauvages de la province de Bahyréh comme un envoyé de Dieu. Il se disait *l'Ange* ou plutôt l'*imam él Mahdy* (le Conducteur) promis aux croyans [1] par le

[1] Pour bien comprendre toute l'influence que pouvait avoir sur le fanatisme oriental le fourbe qui joua le rôle de l'*imam él-Mahdy*, il est nécessaire de donner quelques explications sur ce personnage.

Dès le 1ᵉʳ siècle de l'hégire, les disciples de Mahomet furent divisés en deux sectes qui subsistent encore, les *Sunnites* et les *Chyites*. Les premiers reconnurent comme légitimes la succession des khalifes Omar et Othman, puis celle des khalifes Ommiades. Les seconds, au contraire, appelant ceux-ci usurpateurs, ne reconnurent la légitimité que dans Aly, époux de Fatyme, fille du prophète, et dans ses descendans : en conséquence, douze imams ou khalifes sont reconnus par eux, et se succèdent de père en fils ; mais le dernier de ces imams disparut en l'an 266 de l'hégire (879 de notre ère), âgé alors de 12 ans.

Depuis cette époque, les fervens *Chyites* et même quelques-uns des *Sunnites* croient qu'il est toujours vivant et qu'il doit reparaître sur la terre par l'ordre de Dieu, soit dans des circonstances importantes pour l'islamisme, soit à la fin des siècles pour assister avec Élie et *Issa* (Jésus) au jugement universel.

La croyance des Musulmans en ce *Messie* de leur religion a déjà été exploitée par plus d'un imposteur. L'un d'eux fonda la dynastie des *Almohades* en Mauritanie, à l'autre se rapporte l'origine de la dynastie des khalifes fatymites qui régna long-temps en Égypte. Depuis, d'autres apparitions ont eu lieu sans un égal succès, mais toutes sont regardées par les Musulmans comme réelles et comme devant se renouveler successivement de siècles en siècles pour l'affermissement de l'islamisme, et dans l'une de ces apparitions l'Imam doit conduire tous les peuples à la vraie foi. C'est ce qu'indique le surnom qui lui a été donné d'*él-*

livre saint, chargé d'accomplir sur terre une mission belliqueuse. Sous ses ordres les musulmans devaient être invincibles, les infidèles exterminés. Avec sa voix de prophète, il annonçait que l'heure était venue de rendre l'Égypte à ses maîtres, et que la foi seule avait manqué à ses premiers défenseurs. Ensuite, à l'appui de son mandat céleste, il invoquait le témoignage d'une existence toute miraculeuse. A l'entendre, son corps était immatériel malgré sa forme apparente; sa nourriture à lui n'était pas dans les alimens grossiers qui sustentent l'espèce humaine; il lui suffisait, pour vivre, de tremper ses doigts dans un vase de lait et de s'en frotter légèrement les lèvres. Nu comme un santon musulman, il affirmait que la température était sans action sur lui, que sur sa chair les balles des Français bondiraient sans faire plaie, que son souffle éteindrait le feu de leurs canons, qu'un grain de poussière jeté de sa main arrêterait un boulet dans son vol. Bref le prophète usait de tout pour rallier

---

Mahady ou *Mahdy*, et qui signifie le *bon conducteur*, le *guide spirituel et religieux*, et non pas l'*ange exterminateur* comme on le trouve par une erreur répétée dans plus d'un ouvrage d'ailleurs estimable.

autour de lui de vaillans catéchumènes : promesses dans ce monde et dans l'autre, influences de gloire et de religion, prédictions pompeuses, extases, révélations, miracles, tout fut exploité par lui pour le succès de sa croisade au milieu de populations crédules.

Que l'ange prétendu ait été un émissaire du Sultan, des potentats barbaresques, des beys mamlouks, du grand chérif de la Mecque, ou tout simplement un de ces êtres doués d'un haut et puissant fanatisme, tels que le chaud Orient en a tant produits, enthousiastes religieux, visionnaires armés du glaive, c'est ce que l'histoire arabe n'a pas elle-même encore éclairci.

Quoi qu'il en soit, la parole de l'*ange* [1] *él-Mahdy* venait à peine de se faire entendre au

---

[1] Le mot d'*Ange* (*Melâk* en arabe) n'a pas en cette langue un sens aussi restreint que dans la nôtre. Chez nous, il se borne à désigner des substances purement spirituelles, intermédiaires entre l'homme et la divinité, tandis que chez les Arabes le mot *Melâk*, signifiant proprement *envoyé de Dieu*, sert à qualifier tout être qui a reçu de la divinité une mission spéciale, et a souvent été appliqué à des hommes remarquables par leur sainteté ou par les merveilles qu'on leur attribue : ainsi Edrys (Enoch), Moïse, Issa (Jésus), Mahomet et les douze Imams, dont *él-Mahdy* est réputé le dernier, sont souvent décorés du titre de *Mélâk* (ange.)

milieu des sables de Barka, que déjà dix peuplades de Bédouins étaient venues se remettre entre les mains de l'homme de Dieu, comme des instrumens dociles. Les Geouabys, Oulad-Alys, Anadys, Foadys, etc., etc., avaient groupé autour de lui leurs tentes rivales ; fascinés par ses mots divins, ils avaient mis à ses pieds de vieilles haines, et marchaient côte à côte contre l'ennemi commun. Bientôt, à ces hordes du Désert se réunirent encore plusieurs centaines de Mogrebins fraîchement arrivés de Barbarie, tous les fellahs des villages placés sur la lisière, ainsi que les Mamlouks du bey Osman-el-Berdissy qui paraissait entretenir depuis quelque temps avec Derne des intelligences mystérieuses.

Quand cette armée fut ainsi recrutée, elle déborda comme une mer dans la province de Bahyréh, sur le littoral du Nil et jusqu'au sein du Delta. Ravageant tout dans sa marche, elle arriva devant Damanhour [1] dans la nuit du 5 au

---

[1] Plusieurs villes et bourgades portent en Égypte le nom de *Damanhour*. Celle dont il est ici question était appelée particulièrement *Damanhour el-Ouehech* (Damanhour du Désert), et répondait à l'ancienne position d'*Hermopolis parva*.

6 floréal (24 au 25 avril) : là, pour la garde du canal d'Alexandrie, stationnait un détachement de soixante hommes de la légion nautique, sous les ordres du lieutenant Martin. L'Ange cerna le bourg, et prophétisant aux siens un résultat peu difficile à prévoir, il ordonna de pénétrer dans l'enceinte et d'égorger tous les infidèles. Surpris dans une attaque nocturne, isolés, privés d'espoir de secours, nos malheureux marins firent une résistance héroïque. Du sein de la mosquée où ils s'étaient barricadés à la hâte, ces braves repoussaient l'assaut d'innombrables assiégeans, et les maintenaient à distance par une vive mousqueterie. Alors l'Ange ordonna l'incendie; la mosquée fut entourée de combustibles, et la flamme s'élevant de toutes parts dévora bientôt le lieutenant Martin et les soixante hommes qu'il commandait.

Le retentissement de cette première victoire fut immense dans la contrée; l'Ange avait fait l'expérience de sa mission céleste, et la victoire qu'il avait promise n'avait pas manqué à son acte de début. Aussi, plus crédules que jamais, les populations se ruèrent sur les pas de l'homme divin. Suivi d'elles, il se porta vers le Nil avec l'intention de remonter ce fleuve ou de pénétrer dans le Delta.

Le chef de la 25ᵉ demi-brigade de bataille Lefebvre parcourait alors la Bahyréh avec une colonne mobile de deux cents hommes pour la levée des contributions. Cet officier visita Damanhour peu d'heures après le départ de l'ange êl-Mahdy ; les débris de la mosquée et les cadavres noircis des soldats français purent seuls parler de la scène horrible qui venait de s'y passer, car la bourgade était absolument déserte. Trop faible pour tenir la campagne contre des bandes si nombreuses, Lefebvre se dirigea sur la redoute que l'on avait construite à Rahmaniéh, au confluent du canal d'Alexandrie et du Nil, résolu d'attendre l'ennemi dans cette position, défendue d'un côté par le lit du canal, de l'autre par les berges du fleuve, jusqu'à ce que des renforts lui permissent de prendre l'offensive.

En effet, sur la première nouvelle du désastre de Damanhour, le général Marmont qui commandait à Alexandrie, avisa aux moyens de secourir les détachemens français épars dans la province de Bahyréh. Le chef de bataillon Redon partit le 8 floréal (27 avril) au matin avec le troisième bataillon de la quatrième demi-brigade légère, trois compagnies de grenadiers et deux pièces de canon. D'après la teneur de ses ordres, ce chef aurait dû rejoindre le corps de Lefebvre pour opérer ensuite une attaque combinée; mais à la hauteur de Damanhour, les Français rencontrèrent l'armée de l'Ange qui s'était de nouveau portée sur cette bourgade. A cette vue, Redon ne put maîtriser un élan téméraire; sans tenir compte du nombre des ennemis, il fondit sur eux à la tête de ses troupes. Cinq heures il prolongea à grande perte d'hommes une lutte qui ne pouvait avoir aucun résultat; puis reconnaissant l'impossibilité de tenir contre des masses toujours renaissantes, il reprit, par une seconde faute, le chemin d'Alexandrie, au lieu de rejoindre à tout prix le chef de brigade Lefebvre.

Quand Marmont vit avorter son plan de la sorte, il voulut dans les premiers instans se porter lui-même sur Rahmaniéh avec une partie de la garnison d'Alexandrie. Toutefois, comme on parlait alors d'un corps de Mogrebins qui s'avançait vers la ville par le désert de gauche, force fut d'y laisser une réserve respectable, et l'on tourna les yeux vers Rosette qui était moins menacée. L'adjudant-général Jullien reçut l'ordre de détacher trois cents hommes et quatre pièces de canon sur Rahmaniéh. Ce renfort arriva sans accident à sa destination; et le chef de brigade Lefebvre, fatigué de son rôle passif, mena ses cinq cents hommes à la poursuite du nouveau prophète. Le 14 floréal (3 mai), les deux partis se rencontrèrent au village de Senhour, peu distant de Damanhour. Quinze mille fantassins arabes, Mogrebins ou fellahs, et quatre mille cavaliers obéissaient alors à la voix du chef êl-Mahdy. La proportion était donc de quarante contre un. Lefebvre ne s'effraya point de ce calcul; il engagea le combat. Ce fut une boucherie horrible et qui dura plus de sept heures; jamais acharnement pareil n'avait signalé une attaque mahométane. Les Arabes, ordinairement peu soucieux de se commettre à portée de mitraille, avancèrent cette fois jusqu'à la bouche du canon. L'Ange leur avait dit qu'ils étaient invulnérables, quoique à un degré différent; que les vrais croyans, les soldats à la foi robuste, au dévouement absolu, étaient comme lui à l'abri de toute atteinte; mais qu'ensuite venaient les douteux, les tièdes, les chancelans :

de ceux-là il n'en répondait pas ; ils pouvaient être blessés, tués même en expiation de leur peu de confiance en sa parole. Au moyen de ces insinuations préparatoires, il n'y eut plus, dans toute l'armée d'êl-Mahdy, personne qui songeât à faire des demi-preuves ; c'était parmi ses soldats un assaut d'intrépide dévouement et de courage aveugle. Plus ils voyaient tomber autour d'eux de victimes, plus ils redoublaient d'acharnement pour se maintenir toujours dans la catégorie des invulnérables.

En présence de tant d'élémens de résistance, les Français durent faire des efforts prodigieux de tactique et de valeur. Formés en bataillon carré, à vingt reprises différentes il fallut se porter vers le gros des bandes ennemies, faucher ses rangs avec la mousqueterie et le canon, et maintenir ce système d'attaque sans se laisser entamer. Peut-être même eussent-ils forcé les fanatiques à la retraite, si l'Ange qui ne manquait pas d'une certaine présence d'esprit, ne les eût débusqués, par une manœuvre singulière, du terrain sur lequel ils combattaient alors avec avantage. On se trouvait à l'époque des moissons, et les céréales qui couvraient la plaine étaient en maturité. El-Mahdy profita de cette circonstance : ayant calculé la direction de la brise, il fit mettre le feu à tous les guérets situés au vent de la colonne française, et bientôt, gagnés par l'incendie ou aveuglés par la fumée, nos soldats se virent obligés de chercher un champ de bataille moins incommode. Ils le trouvèrent, après un mouvement rétrograde, dans une vaste plantation d'oignons encore verts, qui n'offraient aucun aliment aux flammes; ralliés là, ils continuèrent à canonner et à fusiller les hordes sauvages qui tourbillonnaient sur toutes leurs lignes; celles-ci ripostaient avec une pièce de 8 qu'elles avaient prise à Damanhour et placée, à défaut de l'affût, sur un traîneau attelé de bœufs.

Le combat se prolongea ainsi jusqu'à la nuit. Quand elle fut venue, Lefebvre sentit qu'une plus longue résistance devenait impossible; ses munitions étaient épuisées, ses troupes accablées de fatigue, tandis que les bandes de l'Ange, incessamment grossies, semblaient se multiplier sous la mitraille. Mais, dans cette position, la retraite elle-même n'était pas sans danger : pour reprendre la route de Rahmaniéh, il fallait passer sur le ventre des dix-huit mille sauvages que l'on avait en face, hurlant, vociférant encore, comme si huit heures de clameurs ne les avaient pas épuisés.

A peine le projet du chef de la brigade fut-il connu dans les rangs, que chacun se retrempa d'une ardeur nouvelle pour ce dernier coup de collier. L'artillerie fut placée aux quatre angles du carré, et les soldats, marchant la baïonnette croisée, fendirent ces flots de têtes humaines qui se repliaient après leur avoir livré passage. Cette manœuvre hardie s'effectua presque sans perte ; et de retour à Rahmaniéh la colonne comptait à peine soixante morts, tandis que deux mille Arabes étaient couchés sans vie dans la plaine de Senhour. Au nombre de ces derniers se trouvaient Ibrahim Tchorbadjy et Abdallah Bachy, cheyks de Damanhour, et Mourad-Abdallah, cheyk des Arabes Anadys.

Mais quel que fût le nombre des victimes, êl-Mahdy n'en était pas moins à sa seconde victoire. Pour la seconde fois les Français avaient fui devant l'Ange, et ce seul fait enthousiasmait les Égyptiens qui y étaient peu habitués. Aussi les recrues arrivèrent-elles encore de toutes parts, et le vide laissé dans cette armée par les morts de Senhour fut-il promptement rempli. Alors êl-Mahdy essaya de prendre l'offensive. Averti par ses espions que le camp de Rahmaniéh ne s'était renforcé qu'aux dépens de la garnison de Rosette, il dirigea sur cette ville un nombreux détachement afin de la surprendre; mais l'adjudant-général Jullien prévenu de sa démarche se présenta à sa rencontre, le battit et le força à la retraite.

Les fuyards rentrèrent à Damanhour où l'Ange avait établi son quartier-général, attendant la coopération des beys qui descendaient de la Haute-Égypte, et l'arrivée des partisans que les premiers succès allaient attirer de toutes les provinces de l'Égypte.

Les choses en étaient là quand le général Dugua, effrayé du caractère et des progrès de l'insurrection nouvelle, arrêta Lanusse dans son expédition contre l'émir-Hadgy, et lui confia le soin de faire justice du belliqueux prophète. Outre le corps dont ce général pouvait disposer, les troupes de Fugière, qui commandait dans la province de Garbyéh celles de Lefebvre, étaient mises sous ses ordres. Le rendez-vous général fut à Rahmaniéh. Parti de Myt-Ghamar le 16 floréal (5 mai), Lanusse y arriva le 20 (9) au soir, et le 21 (10) il se trouvait devant Damanhour avec toutes ses forces réunies.

A peine arrivés au pied de la bourgade, les Français y pénétrèrent, tuant, culbutant tout ce qui leur disputait le passage. Le récit des horreurs dont cette enceinte avait été le théâtre, le massacre des soixante marins dont les dépouilles étaient encore là, l'aspect de cette mosquée incendiée avec eux, avaient jeté dans l'ame du soldat une exaspération implacable. Une fois maîtres de la place, ils égorgèrent tous les fanatiques de l'armée d'êl-Mahdy qui s'offrirent à la portée de leur fer ; puis, comme les habitans de Damanhour avaient, les premiers dans la Bahyréh, pris parti pour l'Ange, ils voulurent imprimer sur ce bourg un sceau de colère et de vengeance. Les vieillards, les femmes, les enfans périrent tous par l'épée, les habitations par la flamme ; et le lendemain Damanhour n'était plus qu'un monceau de pierres noircies, marqueté de cadavres et rougi de sang.

L'Ange pourtant n'avait pas attendu la fin de la catastrophe. Au début du combat, il avait prudemment reconnu que cette fois la chance n'était pas en sa faveur, et ralliant autour de lui tous les Arabes à cheval, il s'était dirigé, sans être poursuivi, vers la partie supérieure de la Bahyréh. Mais bientôt Lanusse fut encore sur ses traces. Après neuf jours de marches pénibles dans le cœur du Désert, l'infatigable général atteignit êl-Mahdy le 1er prairial (20 mai) sur les confins de la province théâtre de ses exploits.

Un engagement eut lieu, et les rebelles furent vaincus de nouveau et presque sans résistance. L'Ange lui-même, le conducteur des fidèles annoncé par le Koran, l'homme immatériel, invulnérable, tomba, dit-on, percé d'une balle. Quelques-uns assurent néanmoins que ce fanatique survécut à sa défaite et qu'on retrouva plus tard le même êl-Mahdy dans la seconde révolte du Kaire.

Quoi qu'il en soit, son rôle militaire dans la Bahyréh cessa dès ce moment. Les bandes qu'il avait ralliées à sa parole, se dispersèrent par petites colonnes qui vécurent long-temps encore de rapines et de pillage sur la double rive du Nil. L'insurrection en masse changea de nouveau de caractère; elle devint attaque isolée, surprise, révolte de villages, et ne se montra pas moins dangereuse ni moins tracassière sous cette forme que sous l'autre.

Cependant, par l'anéantissement de l'armée d'êl-Mahdy, on avait évité l'embarras d'une coalition de tous les partis hostiles à la domination française, coalition terrible au moment où la campagne syrienne absorbait la plus puissante moitié des forces républicaines. Les beys Mourad, Hassan, Osman et Salèh, qui sur le bruit de la prise de Damanhour avaient quitté l'oasis où ils s'étaient réfugiés, virent l'armée de l'Ange se dissiper comme une illusion au moment où ils lui tendaient la main. Cet appui ayant failli à leur cause, ils restèrent dans la Haute et Moyenne-Égypte jusqu'à des occasions meilleures.

—

CHAPITRE IV.

État du Kaire. — Dugua et Poussielgue. — Conduite des cheyks. — Leurs rapports avec les autorités françaises. — Mesures d'ordre et de police. — Victoires de l'armée syrienne. — Leur célébration au Kaire. — Fêtes du Beïram. — Visites aux cheyks. — Procession du *Kissouéh* de la *Kaabah*. —Embarras de Poussielgue. — Lettre du chérif de la Mecque. — Préoccupations commerciales. — Caravane abyssine. — Royaume de Darfour. — État des finances. — Difficultés dans la perception. — Fermes et Régies. — Précautions sanitaires. — Fête du sacrifice. — Assassinat d'un soldat français. — Arrivée d'une caravane de Mogrebins. — Conspiration dénoncée. — Désarmement et départ de la caravane. — Nouvelles de France.

Loin de ressentir le contre-coup de ces levées de boucliers qui semblaient se répondre du Saïd au Delta, la capitale égyptienne avait conservé une physionomie régulière et calme. A une époque de l'année où le fanatisme s'exaltait par le jeûne, aux approches de ce pélerinage mekkain qui tenait tendues toutes les fibres religieuses d'une population musulmane, on ne voyait, dans les rues du Kaire, aucun symptôme, ni d'exaspération menaçante, ni de sourd mécontentement. La ville avait repris ses allures normales; elle était, comme aux temps de la domination des beys, occupée des pratiques saintes écrites dans le Koran, supportant les maîtres nouveaux comme elle avait supporté les anciens, sans peine ni plaisir, avec la quiétude résignée du fatalisme oriental.

Sans doute la terreur du dernier bombardement était pour quelque chose dans cette situation : les boulets du Mokattam avaient laissé au front de la grande mosquée une empreinte qui faisait avorter bien des complots; mais, à lui seul, ce sentiment de crainte n'eût pas suffi pour obtenir des résultats d'ordre et de paix; il fallait, pour compléter son action, un peu de cette justice qui convainc et de cette habileté qui concilie.

Les deux hommes que Bonaparte avait laissés pendant son absence à la tête des administrations militaire et civile, comprirent leur rôle, et le mirent en œuvre avec autant de netteté de vues que d'esprit de suite. L'un, le général Dugua, sur qui roulaient tous les soins du commandement de la Basse et Moyenne-Égypte, déployait dans ses fonctions une laborieuse activité et une vaste intelligence. L'autre, l'administrateur-général Poussielgue, semblait se multiplier pour suffire à tous les détails d'une organisation ébauchée : portant son esprit d'analyse, sa finesse d'aperçus, dans les choses civiles et financières, il éclairait toutes les questions, et les résumait avec un talent lumineux dans sa correspondance avec le Général en chef. Froid et réservé, il avait, par son abord grave et ses manières dignes, acquis sur les cheyks de la ville une grande influence d'autorité. Les cheyks êl-Mohdy, êl-Cherqâouy, êl-Sadât, êl-Bekry, êl-Saouy, le Kady, son lieutenant, l'aga des Janissaires, etc., etc., ne juraient que par le *vizir* Poussielgue (c'était le nom qu'ils lui donnaient), et s'en remettaient à lui, même pour la solution de leurs débats personnels. Cette confiance rendit l'administrateur-général juge malgré lui, dans une singulière querelle entre l'aga et le cheyk êl-Bekry.

Il s'agissait de la possession d'un jeune et beau Mamlouk attaché à la maison de Mourad, et resté au Kaire après la fuite de son maître.

Cet adolescent, aux formes gracieuses, avait allumé, entre les deux rivaux qui se le disputaient, une guerre toute empreinte de luxure haineuse et de frénétique passion. Déjà les gens de leurs maisons avaient pris les armes; un combat allait s'engager dont le prix était l'imberbe Mamlouk que nos soldats avaient dérisoirement appelé *la belle Hélène*, lorsque les deux compétiteurs portèrent leurs griefs devant le *vizir* Poussielgue, promettant de s'en rapporter à son arbitrage officieux. Le juge européen, peu compétent dans une cause si étrange, voulut cependant assoupir une dispute qui aurait pu servir de prétexte à des troubles politiques. L'arrêt de conciliation fut rendu : le cheyk êl-Bekry garda son *Hélène* en échange de quelques terres dont il fit cession à l'aga; et si froissés que fussent les plaideurs par cet arrêt, l'un dans ses intérêts, l'autre dans sa passion, ils obéirent tous les deux, comme à une sentence irrévocable.

Pour que Poussielgue eût acquis parmi les Musulmans une influence telle sur les accidens de leur vie intime, il fallait qu'il se fût initié à leurs mœurs, qu'il eût étudié leurs faiblesses, et saisi leurs moindres préjugés. Chef responsable des affaires d'administration et de finances, il avait encore trouvé, au milieu de cet immense travail, le temps d'établir entre lui et les autorités indigènes un cours régulier de visites cérémonieuses ou amicales. Tantôt assis sur le large divan du cheyk êl-Sadât, un tuyau d'ambre à la bouche et la tasse de café sur le plateau, il devisait familièrement avec lui de nos coutumes d'Europe, et le menaçait en riant de faire de lui un *philosophe français*[1]. D'autres fois, recevant chez lui le cheyk êl-Mohdy, il se plaisait à faire causer ce docteur égyptien, plus instruit que le commun de ses confrères, sur le mécanisme des gouvernemens orientaux, sur l'action des dogmes religieux dans les choses privées, détails si précieux pour l'armée conquérante, qui venait s'imposer à un pays

---

[1] Ces détails et une foule d'autres qui vont suivre sont extraits de la correspondance inédite de l'administrateur-général Poussielgue avec Bonaparte.

Ce mot *philosophe* n'est pas étranger à la langue des Arabes; l'ayant pris comme nous de la langue grecque, ils lui ont conservé le sens restreint qu'il a dans cette langue, sans l'étendre à l'acception plus moderne et plus étendue que notre langue lui a donnée : *filsouf*, au pluriel *felasâfah*, signifie en arabe un sectateur de la sagesse et de la science.

inconnu. Habile à profiter de tout, jaloux de ne rien ignorer, Poussielgue passait ainsi ses heures libres au milieu des cheyks du Kaire, chez les intendans cophtes chargés de la perception des impôts, chez le marchand êl-Mahrouky, influent parmi les notabilités commerciales, enfin dans toutes les maisons où s'offraient en perspective quelques amitiés utiles à l'avenir de la conquête. Entre lui et les principaux musulmans, c'était un échange continuel de cadeaux, une série de dîners diplomatiques donnés ou reçus, une succession de rapports et de démonstrations toutes bienveillantes.

Séduits ainsi un à un par une affabilité pleine de mesure, les membres du Divan étaient devenus des instrumens favorables au maintien de l'ordre de choses nouveau. Cette assemblée, née à peine, commençait à sentir son existence, et peu à peu, glorieuse de quelques essais, elle s'était persuadée qu'elle agissait par elle-même, tandis qu'elle ne procédait presque toujours qu'à la suite d'une impulsion reçue.

La tactique des autorités françaises vis-à-vis de ce corps égyptien n'avait été ni moins habile, ni moins heureuse qu'à l'égard des individus. Dans tous les objets de détail, touchant à la police du Kaire, au rituel mahométan, aux mœurs et coutumes du pays, à l'assiette des impôts, Poussielgue et Dugua réclamaient du Divan son intervention médiate ou immédiate. Compromise de la sorte dans tout ce qui se faisait, l'assemblée musulmane apportait à l'exécution des mesures d'ordre public l'appui de sa popularité et de son patronage. L'initiative lui était réservée dans les affaires qui tenaient à la religion. Celle de l'émir-Hadgy, citée plus haut, en est un exemple. Grâce à ces petites satisfactions d'amour-propre, on eut dans le Divan une arme malléable et puissante, se ployant, s'identifiant sans effort aux intérêts français, magistrature indigène entée sur la force étrangère, terme moyen entre les haines des vaincus et les défiances des vainqueurs. Le cheyk êl-Mohdy, supérieur aux siens par le conseil et par la parole, était l'ame de cette représentation égyptienne. Lui et le chef des négocians, êl-Mahrouky, créatures dévouées aux Français, avaient mis au service de Poussielgue et de Dugua leur active influence sur leurs collègues.

Tous ces moyens de gouvernement n'étaient

pas à dédaigner dans un moment où quinze mille soldats tout au plus restaient seuls disséminés sur un vaste territoire. Isolée de cet appui passif, la force active n'eût pas suffi à la tranquillité de l'Égypte. Les Mamlouks entretenaient partout des émissaires, qui cherchaient à réunir, à réchauffer les vieux fermens de rébellion, pour les exploiter ensuite à leur profit. Au sein d'une population toute inflammable, il eût suffi d'une étincelle pour déterminer un nouvel incendie.

La ligne de conduite adoptée par les autorités françaises était donc le fruit d'une saine appréciation des choses. Leurs soins de chaque jour roulaient sur les meilleures mesures à prendre pour perpétuer la bonne harmonie. Les rixes isolées, individuelles, étaient punies par eux avec sévérité. Ces accidens fort communs au Kaire provenaient presque toujours des Chrétiens ou des Juifs. Les sectaires de ces deux religions, long-temps opprimés par les Turcs, humiliés par eux jusque dans le choix des vêtemens, usaient de la puissance française pour se créer des petits succès d'amour-propre. Avant la conquête, il leur était défendu de porter des turbans verts, rouges et blancs, ou encore des châles à palmes, des pabouches rouges ou jaunes; ils étaient forcés de céder aux Musulmans le haut du pavé, de descendre de leurs montures en passant devant une mosquée; il leur était interdit de monter des chevaux ou des mules. Quand venaient les jours du Ramaddàn, jours de jeûne et de privations obligatoires pour l'islamisme, les Juifs et les Chrétiens devaient s'abstenir de manger, de boire et de fumer dans les rues, ce qui aurait été pour les Turcs une tentation ou une ironie.

Les Français venus, toutes ces règles, rigoureusement observées jusqu'alors, avaient été enfreintes avec une sorte d'affectation. Les Chrétiens ne marchaient plus que la tête ceinte du turban blanc, des châles magnifiques formaient leurs ceintures, et pendant la lune du jeûne on en voyait qui mangeaient, buvaient et fumaient aux yeux des croyans scandalisés. De là des disputes sans nombre, des rixes arrosées de sang; Barthélemy le Grec, le kady, l'aga, les cheyks n'y pouvaient suffire. Il fallut aviser, car la tolérance religieuse eût été trop chèrement payée au prix de la paix journellement compromise. Les Chrétiens, les Juifs et les

Cophtes reçurent l'ordre de se conformer aux usages précédemment établis; le turban bleu, violet foncé, ou noir, leur fut assigné; ils durent s'abstenir de nouveau de rompre le jeûne sur la voie publique durant tout le cours du Ramaddân, enfin subir tous les petits échecs de vanité que leur avait imposés de tout temps la loi orientale.

Toutefois, en dehors de ces petites concessions faites à de vieux préjugés, une justice s'exerçait égale pour tous, sans acception de croyances ni de personnes. Les tribunaux, placés sous la surveillance de l'administration, rendaient à tout le Kaire prompte et impartiale justice. Pour la première fois, les Égyptiens virent que la loi savait atteindre les coupables puissans, et qu'elle s'inquiétait seulement du fait sans tenir compte de l'individu.

Un jour, entre autres, un Cophte, chef des percepteurs de la rue Khalyféh, nommé Dilouas, fut amené devant le kady pour avoir exigé des marchands qui apportaient du grain au Kaire une taxe plus forte que celle du tarif. Dilouas rejeta la faute sur son domestique qui avait été l'agent de cette affaire, et déclina lui-même toute responsabilité. Après délibération, un arrêt fut rendu, par suite duquel le maître se vit enfermer au château, et le domestique eut la tête coupée.

En même temps une police active faisait avorter dans leur germe les petites conspirations fomentées par les cheyks subalternes ou par les espions des beys fugitifs. Les principaux coupables étaient livrés à Barthélemy le Grec dont la justice expéditive manquait rarement son effet de salutaire terreur. Quand on le voyait marcher vers la citadelle, le cimeterre nu, suivi de ses patiens garrottés, c'était un spectacle à refouler au fond de bien des ames toute intention mauvaise.

Ces complots d'ailleurs, faibles ou forts, généraux ou particuliers, étaient toujours tablés sur un revers espéré, sur une défaite de l'armée syrienne, et les nouvelles successives des victoires de Bonaparte en renversaient l'échafaudage. Les premiers avantages du corps expéditionnaire furent annoncés au Kaire avec éclat, célébrés avec pompe, criés dans les rues comme l'ont été depuis nos bulletins impériaux, et affichés aux portes des mosquées et des maisons principales.

Ce fut vers le 10 ventôse (28 février) que parvint dans la capitale le bruit de la prise d'êl-Arych, la clef de la Syrie. Comme preuves vivantes de ce triomphe, six kachefs et trente Mamlouks prisonniers venaient d'arriver à la Qoubbéh avec treize drapeaux enlevés à l'ennemi. Un détachement de soldats français les accompagnait, et le jour suivant vainqueurs et vaincus firent leur entrée solennelle par la porte dite *Bab-el-Nasr*. L'aga et Barthélemy le Grec marchèrent à leur rencontre avec leurs corps de janissaires et de barbaresques ; le tambour marqua le temps de la marche jusqu'à la place Ezbékiéh, où les Mamlouks furent introduits chez Poussielgue. Les instructions de Bonaparte portaient de traiter les prisonniers d'une manière bienveillante et de leur restituer leurs maisons, tout en exerçant à leur égard une surveillance particulière.

Cette partie des ordres du Général en chef fut exécutée par les autorités françaises, mais pour le reste elles eurent recours à l'intervention du Divan. Bonaparte recommandait en effet que les treize drapeaux conquis sur Djezzar fussent appendus en guise de trophées aux murs de *Gamè-él-Azhár* (la mosquée des Fleurs.) Il voulait en outre faire annoncer officiellement aux négocians de l'Égypte que l'armée syrienne prendrait sous sa protection les caravanes destinées à ses approvisionnemens, et que toute marchandise expédiée à cette fin rencontrerait de bons prix et serait exactement payée.

Le Divan se prêta avec zèle et intelligence à ce qu'on voulait de lui ; sa mission commerciale fut remplie à l'instant même, et quant à la cérémonie d'inauguration, pour la rendre plus solennelle, il la renvoya au jour de la clôture du Ramaddân. La prise de Jaffa et celle de Ghazah connues au Kaire dans l'intervalle, communiquées au peuple avec le même apparat, prédisposèrent mieux encore tous les esprits à la grande fête religieuse et triomphale.

Elle eut lieu le 18 ventôse (8 mars), jour anniversaire du Beïram ou de la clôture du Ramaddân. A cette journée se rattachent en Orient des usages qui se rapprochent de nos visites cérémonieuses pour le retour du nouvel an. Comme les Européens, les musulmans échangent alors des félicitations et des cadeaux, les rues fourmillent de passans qui se prodiguent les plus affectueux saluts ; peuple, bourgeois, marchands, cheyks, imams, chacun est en quête des siens; on se prend, on se quitte, on s'accroupit en larges cercles sur la porte des cafés ou dans l'intérieur des maisons, et de là se passe d'une bouche à l'autre la formule sacramentelle du souhait religieux.

Cette fois la grande journée fériée fut belle comme aux plus calmes instans de l'Égypte; unis dans la même joie, quoiqu'avec des intentions diverses, Égyptiens et Français surent fondre dans un même programme l'anniversaire religieux et la cérémonie militaire. Le matin même le cheyk êl-Cherqâouy fit les prières solennelles du *Khotbah* dans la grande mosquée: prononçant un discours rédigé par le cheyk êl-Mohdy, il y prêcha les vertus de Bonaparte et son génie inspiré de Dieu; il fit entrevoir au peuple que tôt ou tard cet homme extraordinaire se convertirait à l'islamisme comme au seul culte venu du ciel; il termina en menaçant des colères suprêmes quiconque ne se soumettrait pas à l'autorité du vainqueur des Mamlouks et de Djezzar.

Cette exhortation terminée, les cheyks présens inaugurèrent avec pompe les drapeaux d'êl-Arych et de Jaffa dans l'intérieur de la mosquée. Ils osèrent plus encore, et bientôt tous les minarets de la ville se couronnèrent d'étendards conquis sur les Mahométans. A l'heure où ces édifices furent ainsi pavoisés, les canons de la citadelle et des forts saluèrent par des volées nombreuses le triomphe des armes françaises. Pendant ce temps la ville fourmillait de visiteurs au nombre desquels figuraient les autorités républicaines ; le général Dugua, le commandant Destaing, suivis d'un nombreux état-major, Poussielgue, entouré d'agens français, cophtes ou musulmans, se rendirent en grande cérémonie chez les cheyks êl-Bekry, êl-Sadât, êl-Cherqâouy, êl-Mohdy, chez le chef des négocians Mahrouky et les trois grands agas.

Les kachefs mamlouks capitulés à êl-Arych se trouvaient auprès du cheyk êl-Sadât : couverts d'habits neufs, rendus à une vie moins orageuse, il étaient ravis de ce changement de situation, et dans leur reconnaissance ils se prosternaient devant Poussielgue et Dugua pour leur baiser les mains. Chaque visite ainsi faite était marquée par des échanges de présens ; à l'un des armes de luxe, à l'autre des chevaux de prix, et en retour des pelisses, des kaftans', des châles, des pipes au bouquin d'ambre. Jamais depuis la conquête on n'avait remarqué tant de joie sur les visages, tant d'effusion dans les paroles. La marche de Poussielgue au travers du Kaire fut presque triomphale; non-seulement il reçut des cheyks l'accueil le plus cordialement empressé, mais le peuple, la populace des rues suivaient son cortége avec des démonstrations de bruyante allégresse, le saluaient de vœux bienveillans, et n'offraient sur tout son passage qu'une longue haie de figures joyeuses et avenantes.

Le soir la fête devint plus vive encore et plus animée; des rassemblemens nombreux ondoyaient sur toutes les places, et la foule, ivre de plaisir, hommes, femmes voilées, enfans, adolescens, se livraient à ces jeux qu'aime le peuple, ici attirés par des joûtes, là par des escarpolettes. Au milieu de ces flots d'hommes circulaient des milliers de marchands, promenant leurs sirops, leur café ou leurs comestibles, industriels long-temps proscrits de la rue par le jeûne du Ramaddân, et qui attendaient le jour solennel pour prendre leur revanche. Par surcroît de bonheur, les vivres, cette année-là, étaient abondans et moins chers que sous les

Mamlouks, et de tous les argumens en faveur de la conquête, c'était celui que le peuple savait le mieux faire : sa rancune ne pouvait être longue contre des maîtres qui respectaient ses croyances morales et lui rendaient plus douce la vie matérielle. Les chefs français n'oubliaient rien, il faut le dire, pour rendre le rapprochement plus complet; pendant trois jours des colonnes mobiles furent chargées de protéger contre les Arabes les pélerinages pieux que les habitans allaient faire, d'après l'usage, à la ville des tombeaux. Ces promenades votives terminèrent la première fête.

A quelques jours de là, le 26 ventôse (16 mars) eut lieu une seconde cérémonie qui en était le corollaire obligé. L'usage religieux voulait que le premier samedi après la clôture du Ramaddân, le *kissouéh* de la *Kaabah*[1], riche

---

[1] Ce tapis précieux se fabriquait dans un atelier spécial à la citadelle du Kaire : dès les premiers temps de l'islamisme, la caravane sacrée le transportait à la Ville-Sainte et l'échangeait contre celui de l'année précédente qui, devenu la propriété de l'Émir-Hadgy, était partagé par lui entre les principaux personnages de l'islamisme. Les souverains des diverses contrées musulmanes regardaient comme un grand honneur d'avoir part à cette distribution. A l'époque des croisades, la caravane ayant été attaquée et pillée par les croisés, le

tapis ou voile brodé en or que porte au temple de la Ville-Sainte la caravane de la Mecque, fût solennellement promené dans la ville. Ce samedi s'était écoulé sans que la procession habituelle eût lieu, et déjà une rumeur sourde circulait dans la ville au sujet de ce retard ; les malintentionnés disaient que les Français mettaient volontairement obstacle au pélerinage dont cette fête était le préliminaire ; qu'ils em-

précieux tapis tomba entre les mains des Français, et à ce sujet l'anecdote suivante ne paraîtra sans doute pas déplacée.

Il y a trente ans, lorsqu'on démolit pour le percement d'une rue la petite église adjacente à l'église Saint-Germain-des-Prés, on découvrit une tombe assez belle dont les inscriptions gothiques annoncèrent que le corps qui y était enfermé était celui d'un abbé de cet ancien monastère qui dans son zèle moitié religieux, moitié guerrier, avait pris part à l'une des croisades. Le corps lui-même fut trouvé enveloppé de vêtemens d'une étoffe de soie magnifique brochée en fils métalliques, qui, malgré l'altération causée par leur long séjour sous terre, furent reconnus pour être en or. Ces fils formaient dans le tissu une espèce de broderie en compartimens hexagones répétés et offrant avec quelques figures d'animaux des lignes bizarres qui, examinées par des orientalistes, furent bientôt reconnues pour des inscriptions koufiques, ou en écriture des anciens Arabes. Le déchiffrement de ces inscriptions apprit enfin que ces fragmens d'étoffes, si singulièrement retrouvés à Paris, avaient fait partie du tapis sacré ou *kissouéh* qui, il y a près de huit siècles, était tombé en la possession des croisés. Une portion de cette antique est conservée dans le cabinet de M. Marcel, l'un de nos coopérateurs.

pêchaient les préparatifs, et qu'ils agiraient toujours de même tant qu'ils seraient les maîtres.

Le fait est que de graves embarras s'opposaient cette année au départ de la caravane mekkaine. Le manque de chameaux, la pénurie d'argent et l'absence de l'émir-Hadgy qui devait la commander, formaient un triple obstacle presque insurmontable. Les docteurs de la loi consultés par Poussielgue répondirent que depuis long-temps ils avaient prévu ce résultat, et qu'ils s'y étaient résignés, mais en même temps ils conseillèrent d'user de ménagemens vis-à-vis du peuple.

L'affaire était épineuse : tout ne gisait pas en effet dans l'envoi du tapis précieux, du symbolique kissouéh destiné à couvrir la Kaabah, la célèbre maison carrée, premier temple élevé à l'Éternel des propres mains d'Abraham à la Mecque, ainsi que des ornemens destinés aux tombeaux du Prophète et de sa fille Fatyme à Médine. Aux yeux du vulgaire, ces dons religieux étaient bien l'objet essentiel; mais les chérifs de la Mecque ne le regardaient que comme un insignifiant accessoire. Aussi il y aurait eu avanie et danger pour les pélerins qui auraient présenté le cadeau annuel sans le tribut d'usage, tribut de cinq cents quarante mille francs à distribuer entre la Mecque et Médine. Sous la domination précédente, le pacha prélevait cette somme sur les impôts destinés au Grand-Seigneur, savoir : quatre cents bourses provenant du miry général ; 3,490,000 médins (125,000 francs) perçus en fondations pieuses à ce affectées dans les villages appartenant au fisc, et 1,500,000 médins (environ 540,000 fr.) en rentrées semblables dans les villages appartenant à des particuliers. Les 3,490,000 médins avaient bien été mis en recouvrement, et l'on pouvait faire fond sur eux ; mais les quatre cents bourses (environ 360,000 francs) n'existaient pas dans les caisses du payeur. Peut-être aurait-on pu les recueillir à grand' peine avant l'époque rigoureuse du départ du kissouéh ; mais les besoins impérieux de l'armée, l'exigence des services militaires et administratifs absorbaient toutes les rentrées et dévoraient toutes les ressources.

Il fallait toutefois prendre un parti : sur le conseil des cheyks, on résolut d'endormir les défiances populaires par la cérémonie extérieure, et la procession solennelle du kissouéh.

s'effectua avec la pompe ordinaire. Ce fut le 26 ventôse au matin (samedi 16 mars) que le tapis précieux fut promené dans les rues sur le chameau qui devait le porter jusque dans la Ville-Sacrée. Le muphti, les imams, les cheyks, les docteurs de la loi, l'aga des janissaires, le kadi, etc., escortaient la pieuse relique, entourés des notabilités du Kaire, des sept corps des Odjâqs, et suivis d'une populace immense. Toute cette foule, parée de ses plus beaux habits, répétait avec ferveur les versets sacramentels, et du haut des minarets les *mouezzins* conviaient le peuple au passage du saint kissouéh. Plus libres ce jour-là des rigueurs du harem, les femmes, toutes vêtues de leurs plus riches habillemens, abondaient dans les rues, et leurs longues draperies tranchant sur l'or des pelisses, sur les nuances variées des turbans, formaient un ensemble de couleurs saillantes et marquetées qui saisissait le regard.

Dans ce vaste rassemblement d'une population entière, il y avait visiblement abandon, joie et plaisir sans arrière-pensée. On parlait bien, au milieu des groupes, de l'absence du chef de la caravane ; mais on ajoutait qu'il avait été déposé légalement par suite de trahison, que le pélerinage ne s'en ferait pas moins, et que le Divan avait déjà désigné un Poura-Eminy. « Les » moyens de transports et l'escorte sont prêts, » se disait-on ; que ceux qui veulent partir se » préparent. »

Mais la démonstration ne pouvait pas toujours suppléer au fait ; le revenu des villes saintes s'était, de temps immémorial, fondé sur ces promenades religieuses ; et les grands pontifes de l'islamisme se trouvaient assez mal disposés en faveur des conquérans de l'Égypte pour qu'on n'ajoutât pas un grief d'argent aux haines de secte. Poussielgue ne pouvant, dans l'état des choses, prendre la responsabilité ni de l'octroi, ni du refus, en référa à Bonaparte [1], et l'on attendit la réponse du Général en chef.

A cette époque, il eût été d'autant plus impolitique de se brouiller avec la Mecque, que le grand chérif de cette ville faisait des avances aux autorités du Kaire pour renouer entre les deux pays des relations commerciales, aliment du cabotage de la Mer-Rouge. Ce prince musulman venait même d'expédier pour son

---

[1] Correspondance inédite de Poussielgue avec Bonaparte. Lettre du 23 ventôse an VII (13 mars 1799.)

compte de Djeddah au port de Suez une barque chargée de cafés lui appartenant. Sur la première nouvelle de cet envoi, l'administrateur-général avait donné des ordres pour que cette barque jouît d'un accueil privilégié. En effet le café qu'elle portait fut débarqué franc de droits; on en soigna la vente au meilleur taux, et les retours furent faits par le même bâtiment.

En avisant le chérif de tous ces détails, Poussielgue le félicitait d'avoir pris l'initiative dans une démarche qui devait tourner au commun avantage de l'Égypte et de l'Arabie. Le chérif avait répondu sans retard par deux lettres affectueuses, l'une pour Bonaparte, l'autre pour Poussielgue, et la publicité donnée à ces documens imprimés et affichés en arabe avait produit le meilleur effet dans le Kaire. Voici la dernière de ces pièces, document peu connu et remarquable par le ton d'affable dignité qui y règne :

« Le chérif Abd-êl-Qadir Ghalib-Êbn-Mus-
» sayl, chérif de la Mecque très-honorée,

» A l'œil vigilant des grands Français, à la
» colonne de la nation, Poussielgue, conseiller
» illustre de la République française, qui par ses
» connaissances gouverne avec justice.

« Votre lettre nous est arrivée ; vos pa-
» roles nous ont fait un grand plaisir. Vous nous
» annoncez que nos présens vous sont parve-
» nus et que vous nous adressez un courrier
» pour nous apprendre que vous ne prendrez
» plus de douane sur le café et que vous ferez
» votre possible pour faire vendre ce que nous
» vous enverrons. Nous avons réfléchi sur
» votre lettre et l'avons trouvée sincère ; à
» notre tour, nous avons cherché les moyens
» de vous prouver notre sincérité et notre désir
» de voir reprendre le commerce usité entre
» notre pays et l'Égypte. Nous envoyons donc
» cinq bâtimens chargés de productions de
» nos contrées ; nous ne pouvons pour le mo-
» ment vous en envoyer davantage, parce que
» les négocians craignent à cause des paroles
» des Arabes. Quant à nous, nous avions des
» doutes avant l'arrivée de votre lettre, à pré-
» sent nous connaissons votre amitié et votre
» justice. Le but de cette lettre est de vous
» prier d'envoyer des troupes à Suez pour
» protéger les marchandises des négocians et
» les faire arriver sûrement au Kaire ; que le
» commerce reprenne son activité, et que vous
» fassiez tous vos efforts pour nous renvoyer

» ces bâtimens, après que les négocians auront
» vendu leurs marchandises. Je vous prie de
» les faire escorter jusqu'à Suez, parce que nos
» négocians ont fait cet envoi comme essai.
» Revenus de chez vous contens, ils seront
» portés à faire des envois plus considérables;
» leurs craintes se dissiperont. Nous espérons
» en Dieu que, par vos soins et les nôtres, les
» routes deviendront plus sûres qu'elles ne l'é-
» taient auparavant et que le commerce s'accroî-
» tra. Nous avons pour notre propre compte
» du café; nous vous prions de surveiller nos
» gens et nos intérêts, vous pouvez compter
» sur la réciprocité dans ce que vous voudrez.
» Je ne vous cacherai pas qu'il nous est arrivé
» une lettre de la part du Général en chef de
» l'armée, notre ami Bonaparte. Nous lui avons
» répondu pour ce qui nous concerne et ce qui
» concerne d'autres personnes; les dépêches
» qu'il nous avait transmises pour faire passer
» dans l'Inde ont été par nous remises à des
» courriers et expédiées par Djeddah; s'il plaît
» à Dieu, dans peu vous aurez la réponse.

» Salut. »

Ecrit le 18 du mois de zy-l-qaadéh de l'an 1213.

Cette lettre arriva au Kaire le 16 de zy-l-hagéh ; et l'affaire en était là à l'époque de l'incident du kissouéh.

Les soins commerciaux de Poussielgue ne s'étaient pas bornés à cet acte isolé : l'intimité rétablie entre Djeddah et Suez devait faire lever l'ancre à dix zaïmes, portant cinq mille fardes de café, et qui attendaient les résultats de l'envoi fait par le chérif. A leur tour, les Arabes de Tôr renouèrent leurs relations comme par le passé ; reçus au Kaire avec bienveillance, ils multiplièrent leurs échanges.

La caravane d'Abyssinie fut moins heureuse cette année : obligée de traverser dans toute sa longueur le théâtre de la guerre, elle se vit rançonnée et pillée tour à tour par les Arabes, les Mamlouks et les troupes de Desaix. A peine les débris de ce convoi purent-ils arriver à Boulaq avec quelques plumes d'autruche, des dents d'éléphant et un petit nombre d'esclaves. Mais ce n'était là qu'une crise passagère, fruit des premiers désordres de la conquête : on pouvait espérer que les années suivantes verraient s'asseoir un commerce calme et régulier. Poussielgue ne négligea rien pour lui préparer les voies : le négociant Rossetti venait de recevoir des lettres de Ahmed, agent de Mourad-Bey auprès du roi de Darfour; l'administrateur-général lui fit en réponse présenter l'occupation française comme favorable à ce prince abyssinien par un plus grand développement de commerce. Pour joindre la preuve à la promesse, il écrivit au général Desaix de traiter avec les plus grands égards la portion de la caravane abyssine retenue aux environs de Syout. En même temps, il abordait, dans sa correspondance avec Bonaparte, l'immense question d'une tentative au-delà des cataractes : armé de documens statistiques et d'un itinéraire exact, il démontrait l'importance de cette colonisation militaire et son extrême facilité.

Quarante jours suffisaient pour se rendre à Darfour. Avec mille chameaux pour cinq cents hommes on pouvait se passer de tout secours en vivres, et s'implanter de gré ou de force dans le pays. Une fois établi, le détachement européen pouvait, de l'intérieur de l'Afrique, tendre la main à l'armée expéditionnaire et centupler ses ressources; car, dans ces contrées vierges, tous les règnes de la nature surabondaient de richesses. L'arbre d'ébène, le tamarin, la gomme arabique, les plumes d'autruche, les dents d'éléphant, le miel, la cire, les bestiaux, rien ne manquait à cette zône, chaude à la fois et tempérée, protégée contre une latitude équinoxiale par ses plateaux élevés, par son fleuve fertilisant. Mais ces avantages s'effaçaient encore devant le plus éblouissant de tous, celui qui sonnait le mieux aux oreilles européennes : l'Abyssinie et Darfour avaient des mines d'or. Ces mines n'étaient pas exploitées; et les naturels du pays se bornaient à recueillir ce que les pluies détachaient des monts Sibon et Thegheli. Tout morceau d'or d'un poids moindre de trois onces appartenait à qui le trouvait; passé ce taux, il devenait la propriété des roitelets de ces montagnes. Cet usage, en vigueur depuis un temps immémorial, leur avait permis d'accumuler de la sorte des trésors immenses, sur lesquels une colonne expéditionnaire aurait pu prélever une large dîme, avant de procéder à l'exploitation du précieux minerai.

Voilà quelle vaste et séduisante entreprise Poussielgue déroulait devant un homme capable de comprendre de telles pensées; voilà sur quels documens précis il étayait les prospérités futures de l'Égypte.

C'est, il faut le dire, que le présent ne s'offrait pas alors sous un aspect aussi doré : les caisses du payeur-général, presque toujours à sec, avaient soif des mines de Darfour, et les rentrées, péniblement faites, ne suffisaient pas aux besoins des services. Le miry ne se payait pas ou se payait peu : comme empêchement sérieux ou comme prétexte, les villages sommés de l'acquitter alléguaient l'absence de Bonaparte, et se refusaient à solder l'arriéré à d'autres qu'à lui. Les faibles sommes que l'on parvenait à arracher de gré ou de force n'arrivaient même pas toujours intactes au Kaire, par suite des insurrections imprévues qui coupaient court aux communications. Ceci arriva pour l'impôt de la province de Beny-Soueyf : un détachement du général Vaux ramenait vers le Kaire soixante mille francs et deux bateaux chargés de grains, lorsqu'à la hauteur du bourg de Fechn (l'ancienne position de *Fenchi*) une révolte éclata parmi les fellahs, et, trop faibles pour se défendre, les Français furent obligés de fuir, ayant à peine le temps d'enfouir le numéraire.

A trois et quatre lieues de la capitale elle-même, il n'y avait sûreté ni pour les choses ni pour les personnes. Des hordes de Bédouins poussaient leurs reconnaissances jusqu'à Boulaq, massacraient les piétons isolés, et pillaient tout ce qui se trouvait sous leur main. Leur audace était telle, qu'on en vit, pendant les fêtes du Ramaddân, rançonner les promeneurs qui se rendaient au *nécropolis* du Kaire; c'était chaque jour, à ce sujet, des plaintes nouvelles : tantôt ils avaient dévalisé des marchands turcs et chrétiens aux environs de la place Ezbekiéh, à deux pas du quartier-général; tantôt ils avaient maltraité et blessé le cheyk êl-Mohdy lui-même; une autre fois ils avaient assassiné le domestique du général Dugua.

Tous les bateaux qui descendaient ou remontaient le Nil de Rosette au Kaire étaient attaqués; le général Dumas et l'aide-de-camp Lavalette, se trouvant en mission sur cette ligne, ne se frayèrent passage qu'après un combat. Les tribus nomades, dont nous avons dit le soulèvement, infestaient le double littoral du fleuve, arrêtaient les convois, et jetaient souvent de larges mécomptes dans la comptabilité. Ces pillards étaient partout; dans la province de Gizéh et à Terranéh, dans l'arrondissement de Mansourah, dans celui de Kélioub, dans la Charqyéh, à Rosette, à Rahmanyéh, à Alexandrie, dans les plus gros bourgs comme dans les plus chétifs villages. On avait beau les repousser en bloc, ils reparaissaient en détail; beau leur donner une vigoureuse chasse; abrités par leurs déserts, ils se montraient le lendemain dans un autre rayon.

La perception de l'impôt n'était pas seule à souffrir de ces irruptions, elles réagissaient encore sur les approvisionnemens du Kaire. Une commission avait été nommée pour établir, dans certaines provinces, des taxes en grains à défaut d'argent. Ces grains, pillés en route, n'arrivaient pas, et l'armée se trouvait menacée dans ses subsistances; on se voyait forcé d'acheter, de surpayer le blé aux négocians indigènes pour parer au vide que faisaient ces convois arriérés ou perdus.

Au milieu de si graves embarras, l'administration des finances vivotait au jour le jour, ordonnançant le plus pressé, et ajournant toutes les fois qu'il n'y avait pas urgence extrême. Le droit d'enregistrement, productif au début, avait jeté tout son feu; les sommes arriérées s'étaient graduellement éteintes, et presque toutes les propriétés avaient passé par le baptême de la mesure fiscale; à peine pouvait-on alors faire fond sur elle pour deux mille francs par jour. La monnaie travaillait à force, et son revenu pouvait s'élever à la même somme. A ces deux objets se réduisaient les rentrées fixes, certaines, de chaque jour; presque toutes les autres étaient éventuelles et variables.

Avec des ressources aussi minimes, il fallait parer aux besoins journaliers de l'armée, tenir au courant de leur solde les corps d'élite, pourvoir aux transports, aux vivres, aux frais d'administration, aux charges des lazarets et aux dépenses inattendues; et en dehors de ces nécessités quotidiennes se trouvaient encore des services criards, qui réclamaient tantôt des arriérés, tantôt des avances, sans lesquelles ils ne pouvaient plus fonctionner. C'était, d'une part, la garnison de Suez qui mourait de faim au milieu de landes stériles; de l'autre, les canonniers de la marine dont on ajournait la solde depuis deux mois; ici le Divan murmurait de ne pas toucher les appointemens promis, et il y aurait eu de la maladresse à lui manquer de parole; là le général Dugua réclamait une affectation d'argent par décade pour parer à une foule de débours de chaque heure, de chaque instant, et le chef supérieur de l'autorité militaire ne pouvait rester exposé à faire mauvaise figure pour quelques pataques.

D'un autre côté, Bonaparte qui comptait peu sur les ressources de la Syrie, recommandait qu'on lui fît passer toutes les sommes libres après les paiemens les plus pressés, et, pour surcroît d'embarras, la question religieuse du kissouéh venait encore demander un demi-million à des caisses qui depuis le butin de Malte n'avaient jamais eu à la fois une pareille somme.

Ces circonstances impérieuses jetaient Poussielgue et le payeur-général Estève dans un dédale de difficultés, et le génie actif de l'administrateur en chef fut mis à de rudes épreuves. Dans cette vaste machine, où tous les rouages souffraient faute de liniment, il fallait savoir en verser à propos quelques gouttes sur la partie où le frottement devenait trop dur et trop dangereux pour le mécanisme général. C'est ce que fit Poussielgue; les canonniers de la marine reçurent un à compte, le port de Suez se vit compris pour quinze mille francs dans les premières destinations de fonds; le général Dugua, le Divan, le génie, l'artillerie émargèrent les sommes les plus urgentes. L'armée syrienne elle-même ne fut pas oubliée ; cent mille francs partirent pour le quartier-général. En même temps on avisait à lui procurer d'autres ressources. A l'instigation des autorités turques et françaises, les négocians du Kaire dirigeaient sur êl-Arych quelques convois de grains, et, pour suppléer à leur insuffisance, des ordonnateurs de l'armée parcouraient le Delta, et faisaient filer sur Damiette tout le riz, le blé et l'orge qu'ils avaient pu percevoir en nature dans les villages égyptiens.

Il faut le signaler ici, ce mode de perception ne réussit pas cette année-là : soit que le pays eût été épuisé dans la Basse-Égypte par les insurrections arabes, dans les Haute et Moyenne Égypte par la résistance opiniâtre des Mamlouks, soit que le fellah eût caché sa récolte pour la soustraire aux redevances, un fait restait constaté, c'est que diverses provinces dont on espérait des denrées à défaut d'argent, avaient trompé tous les calculs. On s'était vu forcé de faire un appel aux portions les plus favorisées du territoire, et d'y acheter, à deniers comptans, les approvisionnemens qui étaient nécessaires. Les avances avaient été faites par les cophtes, à valoir sur le prix des baux passés avec eux pour le miry. C'était par ces agens que, jusqu'à ce jour, une perception aussi compliquée que celle de l'Égypte avait pu s'organiser, même incomplètement. Bonaparte ayant annoncé qu'il voulait se substituer aux Mamlouks, on n'avait pas changé l'assiette des impôts, et substitué un droit régulier et commun aux taxes sans nombre qui pesaient sur l'Égypte sous diverses dénominations. Ainsi les négocians cophtes affermaient les terrains dits d'*Oussyéh*, et ramassaient, aidés de colonnes mobiles, tous *miry*, *fayzz*, *barrány*, *kachoufyéh*, *koulféh* et droit de *serraf* précédemment fixés.

Pour rendre ces recouvremens plus faciles, le Général en chef, au moment de partir pour la Syrie, avait, par un arrêté, rendu les cheyks, serrafs, chaheds, ouakils et khollys responsables, suivant leur degré hiérarchique, du paiement de tous les impôts dus à la république. La destitution était attachée à l'inobservance de cet arrêté, qui fut traduit en arabe, tiré à plusieurs milliers d'exemplaires et affiché dans les villages. Toutefois, malgré ces menaces formelles, rien ne s'obtenait des contribuables, ni des cheyks leurs gérans, qu'après des délais sans fin et par l'intervention de la force. Chaque jour le système de régie révélait de nouveaux inconvéniens; et de même qu'on l'avait abandonné d'une manière graduelle pour les impôts en argent, on chercha à en faire autant pour les prestations en nature.

Dans ce but, Poussielgue ouvrit une soumission avec concurrence pour adjuger les contributions de ce genre en ferme générale; des capitalistes se présentèrent, et deux offres les plus avantageuses, soit pour le taux, soit pour les garanties, furent acceptées, sauf la ratification de Bonaparte.

L'une, au nom des citoyens Hamelin et Livron, comprenait les provinces de Girgéh, de Manfelout et de Minyéh; ils associaient à leur affaire MM. Pini et Rossetti, négocians européens établis depuis long-temps en Égypte, et les principaux marchands cophtes qui connaissaient en détail toutes les localités.

L'autre soumission était au nom des citoyens Caffe et James; elle portait sur les provinces du Fayoum, d'Atfièhly et de Beny-Soueyf, et se présentait avec les mêmes élémens de réussite.

En adoptant cette marche, Poussielgue calculait avec raison que l'intérêt particulier se débattrait avec plus de succès que l'intérêt adminitratif contre les résistances des contribuables; et qu'à tout prendre les sommes qui en rentreraient au trésor public y gagneraient en fixité sans rien perdre en importance.

Pendant que ces graves questions financières absorbaient les pensées de l'administrateur-général, les autorités du Kaire, le général Dugua, le commandant Destaing, l'aga des janissaires, l'oda-bachy Zou-l-Fiqâr et le Divan continuaient à mettre en œuvre toutes les mesures de police qui pouvaient concourir au maintien de l'ordre et de la sécurité. Des arrêtés sévères furent publiés au sujet des précautions sanitaires; les chefs de sectes étaient tenus, sous peine de mort, de déclarer tous les accidens de peste qui auraient lieu dans leur ressort. En même temps on organisa une surveillance plus rigoureuse à l'égard de la population flottante du Kaire : tout tavernier, aubergiste, possesseur de khan, ou propriétaire, était tenu de déclarer, dans les 24 heures de l'arrivée, le nom, le pays, la destination du voyageur qui descendait chez lui. De fortes amendes punissaient les moindres contraventions.

Ces mesures de prudence, visiblement empruntées à notre police européenne, étaient une nécessité dans la position des conquérans. Les précautions à l'égard des étrangers furent surtout justifiées par les faits. Dans le nombre il en était que des intrigues politiques conduisaient seules au Kaire, d'autres que la haine du nom chrétien y attirait de toutes les régions mahométanes. Émissaires de contre-révolution, ou Séides du fanatisme, ces deux classes étaient dangereuses et hostiles. De temps à autre la ville était frappée tantôt d'agitation partielle, tantôt de panique générale, sans qu'on pût dire d'où provenait la secousse. Une nouvelle de café, un cri poussé dans la rue, une querelle de carrefour jetaient les esprits dans une anxiété indéfinie, et tourmentaient un quartier au moins pour quelques heures.

Le plus sérieux de ces mouvemens eut lieu le 26 floréal (15 mai) correspondant au 10ᵉ jour du mois *dou-l-hagéh* ou du pélerinage. On célébrait alors la fête nommée *Youm-él-Qorbán* (jour du Sacrifice) en l'honneur de l'arrivée des caravanes à la Mecque. Au nombre des pratiques religieuses, le Koran voulait que ce jour-là on égorgeât un animal comme un sacrifice de sang [1].

La fête annuelle s'accomplissait selon la coutume, et la population se rendait aux mosquées, lorsque tout-à-coup le bruit circula qu'un soldat français venait d'être assassiné. Grossie bientôt par les exagérations de la peur et de la malveillance, cette nouvelle se revêtit de couleurs effrayantes, et d'une bouche à l'autre on en vint à parler de massacre général et de révolte ouverte. A l'instant les autorités et la garnison furent sur pied ; Barthélemy le Grec marcha vers le lieu de la scène avec sa

---

[1] Cette fête qui est le petit *Beïram* des Turcs dure quatre jours.

Beïram est le nom commun des deux seules fêtes fondamentales et rituelles de la religion musulmane. Ce sont des fêtes mobiles qui, dans l'espace de 33 ans, tombent dans toutes les saisons et tous les mois de l'année, parce que l'année musulmane est lunaire et avance tous les ans de 11 jours.

La première de ces fêtes arrive le 1er de la lune qui suit celle du Ramaddàn ou de leur carême.

La deuxième est fixée au soixante-dixième jour après la première, c'est la plus solennelle ; quelques Européens pourtant prétendent le contraire sans fondement, et regardent le premier *Beïram* comme le plus solennel, parce que, terminant le mois de carême, il est accompagné de plus de réjouissances.

bande barbaresque, et peu de minutes suffirent pour démêler le fait vrai au milieu de toutes les versions mensongères.

C'était réellement un assassinat isolé, résultat d'une surexcitation fanatique. Un jeune Mamlouk, esclave depuis huit ans d'un marchand de Smyrne qui l'avait conduit au Kaire, était sorti ce matin-là de chez son maître avec cette idée fixe que pour mieux entrer dans l'institution de la *fête du Sacrifice*, il devait égorger un Français en place d'un mouton ou d'un buffle.

Pour accomplir ce dessein, il emprunta un costume grec qui lui permettait de porter des armes, et s'en revêtit malgré les représentations de son maître. Ainsi équipé, cet homme s'échappa de la maison en criant comme un énergumène : *Courage, Musulmans, tuez tous les Français !* Rien ne s'offrit à lui jusqu'à la rue Gaouryéh ; mais là, près d'un bazar situé au coin de la grande mosquée qui porte le même nom, il aperçut trois soldats qui marchaient à dix pas de distance les uns derrière les autres. L'assassin passa à côté du premier sans lui rien dire ; mais arrivé près du second, il tira ses deux pistolets, les déchargea sur lui à brûle-pourpoint, l'un dans le flanc quand il était debout, l'autre dans la poitrine quand il râlait à terre; puis, s'acharnant sur un cadavre, il lui fendit encore le crâne avec son cimeterre.

Cet acte de furieux fut prompt comme l'éclair. Au bruit des coups de feu, les habitans sortirent des maisons environnantes, et loin d'épouser la cause de leur co-religionnaire exalté, ils s'empressèrent d'offrir un asile aux deux autres soldats, qui se trouvaient sans armes dans la même rue. Quant à l'assassin, poursuivi par le peuple, il s'était retiré dans un khan de la rue Djemalyéh, et, caché derrière la margelle d'un puits, il espérait se soustraire aux recherches. Barthélemy et les siens le découvrirent : traîné chez le commandant, le jeune homme avoua son crime, déclarant qu'il n'avait pas de complices et que son maître ignorait ses desseins de meurtre. «C'est le jour de la *fête du Sacrifice*, dit-
» il au drogman qui l'interrogeait; j'ai voulu
» sacrifier un Français, afin d'être à mon tour
» sacrifié par eux. Voilà tout. » Quelques arrestations eurent lieu néanmoins, entre autres celle du marchand de Smyrne; mais pas une preuve n'ayant établi aux débats la solidarité

entre le maître et l'esclave, on relâcha tous les détenus, excepté l'assassin qui seul fut exécuté.

Déjà quelques semaines auparavant avait eu lieu une alerte d'une nature plus sérieuse, dont l'habileté des autorités du Kaire avait su tirer un bon résultat.

C'était le 13 germinal (2 avril). Ce jour-là on vint annoncer au général Dugua l'arrivée sur la rive occidentale du Nil d'une caravane de Mogrebins en destination pour la Mecque. Le chef de la bande demandait une sauvegarde pour venir camper avec les siens devant Embabéh. On la lui envoya.

Le 14 (3 avril) au matin, le chef se rendit au Kaire chez Poussielgue, pour s'aboucher avec lui, et lui déclarer, dans une entrevue, d'où il venait, où il allait et ce qu'il voulait. Introduit dans la salle d'audience, cet homme ne se refusa à aucun détail. D'après sa version, la caravane qu'il commandait venait de Marok ; elle comptait de 6 à 700 hommes avec 250 fusils environ et 500 chameaux. Grossie à Fez par une autre caravane forte de 4 à 500 hommes, elle avait marché de concert avec cette dernière jusqu'à Tripoli ; mais dans ce port la nouvelle leur était parvenue de l'occupation de l'Égypte par les Français. Alors les deux caravanes avaient pris des routes diverses; celle de Fez était revenue sur ses pas par précaution; mais lui, chef de celle de Marok, avait reçu des lettres de son empereur qui lui enjoignait de persister dans son voyage : la dépêche qui portait cet ordre disait que l'empereur de Marok était l'allié des Français et non le sujet du sultan ottoman, qu'il ne convenait pas de se conduire en cette occasion comme les régences barbaresques, qu'il fallait marcher droit au Kaire, et demander passage pour la Mecque. En cas de refus, la caravane devait se retirer sans violence, en réclamant toutefois un certificat qui constatât le fait, pour que le roi de Marok pût exercer des représailles contre les sujets de la République établis dans ses États; mais tout au contraire, si l'accueil des Français était bienveillant, si ces étrangers les aidaient dans le saint pélerinage, il désirait, lui, empereur de Marok, connaître ces circonstances par un exprès, et recevoir en même temps une lettre du commandant des Français qui attestât la bonne conduite des Maroquins.

« Sur cet ordre formel de notre souverain,
» ajouta le chef de la caravane, nous avons
» pris la route du Kaire. En cinquante jours
» nous sommes arrivés de Tripoli à Embabéh,
» et le seul incident remarquable de notre
» route, c'est que passant à côté d'une ville
» attaquée de la peste, nous nous sommes
» tenus à l'écart pour éviter la contagion. »

Ce premier interrogatoire fut suivi d'une foule de questions sur les difficultés que présentait le voyage de la Mecque à une époque aussi avancée. Le chef de la caravane y satisfit d'une manière assez franche. Il avoua qu'il était lui-même embarrassé de savoir s'il irait à la Ville-Sainte par terre ou par mer; car la défection de la caravane de Fez avait dérangé ses premiers calculs, et son convoi était numériquement bien faible pour s'aventurer dans le désert de l'Isthme toujours infesté d'Arabes.

L'entrevue terminée, le chef retourna vers les siens, et les autorités françaises délibérèrent sur les mesures à prendre pour se débarrasser le plutôt et le plus convenablement possible de ces visiteurs nomades. Le citoyen Blanc, administrateur des lazarets, présent à la déposition du Poura-Eminy (chef de la caravane), invoqua contre sa bande la rigueur des précautions sanitaires. Mais une quarantaine ne pouvait guère se concilier avec la nécessité de se délivrer des Maroquins et le peu de temps qui leur restait pour arriver au lieu du pélerinage. Ces gens-là avaient d'ailleurs besoin d'entrer au Kaire pour y acheter des munitions et des armes, ou pour y renouveler leurs approvisionnemens. On se relâcha donc à leur égard des réglemens en vigueur : seulement il fut convenu qu'on irait dans leur camp d'Embabéh vérifier leur nombre et leur état sanitaire.

Cependant cette arrivée de Mogrebins n'était pas restée sans retentissement dans la ville. Les oisifs y avaient trouvé un texte de causeries, les malveillans une occasion de désordre et de rumeurs alarmantes. Grâce à eux, bientôt on répéta par tout le Kaire que la caravane campée sur l'autre bord du Nil était arrivée avec l'intention formelle d'attaquer les Français et de les chasser tous de l'Égypte; que les puissances barbaresques avaient formé une coalition dans ce but, et que ce premier corps de troupes était l'avant-garde d'armées immenses. On ajoutait que l'attaque commencerait le lendemain, que les Mogrebins, arrivés au nombre de cinquante mille, passeraient le fleuve, surprendraient les forts, et que tout Croyant devait se réunir à eux contre les infidèles.

Ces exagérations perfides ou ridicules, quoiqu'accueillies avec défiance, ne laissaient pas que de remuer une populace impressionnable. Mais le danger parut plus grand encore lorsque des révélations parties du camp des Mogrebins vinrent donner quelque consistance aux soupçons d'un vaste complot entre Embabéh et le Kaire. Un homme de la caravane fit à un marchand cophte des confidences si précises, que celui-ci crut devoir en prévenir les autorités françaises. Mandé devant elles, le dénonciateur circonstancia l'accusation. « Je suis
« riche, dit-il à Poussielgue; ainsi l'intérêt
» n'entre pour rien dans ce que je vais vous
» révéler. Je ne veux, je n'attends point de
» récompense, et si je parle c'est pour éviter
» des troubles et la mort de beaucoup d'hom-
» mes. Le chef de la caravane vous a trompés,
» ajouta-t-il, sur le nombre des pélerins; ils
» sont non pas sept cents, mais quinze cents
» tous armés de fusils : leur intention n'a ja-

» mais été d'aller à la Mecque ; ils savent bien
» que le temps est passé ; mais ils se sont mis
» en tête de s'emparer de l'Égypte par un
» coup de main, comme les Français l'ont fait
» avant eux. Ils ont compté pour cela sur
» l'absence du Général en chef et de ses trou-
» pes, et le plan de l'attaque a été combiné
» d'avance entre les chefs de la caravane et
» les principaux mogrebins de la ville. »

Au milieu de ces révélations faites avec aplomb et nettement précisées, Poussielgue crut bien démêler quelques réticences contradictoires ; mais, comme l'affaire était grave, il en conféra avec Dugua, puis manda auprès de lui le cheyk êl-Mohdy, le négociant êl-Mahrouky et l'intendant-général cophte, qui se rendirent sur-le-champ à l'invitation. L'affaire fut soumise à ce conseil, et jugée d'autant plus sérieuse, que des renseignemens analogues venaient d'être donnés à êl-Mahrouky par des marchands mogrebins établis depuis long-temps en Égypte. Cette concordance parut alarmante, et l'on résolut de rompre en visière à toute mauvaise intention par une démarche décisive.

En effet, le jour suivant, les principaux cheyks et marchands du Kaire, accompagnés de M. Rossetti et du drogman de Poussielgue, se rendirent à Boulaq, où les chefs de la caravane mogrebine furent invités à se rendre pour fournir des explications. A peine se fut-on expliqué sur les griefs et les desseins qu'on leur imputait qu'ils se récrièrent en poussant des exclamations. Ils convenaient bien qu'ils avaient fait passer dans leur camp beaucoup de fusils et une certaine quantité de poudre, mais cette précaution s'expliquait par la résolution qu'ils avaient prise d'aller par terre à la Mecque, malgré la crainte des Arabes.

Ces paroles, dites avec un accent de vérité, plaçaient les cheyks entre une accusation et un démenti; il fallut chercher d'autres preuves. La première fut une visite minutieuse dans le camp des Mogrebins, où l'on ne compta en effet que sept cents hommes, nombre qui entachait déjà l'accusation de fausseté. La seconde épreuve fut de mettre en présence les accusés et le dénonciateur. Ce dernier était gardé dans une chambre chez le général Dugua; on y conduisit les autres. A la vue de cet homme, les chefs de la caravane le menacèrent avec des gestes expressifs et débordèrent en sorties d'indignation. « Comment avez-vous pu croire aux

» mensonges d'un tel scélérat? disaient-ils;
» c'est un voleur que nous avons pris sur le
» fait et chassé de la caravane avec neuf de ses
» complices. Nous n'avons qu'un tort, c'est de
» ne l'avoir pas tué, comme il le méritait.
» Quant à lui, il fait son métier, il se venge.
» C'est honteux pour d'honnêtes musulmans
» que leur parole soit mise dans la même ba-
» lance que celle d'un tel misérable. » De son
côté le dénonciateur jouait aussi son rôle, ju-
rant par Allah et Mahomet qu'il avait dit la vérité et précisant de nouveau toutes les circonstances de son accusation.

C'était à ne plus s'entendre et à n'en finir jamais. Impatienté, le général Dugua commanda
le silence, et décida que la caravane allait se
remettre en route sur-le-champ pour Birket
êl-Hadgy, et qu'en garantie de ses bonnes intentions, il garderait au Kaire dix de ses chefs
pour otages. Par précaution surabondante, les
Mogrebins du convoi reçurent l'ordre, en abordant sur la rive droite du Nil, de déposer leurs
armes en faisceaux, et ces armes, mises sous
la garde d'une escorte française, ne devaient
leur être rendues qu'à Birket êl-Hadgy.

La chose se passa comme le général l'avait

arrêté. Un seul incident faillit troubler la remise des fusils. Par supplément à la consigne, des soldats français, peu surveillés dans cette opération, avaient trouvé convenable de débarrasser quelques Mogrebins de leurs bourses et de leurs effets précieux, en même temps que de leurs armes. Dans la crainte d'un traitement pire, ces malheureux se laissèrent d'abord dépouiller, mais peu à peu la chose fut poussée si loin par les soldats, qu'il y eut tumulte et résistance de la part de la caravane. Au premier bruit du désordre le chef des Mogrebins arriva suivi d'officiers de l'état-major; on s'expliqua sur le motif de la querelle, et au contentement comme à la grande surprise des Barbaresques, les pillards furent arrêtés et conduits en prison. Cette justice faite, le désarmement se termina sans obstacle.

Cependant, fidèle à la convention passée, le chef de la caravane était retourné comme otage à l'état-major; il en repartit quelques jours après pour rejoindre les siens, qui étaient arrivés à Birket-êl-Hadgy. Le général Dugua lui fit cadeau d'un cheval, Poussielgue d'une selle et de deux montres en argent. Cet homme était enchanté; il avait, pendant son séjour dans la ville, terminé toutes ses affaires, échangé contre de l'argent monnayé sa pacotille de poudre d'or ; mais un souci lui restait, c'était que les *Grands français* écrivissent au roi de Marok une lettre où l'on peignît sous des couleurs favorables la conduite de la caravane. Dugua fit expédier cette pièce, et le cheyk êl-Mohdy en rédigea une pareille au nom du Divan. Enfin, pour compléter la joie de cet honnête Poura-Éminy, Poussielgue lui remit quelques lignes d'introduction auprès du chérif de la Mecque.

Ainsi se termina cette alerte, qui tint en éveil pendant quelques jours la défiance des autorités du Kaire; son résultat fut d'autant plus heureux que la caravane mogrebine dut raconter plus tard aux peuples nombreux accourus à la Cité-Sainte, que les Français auraient pu s'opposer à leur pélerinage et qu'ils ne l'avaient pas fait. Ce témoignage de tolérance religieuse était de nature à produire plus d'effet sur des esprits défians que des milliers de lettres écrites par les docteurs de l'islamisme : en pareille matière, la preuve parlante valait mieux que la preuve écrite.

A part ces deux épisodes, heureusement terminés, peu de faits saillans vinrent traverser la monotone existence du Kaire pendant l'absence de Bonaparte. Pourtant, le 14 ventôse an VII (4 mars 1799) avait été pour les Français un jour de fête imprévue. Depuis leur départ de Toulon, neuf mois auparavant, ils n'avaient reçu de nouvelles de la mère-patrie que par le canal des Anglais ou par des voies indirectes. Les lettres fraîchement arrivées avec les citoyens Hamelin et Livron ne contenaient elles-mêmes que des renseignemens vagues sur les affaires de la République ; mais ce jour-là un exprès descendit chez le général Dugua avec des dépêches parties de Gênes le 25 pluviôse (13 février), et débarquées à Abouqyr le 8 ventôse (26 février). Quand le bruit en parvint aux oreilles de la garnison, ce fut un pêle-mêle à la porte du quartier-général, on se jetait sur les lettres particulières, on faisait cercle autour des possesseurs de journaux, qui les lisaient à voix haute. Huit jours durant cette fièvre du pays natal secoua l'armée de sa vie égyptienne; tous les souvenirs de gloire italique, toutes les haines continentales parlèrent de nouveau à ces cœurs militaires. Dans les corps-de-garde des soldats comme dans les salons des officiers, sur les divans de l'Institut ou dans les jardins de Tivoli, on devisait sur les nouvelles des gazettes, on consultait les détails des correspondances, on se livrait à l'oreille le secret des dépêches officielles.

Pendant ces neuf mois de croisade orientale, de graves événemens avaient ébranlé le sol européen. Il est temps d'y jeter un coup-d'œil.

CHAPITRE V.

Événemens européens. — Armée d'Angleterre. — Descente en Irlande. — Situation du continent. — Congrès de Radstadt. — État intérieur de la République. — Contre-coup du combat naval d'Abouqyr. — Coalition entre l'Angleterre, la Russie et la Porte-Ottomane. — Prise de Naples. — Occupation du Piémont par les troupes françaises. — Soulèvement de Malte. — Déclaration de guerre entre la France et l'Autriche.

Long-temps après le départ de la flotte qui portait l'armée d'Orient, on ignora en France le but de cette grande expédition. Le mystère imposé par Bonaparte survécut à son embarquement. Pour détourner mieux encore le soupçon, le Directoire continuait d'organiser la prétendue *aile droite* de l'armée d'Angleterre. Des navires de transport se ralliaient à Rochefort et à Brest; des troupes d'élite y étaient dirigées.

Bientôt une diversion réelle fut opérée. L'Irlande se trouvait alors en insurrection ouverte contre l'Angleterre, et quelques demi-brigades auraient suffi pour lui enlever cet important royaume.

Le 5 fructidor an VI (22 août 1798), une avant-garde expéditionnaire, commandée par le général Humbert, mit à la voile de Rochefort. Trois frégates et une corvette portèrent quinze cents hommes dans la baie de Killala où s'effectua leur débarquement. Les premiers pas du général sur le sol irlandais furent marqués par de légers avantages, mais l'arrivée de lord Cornwallis, avec vingt mille hommes et cent pièces de canon, changea la face des affaires. Humbert et les siens, après un dernier combat donné à Ballinamack, le 22 fructidor (8 septembre 1798), furent obligés de mettre bas les armes.

Cette malencontreuse tentative aurait tourné différemment si notre faible avant-garde eût été secourue à temps par les renforts qu'on lui destinait. Mais, attendant à Brest des fonds en retard, le général Sarrazin ne put embarquer au moment utile les six mille hommes qu'il avait sous ses ordres ; et quand cet obstacle disparut, la fatalité qui pesait sur cette entreprise livra aux ennemis la flottille qui portait ce corps expéditionnaire.

Toutefois, par une espèce de compensation, les Anglais essuyaient à la même époque un échec presque semblable sur les côtes d'Ostende. Coupés dans un débarquement, ils avaient laissé sur la plage deux mille prisonniers.

Dans les premiers mois qui suivirent l'embarquement de Bonaparte, les faits de la politique extérieure ne révélèrent rien de menaçant pour la République. A l'ombre du traité de Campo-Formio, elle négociait avec l'Autriche à Radstadt; la Prusse, la Suède, le Danemarck, l'Espagne vivaient en bons rapports avec elle; l'Angleterre seule persistait dans les hostilités. La Suisse, la Ligurie, la Cisalpine et les États romains réalisaient dans leur gouvernement la forme démocratique, et s'unissaient plus étroitement à la France par des institutions à l'image des siennes.

Les choses n'étaient pas aussi satisfaisantes à l'intérieur, et la guerre civile laissait moins de répit au Directoire que la guerre étrangère. Ce n'est pas qu'il eût à lutter en bataille rangée contre des populations rebelles; depuis long-temps ces levées de boucliers se bornaient à des escarmouches de partisans; mais leur nombre, leur apparition sur tous les points du territoire, les rendaient plus dangereuses encore et plus insaisissables. Des bandes de voleurs et d'assassins, sous des noms et des chefs divers, se partageaient la mission de terrifier les provinces et de rançonner les grandes routes. Ici les fils légitimes, là les chouans, ailleurs les compagnons de Jéhu, ou les chevaliers du Soleil continuaient un genre d'exploits dont le pillage était le but, la politique le prétexte.

Une excellente loi, adoptée à cette époque sur le rapport du général Jourdan, ne contribua pas peu à jeter des recrues volontaires parmi ces bandes vagabondes. C'était la loi de la conscription militaire mise en vigueur pour la première fois le 19 fructidor an VI (5 septembre 1798). Atteints par la mesure nouvelle, une foule de cultivateurs préférèrent la vie du réfractaire à celle du soldat. Il fallut user de rigueur pour arrêter ces désertions contagieuses.

Au dehors et au dedans telle était aux premiers jours de fructidor la situation de la France républicaine; les chances heureuses l'emportaient alors sur les chances mauvaises; la prise de Malte, enlevée en passant, par le jeune capitaine en mission pour l'Orient, remplissait l'Europe de bruits fabuleux; l'Angleterre tremblait jusqu'en ses ports de mer à la nouvelle d'une île conquise; le Conseil aulique de Vienne sentait se glacer toutes ses velléités belliqueuses devant une gloire si grande et si hardie.

Le contre-coup de la bataille navale d'Abouqyr vint changer la nature de ces dispositions. Du jour où cet événement fatal aux armes françaises retentit en Europe, les rôles furent intervertis. L'Autriche parla plus haut au congrès de Radstadt; les conseils hostiles de l'Angleterre prévalurent dans le Divan, la neutralité jusqu'alors bienveillante de Paul Ier se tourna en rupture ouverte; une alliance offensive contre la République française fut signée entre la Grande-Bretagne, la Russie et la Porte-Ottomane; des flottes britanniques furent mises à la disposition du Sultan, et plusieurs convois d'Osmanlis cinglèrent bientôt vers l'Égypte et la Syrie, tandis qu'un ukase organisait un contingent moscovite qui devait apparaître plus tard dans les plaines italiques.

Mais avant que cette puissante coalition éclatât dans une attaque combinée, un État pygmée décochait le premier coup de fronde au géant républicain.

La cour de Naples avait, la première en Europe, connu les résultats du combat d'Aboukyr. Nelson, triomphant, était venu, sous le prétexte de radouber ses vaisseaux, mouiller dans la baie d'Ischia, et mettre sa victoire aux pieds de lady Hamilton. Le récit d'une affaire fatale aux Français réchauffa les vieilles haines de Caroline et de Ferdinand. Déjà le palais souverain retentissait de menaces furibondes contre la République; l'Anglais Acton se remuait pour qu'on n'en restât pas là, et pour que les faits suivissent les paroles. Tant d'influences agissant coup sur coup passionnèrent la cour napolitaine : elle se crut appelée à jouer en Europe un rôle d'initiative contre la France. A l'instant on fit prendre au peuple la cocarde anglaise, on ordonna la levée du cinquième de la population; tous les impôts furent doublés, quelques biens du clergé mis en vente, et chaque couvent fut taxé à un cavalier armé et équipé. Par-dessus le tout on fit des neuvaines à saint Janvier, et l'on immola plusieurs citoyens entachés des doctrines françaises.

A l'appui de ces démonstrations hostiles, il fut question de donner un chef à l'armée nouvelle. Ce fut alors qu'à l'instigation de Caroline, Ferdinand jeta les yeux sur l'Autrichien Mack, grand rêveur de projets absurdes, stratégiste monomane que le sort réservait à des revers de la plus étrange espèce.

Bien que poussée à l'aveugle, la cour de Naples avait entrevu qu'une diversion ne serait pas inutile à l'attaque qu'elle méditait. Une démarche venait d'être faite auprès du grand-duc de Toscane et du roi de Piémont, pour les englober dans l'alliance insurrectionnelle. Le cabinet napolitain calculait avec raison qu'attaqués à la fois par Naples, le Piémont, la Toscane et l'Autriche, pris simultanément à dos, de flanc et de front, les Français se trouveraient cernés ainsi par des forces décuples, et qu'ils seraient anéantis jusqu'au dernier.

Mais la combinaison échoua : le Directoire qui était sur ses gardes prétexta une médiation entre la république ligurienne et le Piémont, pour inonder ce royaume de troupes et occuper la citadelle de Turin. Dépossédé successivement de Novare, d'Alexandrie, de Suze, de Chivasso, Charles Emmanuel se vit forcé d'offrir son abdication contre la possession paisible du royaume de Sardaigne. La Toscane fut contenue; l'Autriche elle-même, doutant de l'à-propos d'une campagne, se tint en arrêt devant l'événement.

L'insurrection napolitaine resta donc isolée, et cependant tel était l'éparpillement des troupes françaises dans la péninsule italique, que la République, devant qui reculait l'Europe, céda du terrain quinze jours durant à une puissance du troisième ordre.

C'est sur Rome que Mack se dirigea d'abord. Rome et ses Marches venaient depuis peu d'être organisées sous la forme républicaine. Daunou, Faypoult et Florent y présidaient à l'administration financière et civile, et Championnet s'y trouvait investi de l'autorité militaire. Ce général, déjà illustré sur le Rhin, commandait une armée que le Directoire avait tout-à-fait détachée de celle de la Cisalpine, et qui était répandue dans l'État romain. Quatre à cinq mille hommes sous les ordres du général Casa-Bianca occupaient la Marche d'Ancône; le général Lemoine était avec deux mille hommes sur l'autre versant de l'Apennin ; Macdonald avec la gauche gardait le cours du Tibre, tandis qu'une petite réserve tenait garnison à Rome. C'était en tout quinze mille soldats au plus.

Avec cela il fallait faire front aux quarante mille Napolitains de Mack qui s'avançaient dans toutes les directions, par Ascoli sur le littoral de l'Adriatique, par Terni, par Frascati, par les marais Pontins, sans compter un corps d'élite que Nelson avait fait embarquer à bord de navires anglais pour le jeter sur la plage de Livourne.

Cette marche soudaine avait eu lieu sans déclaration de guerre, et sur une simple sommation d'évacuer l'État romain. Averti à temps du péril, Championnet ne crut pas devoir engager la lutte en avant de Rome, et il l'évacua en laissant huit cents hommes dans le château Saint-Ange. Alors, ralliant tous les corps isolés, il prit une position en arrière sur les bords du Tibre, entre Cività-Castellana et Cività-Ducale.

Mack pourtant, et Ferdinand à sa suite, faisaient leur entrée triomphale dans la capitale du monde chrétien, le 9 frimaire an VII (29 novembre 1798). Le pauvre roi, étourdi de son premier succès, se croyait appelé à venger toutes les monarchies que les armes républicaines avaient abaissées. Il tranchait du potentat, envoyait des plénipotentiaires de toutes parts, avec des récits pompeux et des traités d'alliance, rappelait le Saint-Père à Rome, et sommait la garnison de Saint-Ange de se rendre à discrétion.

Pendant ce temps, Championnet avait réparti ses forces sur les points les plus menacés. Tous les mouvemens du général Mack prévus dans leur ensemble étaient annulés en détail. Dans les Marches, la colonne qui débouchait d'Ascoli fut repoussée par Casa-Bianca; sur la route de Terni, un colonel napolitain fut enlevé avec tout son corps par le général Lemoine.

Sans se laisser rebuter par ces échecs, Mack marcha droit à la position la plus importante, celle de Cività-Castellana, l'ancienne Veïes. Des postes éloignés placés à Borghetto, Nepi et Rignano, en couvraient les approches : Mack les fit attaquer, mais aucune de ses tentatives ne réussit. L'une des colonnes mise en fuite perdit son artillerie ; l'autre enveloppée se rendit presque tout entière ; enfin le reste de l'armée resta découragé et inactif. Sentant alors que son insistance sur ce point était une faute, Mack changea son plan de campagne, et voulut se rabattre sur Terni où commandait Lemoine ; mais cette marche opérée avec lenteur amena de nouveaux revers. Le général napolitain Metsch, ramené d'Otricoli sur Calvi, fut obligé de mettre bas les armes avec quatre mille hommes devant un corps de trois mille cinq cents ; et les autres bataillons qui suivaient cette tête de colonne se débandèrent effrayés du premier résultat.

Dès ce moment, Mack ne songea plus qu'à rallier ses corps épars. Il ordonna une brusque retraite, traversa Rome, d'où Ferdinand était déjà furtivement parti, et se porta à une journée plus loin au pied des montagnes de Frascati et d'Albano, où il prit une position défensive.

Championnet ne voulut pas lui laisser le temps de se reconnaître. Rentré à Rome dix-sept jours après en être sorti, il détacha vers l'Apennin occidental un petit corps devant lequel les troupes napolitaines débarquées en Toscane mirent bas les armes. Ainsi raffermi sur ses derrières, il marcha vers Mack avec la pensée hardie de conquérir le royaume de

Naples. La démoralisation de l'armée ennemie, la terreur qu'avaient jetée dans ses rangs des revers inattendus, pouvaient faire croire à Championnet que douze mille hommes suffiraient à cette tâche militaire. Devinant le succès, certain d'être justifié par lui, il n'hésita pas.

Mack perdit la tête en voyant approcher les Français. Il ordonna un mouvement rétrograde qui fut un véritable *sauve qui peut*, et ne put rallier une portion de ses soldats que devant Capoue sur la ligne du Volturne, fleuve large et profond.

Championnet se mit sur les traces de son adversaire; mais ses colonnes trop faibles et trop divisées eurent peine à se faire jour par les Abruzzes, au travers de montagnards aguerris et fanatisés. Enfin l'armée républicaine se trouva ralliée devant Capoue, où son général, après une tentative infructueuse, venait de signer un armistice qui devait livrer aux Français une portion de l'État napolitain, avec des indemnités en argent; mais cette pièce resta sans exécution. Mack qui l'avait signée eut beaucoup de peine à s'échapper sain et sauf des mains de ses soldats : il vint au camp de Championnet, humble et suppliant, demander un asile contre leurs fureurs. Le général le fit asseoir à sa table et lui laissa son épée.

Des scènes analogues avaient lieu à Naples. Sur les premiers avis du mouvement des Français, Ferdinand et Caroline avaient fait transporter à bord de l'escadre anglaise les joyaux de la couronne, les trésors du palais de Caserte, et une somme de vingt millions en or. Ces précautions prises, le Roi et la Reine, accompagnés de leur favori Acton, s'étaient embarqués le 11 nivôse (31 décembre), et avaient mis à la voile pour Messine en laissant le prince Pignatelli investi de pouvoirs extraordinaires. La population entière avait été appelée à la défense du pays; les lazzaroni eux-mêmes avaient reçu des armes.

Aussi, quand la nouvelle de l'armistice parvint dans la capitale, cette multitude furieuse qui avait compté sur la guerre, le désordre et le butin, ce peuple dévot à saint Janvier qui voyait dans chaque républicain un antagoniste de son patron ; toute cette plèbe de mendians et de pêcheurs se porta vers les palais de ses magistrats en vociférant des menaces. Le prince

Pignatelli effrayé abandonna la ville, et pour éviter le pillage, le prince de Moliterne, aimé des lazzaroni, le remplaça au pouvoir.

Cependant Championnet avait franchi le Volturne et se trouvait alors en pleine marche sur Naples. La populace se porta vers les faubourgs où elle eut un engagement avec l'avant-garde française. L'imminence du danger avait jeté dans toutes les têtes une telle excitation que cette multitude désordonnée fit meilleure contenance que n'avait fait l'armée régulière. Le prince de Moliterne, qui voulait la contenir, fut bientôt méconnu par elle, et un homme du peuple, Micaële Paggio (Michel le fou), fut élu pour chef. Sous lui, commença le règne de la populace dont la courte période fut marquée par le pillage et par la violence. La chose en vint au point que les classes bourgeoises souhaitèrent l'entrée des troupes assiégeantes. Mack fut secrètement prévenu par les habitans qu'on ferait cause commune avec lui pour livrer Naples aux Français : le prince Moliterne lui-même promit de s'emparer du fort Saint-Elme pour le remettre entre leurs mains.

Le 4 pluviôse (23 janvier), Championnet donna l'assaut. Les lazzaroni défendirent vaillamment les avenues de la ville : trahis par les bourgeois qui livraient à nos troupes les postes et les forts, ils prolongèrent la résistance de rue en rue, de maison en maison; ils parlaient déjà d'incendier Naples plutôt que de mettre bas les armes, lorsqu'un de leurs chefs, fait prisonnier par les Français et traité par eux avec égards, vint leur promettre, au nom du général républicain, amnistie entière et respect à saint Janvier. A ces conditions ils se résignèrent et rendirent la ville.

Dès ce moment, Championnet fut maître de tout le royaume ; il y rétablit l'ordre et désarma les lazzaroni. L'armée de Rome prit le titre d'armée de Naples, et le nouvel État, admis dès-lors dans la grande confédération italique, s'appela République Parthénopéenne.

Ainsi cette campagne que l'influence anglaise avait suscitée à la France, pour lui créer un embarras dans la péninsule, servit à compléter sa domination dans cette contrée.

Déjà, avant cette époque, l'intervention britannique s'était fait sentir avec plus d'efficacité sur une île récemment conquise. A l'aspect de la flotte victorieuse de Nelson, les campagnes de Malte s'étaient insurgées le 16 fructidor an VI (2 septembre 1798). La vente du mobilier d'une église de Città-Vecchia servit de prétexte à la révolte. Bientôt elle éclata dans un acte barbare : soixante Français, seule garnison de cette ville de l'intérieur, furent massacrés par une population fanatique ; et deux cents hommes que le général Vaubois venait d'expédier au secours de ces malheureux, assaillis par une nuée de paysans, cernés, écrasés, se virent obligés de battre en retraite, et de se mettre sous la protection des forts.

Dès ce moment le gant fut jeté entre la ville et la campagne tout entière. Du Gozo à la Marsa-Sirocco, l'étendard de la rébellion fut arboré; les agens anglais et les prêtres agirent sur ces esprits cupides ou crédules, les uns avec de l'or, les autres avec des prédications furibondes. Des partis d'insurgés égorgeaient les soldats isolés jusque sous le canon de la ville; il y en eut même qui, introduits furtivement dans le faubourg de la Bourmola, y firent révolter le peuple, et ce fut à grand' peine que l'adjudant-général Brouard parvint à le faire rentrer dans l'obéissance.

Pendant que les ennemis de l'intérieur se pressaient ainsi autour de la ville en cordon de siége, un blocus maritime cernait la Cité-Valette, et lui enlevait tout espoir de secours continental. Ce blocus, commencé par deux frégates et quatre vaisseaux portugais, fut continué par trois vaisseaux de l'escadre de Nelson. De cette époque data pour la brave garnison de Malte le siége mémorable qu'elle devait soutenir pendant deux ans et un jour. Au premier coup-d'œil, nos soldats n'envisagèrent le soulèvement de la population maltaise que comme un fait de courte durée, et ils voulurent en finir par une sortie décisive. Cependant reçus avec vigueur dans un pays coupé de murailles, ils comprirent vite que quatre mille hommes pouvaient bien défendre une cité fortifiée, mais qu'ils étaient insuffisans pour soumettre un pays en armes. Désormais leur rôle était tout d'inertie armée et de patiente résistance. Ils s'y résignèrent.

Le général Vaubois laissé à Malte par Bonaparte y commandait les forces de terre : les forces de mer obéissaient au contre-amiral Villeneuve qui, peu de jours après le combat d'Aboukyr, était entré dans le port de la Cité-Valette avec le vaisseau *le Guillaume Tell* et les frégates *la Justice* et *la Diane*, seuls débris du grand désastre naval. Ces deux officiers combinèrent leurs moyens de défense et firent le relevé de leurs ressources. Trente-cinq mille salmes de blé restaient dans les greniers de la ville, et cette réserve suffisait pour tenir dix-huit mois. Plus tard des navires, échappés aux croiseurs anglais, vinrent rafraîchir ces provisions, et des migrations volontaires parmi les habitans diminuèrent la somme des besoins. Ce dernier incident eut lieu aux premières bombes lancées; en trois jours quinze cents personnes sortirent de la ville, et le général signa avec plaisir le laisser-passer de toutes ces bouches inutiles.

Avant de commencer le bombardement, Nelson qui se trouvait alors devant Malte, en personne, fit faire à Vaubois des propositions ridicules et inacceptables. Mais celui-ci ayant répondu par le canon, les hostilités prirent un caractère sérieux. Des ingénieurs anglais débarqués sur l'île dirigèrent les travaux des révoltés. Des batteries de siége s'organisèrent au poste du Coradin et de Samra; des mortiers, des obusiers furent mis à terre avec leurs munitions. Tous les paysans ralliés autour d'un drapeau noir et sous les ordres de moines qui marchaient le crucifix à la main gardaient les lignes du siége, et se disputaient l'honneur d'un service pénible. Le généralissime reconnu par eux était un chanoine de Città-Vecchia, nommé Xavier Caravana, que sa parole ardente et fanatique avait rendu puissant parmi ces insulaires. Plusieurs fois on envoya de la Cité-Valette des députations vers ce chef; elles restèrent toutes sans résultat; les espions eux-mêmes expédiés à la découverte ne revenaient que rarement dans l'enceinte assiégée. La ville ignorait presque toujours ce que faisait la campagne; et par contre la campagne conserva constamment des intelligences avec la ville. Aussi plusieurs complots furent-ils tramés à l'intérieur. Le plus sérieux eut pour moteur un nommé Guglielmo et le prêtre Xerri, ami intime de Caravana. Il devait éclater le 22 nivôse (11 janvier) : les conjurés avaient conçu le projet de poignarder les sentinelles, de se jeter sur les corps-de-garde, et d'ouvrir les portes de la ville à leurs amis du dehors. Mais avant l'exécution, quelques indices trahirent les conspirateurs : deux officiers supérieurs, MM. Baudard et Roussel, prévinrent le général Vaubois qui fit arrêter Guglielmo, Xerri, et quarante de leurs complices. Sur l'arrêt d'une commission militaire, ils furent tous fusillés.

Les choses en étaient là vers les premiers jours de ventôse ; le blocus de terre et de mer se prolongeait dans toute sa rigueur ; les assauts, le bombardement ayant été infructueux, les Anglais y avaient presque renoncé ; ils attendaient tout désormais du temps et de la disette, ils ne croyaient pas qu'il fût possible aux Français de continuer cette vie de dévouement, d'ennuis et de privations.

En effet la position de Malte devenait d'autant plus désespérée, que la guerre semblait alors imminente sur le continent. Des négociations pour la paix s'étaient ouvertes de tous côtés, à Seltz entre François de Neufchâteau pour la France, et M. de Cobentzel pour l'Autriche, à Radstadt, où Jean-Debry et Roberjot avaient remplacé Treilhard ; mais tous ces grands rendez-vous de plénipotentiaires, congrès ou conférences, n'étaient que des leurres pour gagner du temps, des passe-temps diplomatiques où se jouaient un jeu secret à côté du jeu avoué. Ici la ligne du Pô, là le *Thalweg* du Rhin servaient de prétextes à d'interminables discussions. Pendant ce temps l'Autriche sondait les dispositions des cabinets auxquels la ralliaient ses intérêts et ses doctrines : ses agens se croisaient de Berlin à Saint-Pétersbourg pour aller demander aux souverains leur mot final dans la question européenne. Le roi de Prusse résista ; conseillé par les besoins de ses peuples, il pesa froidement les chances d'une guerre, puis il déclara s'abstenir. La Russie, au contraire, déjà compromise par son traité d'alliance avec l'Angleterre et la Porte-Ottomane, accepta un rôle actif dans la coalition autrichienne, et dirigea vers la Moravie un contingent de soixante mille hommes sous les ordres du célèbre Souwarow.

Le Directoire ne s'abusait pas sur les intentions de l'Europe : des manifestations officielles, des avis secrets, des correspondances interceptées, lui révélaient une attaque prochaine, et il s'y préparait. La ligne des frontières était immense à cette époque ; elle s'étendait du Texel jusqu'au golfe de Tarente, dans un développement de six cents lieues. Cette ligne, attaquée de front par l'Autriche et la Russie, pouvait être prise à revers par les flottes anglaises, soit à Naples, soit en Hollande. Pour garder une pareille étendue de terrain, il fallait des forces prodigieuses, et c'était à peine si l'on comptait cent soixante mille hommes effectifs sous les drapeaux. Quelques mois de paix avaient amené des désertions, et quarante mille soldats, les meilleurs, se trouvaient en Égypte avec le premier capitaine de l'époque.

Le Directoire fit presser la levée des conscrits qui s'opérait lentement, et donna l'ordre d'acheminer les nouvelles recrues vers les places fortes et les camps de réserve; elles devaient y remplacer les vieilles troupes destinées à entrer en campagne.

Ainsi l'armée se reformait, se complétait; mais toute la difficulté du moment ne gisait pas là. Il fallait de l'argent pour payer tout ce monde, de l'argent pour le faire vivre, pour l'équiper, pour lui fournir son matériel de campagne, et le trésor public en était alors aux expédiens. Les Conseils avaient bien accordé au ministre des finances Ramel six cents millions pour les dépenses générales de l'an VII; mais les impôts votés devaient rester de soixante-dix millions au moins en-dessous de ce chiffre, et d'ailleurs leur rentrée devenait de jour en jour plus lente et plus précaire. On avait proposé la taxe du sel, mais la majorité du conseil des

Anciens la repoussa. Pour en remplacer le produit, on doubla l'impôt des portes et fenêtres; on mit en vente les biens du culte protestant. Ces ressources ne suffisant pas, et les besoins de l'armée n'admettant pas de voies dilatoires, on délégua aux fournisseurs les taxes non rentrées, et l'on paya les rentiers de l'État avec des bons recevables en acquittement des impôts.

Libre de ces préliminaires administratifs, le Directoire médita ses plans de guerre. Sur la ligne qu'il avait à défendre, deux points l'inquiétaient, la Hollande et la Suisse, pays récemment occupés, ou par droit de conquête, ou par droit d'alliance. Ce dernier surtout qu'un traité, daté du 2 fructidor (19 août), avait rallié aux intérêts de la France, était remué par des insurrections partielles : les ligues Grises, les cantons de Schwitz, de Zug, de Glaris, d'Underwald, exploités par des agens autrichiens, manquaient au pacte signé; ou semblaient, dans leur concours malveillant, céder à la force plutôt qu'à la sympathie. Le passage des détachemens républicains sur leurs montagnes amenait souvent des luttes sérieuses, et Schauenbourg qui commandait dans ce rayon se vit obligé parfois de recourir aux moyens militaires pour pacifier la contrée.

Ainsi, dans l'hypothèse guerrière, le Directoire avait à garder la Hollande, le Rhin, la Suisse et l'Italie. La Hollande, couverte par la neutralité de la Prusse, devait se garantir d'un débarquement; le Rhin était protégé par Mayence et Strasbourg; mais l'Autriche pouvait essayer d'aborder cette frontière malgré ces obstacles. Restaient la Suisse et l'Italie, double champ de bataille désigné par avance et sur lequel devaient se porter les plus puissans efforts. Il fallait une armée active pour marcher vers le Danube, un corps d'observation pour défendre la Suisse; enfin une grande armée pour couvrir la Haute-Italie contre les Autrichiens et les Russes, et la Basse-Italie contre les Napolitains et les Anglais. Sur le papier, le Directoire avait arrêté que l'armée de Hollande serait de vingt mille hommes, celle du Rhin de quarante, celle du Danube de quatre-vingt mille, celle de Suisse de quarante, celle d'Italie de quatre-vingt, celle de Naples de quarante mille. C'était trois cent mille hommes indépendamment des garnisons. Mais quand on vint à réaliser ces plans, il y eut presque moitié à rabattre; car les conscrits ne pouvaient pas être mis en ligne, et cent soixante mille vieux soldats au plus restaient disponibles. Ils furent disséminés sur la ligne frontière dans les proportions que nous venons d'indiquer.

Cette répartition faite, restait le choix des généraux. La voix de l'armée désignait Moreau pour commander en Italie, théâtre principal de la guerre; mais ce général était tombé, depuis le 18 fructidor, dans la disgrâce du Directoire, et Barras s'opposa personnellement à sa réintégration. A son défaut, on jeta les yeux sur Schérer, ministre de la guerre, dont la rigide sévérité commençait à paraître importune. Schérer avait pour lui de glorieux antécédens, sa campagne de Belgique et sa bataille de Loano; mais cassé par l'âge, accablé d'infirmités, il devait rester en-dessous du rôle actif et entreprenant qu'on lui imposait. Il accepta pourtant, vaincu par les instances du Directoire; et, dirigeant les autres choix, il fit donner l'armée du Danube au général Jourdan, celle de Suisse à Masséna, celle de Naples à Macdonald, celle du Rhin à Bernadotte, et celle de la Hollande à Brune.

L'Autriche aussi faisait ses préparatifs, échelonnait ses troupes et nommait ses généraux.

Devenue prudente à l'école du malheur, elle avait cherché, depuis l'armistice de Léoben, à renforcer son état militaire, à grossir son chiffre de soldats, et à les tenir instruits et pourvus de tout pour une prochaine campagne. Grâce à ce système suivi de longue main, elle pouvait alors porter en ligne deux cent vingt-cinq mille hommes effectifs, sans compter les recrues qui se préparaient encore. Cette armée, renforcée des soixante mille Russes de Souwarow, présentait donc trois cent mille hommes en bataille qui devaient être soutenus au besoin par de nouveaux renforts moscovites et des contingens anglais.

D'après le plan de campagne du Conseil aulique, voici comment se trouvaient réparties alors les troupes autrichiennes. L'archiduc Charles était en face de Jourdan, dans les plaines bavaroises, avec cinquante-quatre mille fantassins et vingt-quatre mille chevaux. Aux corps de Masséna et de Schauenbourg campés sur les Alpes, on avait opposé le général Hotze, dans le Voralberg, avec vingt-six mille hommes, et Bellegarde, dans le Tyrol, avec quarante-six mille. Schérer, dans la Haute-Italie, allait avoir en tête le général Kray avec soixante-quinze mille Autrichiens, fantassins ou cavaliers, qui devaient secourir plus tard les bataillons de Souwarow.

Ainsi tout se trouvait déjà en présence, soldats et généraux, se mesurant de l'œil, cherchant à se deviner avant la lutte. Et pourtant le congrès de Radstadt se continuait pour la forme : les plénipotentiaires germaniques amusaient Jean Debry et Roberjot de subtilités dilatoires qui devaient se résumer plus tard en un horrible assassinat.

Le Directoire n'était pas dupe de ces finesses : ne voulant pas laisser à l'ennemi l'honneur de l'initiative, il avait donné l'ordre à Jourdan d'attaquer le premier, en Bavière, dans un délai fixé ; et à Masséna de faire évacuer de gré ou de force le pays des Grisons occupé par les Autrichiens. En vain Jourdan, réduit à trente-huit mille hommes, faisait-il sentir au ministre de la guerre l'imprudence qu'il y aurait d'affronter les quatre-vingt mille hommes de l'archiduc; on lui répondit de marcher en avant, appuyé qu'il serait à sa gauche par le corps de Bernadotte, à sa droite par celui de Masséna.

Ces dispositions faites, le Directoire adressa deux notes impératives : l'une au congrès de

Radstadt, l'autre directement à l'empereur. Il y déclarait que si, dans l'espace de huit jours, un contre-ordre n'était pas donné à la marche des Russes, il regarderait la guerre comme déclarée. Le congrès en référa sur cette note à la diète de Ratisbonne; l'empereur s'abstint d'y répondre.

Alors Jourdan franchit le Rhin, le 11 ventôse (1er mars); l'archiduc Charles traversa le Lech, le 13 ventôse (3 mars); Masséna, de son côté, exécuta son mouvement offensif dans le pays des Grisons, et marcha sur le lac de Constance le 16 ventôse (6 mars).

Ainsi, quoique les négociations de Radstadt ne fussent pas closes encore, quoique la reprise des hostilités n'eût été signalée par aucun manifeste officiel, la lutte se trouvait engagée sur deux points, et la guerre était déclarée de fait.

Voilà où en étaient les affaires de la France vers les derniers jours du mois de ventôse an VII. En Europe, le duel recommençait entre le Directoire et les puissances coalisées. En Afrique, l'autorité française naturalisait des pouvoirs de moins en moins contestés, tandis que le jeune capitaine de l'armée d'Orient s'élançait à la conquête de l'Asie. Le Désert vaincu, la Palestine soumise, lui avaient ouvert la route de Saint-Jean-d'Acre, et parvenu au pied de ce boulevard syrien, il venait de demander à son gouverneur qu'on lui en ouvrît les portes.

CHAPITRE VI.

Saint-Jean-d'Acre. — Son origine, ses noms divers, ses révolutions historiques, son état moderne. — Djezzar-Pacha. — Daher. — Ibrahim-Sabbagh. — Vie de Djezzar.

Acre, devant laquelle se déployaient alors les lignes françaises, n'était pas une ville de médiocre importance dans l'histoire. Placée dans la Célésyrie sur les confins de la Palestine et de la Phénicie, elle reportait son origine aux temps mythologiques, datait de plus loin que Damas, qu'Antioche, que Césarée, que Jérusalem, et passait même pour antérieure à l'entrée des Hébreux dans la terre de promission.

Son plus ancien nom fut *Ako* ou *Acco*, nom phénicien qui signifiait *étroite*, *resserrée*, et qui semble avoir eu pour origine la situation même de la ville, *resserrée* en effet dans un angle *étroit* de la côte en saillie sur la baie qu'elle commande.

On sait quelle fut la coutume des Grecs de rattacher à leur propre mythologie les origines de tous les autres peuples, et d'altérer dans ce but les noms d'hommes et de lieux. Le nom d'*Ako* opposa quelques difficultés à cette prétention étymologique, et pour en rattacher la racine à leur idiôme, les Grecs en firent d'abord *Aké;* ensuite, bâtissant sur ce mot une fable religieuse, ils prétendirent que la ville avait été ainsi nommée par Hercule, son fondateur, qui, blessé d'un coup de *flèche* (Aκη), avait trouvé sa *guérison* (Aκος) dans une plante cueillie sur les bords du fleuve Bélus.

Ainsi l'étymologie grecque repose sur un double calembourg.

Les mythologues orientaux déroulent sur l'origine de la ville d'Acre une autre série de croyances fabuleuses : les uns attribuent sa fondation à Adam lui-même, qui s'y arrêta, disent-ils, lorsqu'il eut découvert la source qui existe encore au milieu de la ville ; les autres nomment comme son fondateur le patriarche Salèh, et ajoutent qu'il y construisit un temple dont les ruines restèrent debout jusqu'aux premiers siècles de l'islamisme.

Le plus ancien monument historique où il

soit fait mention d'Acre est le *livre des Juges* [1] ; on y cite la ville d'*Acco* comme une des cités littorales du pays des Phéniciens, qui, avec Tyr et Sidon, résistèrent aux armes des Hébreux, et maintinrent leur indépendance.

Plus tard nous voyons Acre liée aux destins de Tyr sa métropole : sous le nom d'*Acon*, elle passe des mains du roi des Perses à celles d'Alexandre-le-Grand; puis à la mort de ce dernier elle tombe en partage à Démétrius Soter, fils de Séleucus, et vers l'an 150 avant l'ère vulgaire, relève d'Alexandre Balas, prétendu fils d'Antiochus Epiphanès.

Bientôt Ptolémée Philadelphe la réunit, avec une partie de la Syrie, au royaume d'Égypte, et lui donne le nom de Ptolémaïs [2].

Sous le règne des Ptolémées, Tigrane, roi d'Arménie, l'assiége infructueusement ; mais les armes des Romains, promenant le niveau sur toutes ces petites dynasties, réduisent plus

---

[1] Chapitre I, verset 31.

[2] Les historiens et géographes latins la désignent par la dénomination de *Ptolémaïs Syrorum* pour la distinguer de deux autres villes du même nom, *Ptolémaïs Ægypti*, maintenant *Illahoun*, et *Ptolémaïs Libyæ*, maintenant *Tolometa*.

tard à l'obéissance l'Égypte, l'Arménie et la Syrie devenues provinces romaines. Sous les Hérodes cette ville reprend son ancien nom altéré en celui d'*Accon;* elle devient, sous l'empereur Claude, *Colonia Claudia*, appellation qu'on retrouve sur plusieurs médailles; se change, sous le Bas-Empire, en siége épiscopal, dont les titulaires sont cités dans les actes des conciles de Césarée, de Nicée, d'Antioche, de Constantinople, de Chalcédoine et de Jérusalem; se transforme enfin de nouveau en *Aca* ou *Accaron* après avoir repris quelque temps le nom de Ptolémaïs.

Au septième siècle, à l'époque où la religion musulmane commence sa propagande guerrière, Acre est l'une de ses premières conquêtes sur l'empire grec, et le khalife Omar, rendant à la ville son nom primitif d'*Akka* ou *Akkah*, fait construire une belle mosquée sur les ruines du temple attribué au patriarche Salèh.

A son tour, vers l'an 260 de l'hégire (871 de l'ère chrétienne), le célèbre *Ahmed ben-Touloun*, souverain indépendant de l'Égypte et de la Syrie, s'occupe de l'embellissement d'Acre, fait creuser son port qu'il ferme d'une chaîne, et reconstruit ses fortifications.

Nous voici arrivés aux siècles des Croisades, et parmi les villes d'Orient dont les Francs et les Sarrasins se disputèrent la conquête, nulle ne change plus souvent de maître que la ville d'Acre. Cinq fois elle est emportée d'assaut par les bataillons des Croisés, cinq fois reconquise par les milices musulmanes.

Baudoin Ier, second roi de Jérusalem, y entre l'an 497 de l'hégire (1104 de l'ère vulgaire), change la mosquée d'Omar en église consacrée à saint Jean, et y fonde l'ordre des chevaliers de Saint-Jean-d'Acre qui la gardent quatre-vingt-trois ans. Chassés de ses murs par le sultan Salah-êd-dyn (Saladin), vers l'an 583 de l'hégire (1187 de l'ère chrétienne), les Croisés la reprennent quatre ans plus tard sous Philippe-Auguste de France et Richard Ier d'Angleterre; mais douze mois sont à peine écoulés, que Saladin y rentre servi par des dissensions intérieures.

L'an 592 de l'hégire (1196 de l'ère chrétienne), les Francs l'enlèvent encore aux Sarrasins; mais Seyf-êd-dyn, frère de Saladin, la reconquiert en 603 (1206); quelques années plus tard, nouveau succès des Croisés, annulé en 669 (1271) par Melek-el-Dâher-Beybars, surnommé êl-Bondoqdary, qui range la ville d'Acre sous son obéissance.

Enfin, sous les règnes suivans, les armes chrétiennes se signalent par un dernier effort contre la ville musulmane. Elle est occupée par les chevaliers qui en demeurent quelque temps possesseurs paisibles au milieu des guerres civiles qui déchiraient la contrée; mais l'an 690 de l'hégire (1291 de notre ère), le sultan d'Égypte Khalyl fils de Kelâoun, huitième prince de la dynastie des Mamlouks Baharytes, rallia pour toujours à la domination du Croissant cette clef de la Syrie, tant de fois conquise et si vivement disputée.

Le vainqueur en chassa tous les chrétiens, et en fit démanteler les remparts. Il paraît qu'à cette époque Acre presque entièrement ruinée perdit de son ancienne étendue, et en effet, à l'est de la ville actuelle, on aperçoit encore des ruines considérables qui portent le nom d'*Akkah-êl-Kharab (Acre ruinée)*.

Dans les siècles suivans, les princes qui possédèrent la Syrie en rétablirent les fortifications, qui furent encore augmentées par le sultan *Sélim*, devenu maître de la Syrie et de l'Égypte.

Voilà ce que nous dit l'histoire arabe sur la ville d'Acre, qui changea si souvent et de nom et de maître. Aujourd'hui, située au midi des monts Saron, cette place forte s'alonge encore en presqu'île dans la mer, et occupe l'angle nord nord-est d'une baie, qui se déploie durant l'espace de trois lieues, jusqu'à la pointe du Carmel. Baignée de trois côtés par les eaux du golfe, de l'autre elle est ceinte de jardins frais et odorans. Les fortifications, dont quelques-unes datent de temps antérieurs aux Croisades, en font l'une des places les plus fortes de Syrie. Elle a pour territoire une longue et fertile vallée entre deux chaînes de montagnes qui courent en tournant du Cap-Blanc *(Ras él-Abyad)* au Mont-Carmel. Le blé, le coton, le maïs, viennent à souhait sur les deux versans de cette région montueuse; mais le terrain y est tellement onduleux et accidenté, que les pluies d'hiver, stagnantes dans les bas-fonds, y forment des lagunes qui exhalent aux jours d'été des miasmes pestilentiels.

Le port d'Acre, que la ville même protège contre les vents du nord et du nord-ouest, est l'un des mieux situés de la côte; malheureusement il est depuis long-temps presque tout-à-fait comblé. On s'est contenté d'y pratiquer à travers des récifs, qui rendent l'accès dangereux, un abord pour les vaisseaux qui se présentent à la douane et vont ensuite mouiller au nord du Mont-Carmel, au pied du village de Hayfà ou Caïffa.

La ville, le port, la campagne, les montagnes qui la bornent, sont d'un aspect si pittoresque, que ces beaux lieux parleraient à l'ame alors même que les souvenirs les plus vivans de la religion et de l'histoire n'y seraient pas attachés. C'est de là que la vaillance chrétienne menaça si long-temps l'Égypte et l'islamisme en alarmes ; ici, c'est le Mont-Carmel dont le seul nom réveille tant d'idées mystérieuses et douces ; plus loin s'étend cette Galilée consacrée par les prédications du Christ et si féconde en miraculeux récits ; et sur la lisière de cette région évangélique, derrière ce rideau de palmiers qui semble protéger les abords du village comme ceux d'un tabernacle, se cache l'humble bourg de Nazareth où naquit le fils de Marie.

Acre est le chef-lieu du pachalik de Sayde (l'ancienne Sidon), qui embrasse tout le terrain compris depuis le *Nahr-el-Kelb* (l'Adonis) jusqu'au sud de *Qayssariéh* (Césarée) entre la Méditerranée à l'ouest, l'Anti-Liban et le cours supérieur du Jourdain à l'est. A l'importance de son étendue il joint de rares avantages de sol et de position. Le blé, l'orge, le maïs (*doura*), le coton et le sésame (*semsem*) couvrent les riches plaines d'Acre, d'Esdrelon, de Sour (l'ancienne Tyr), de *Gebel-Naqouréh* et du cap nommé *Râs él-Mecherfy*, et paient au centuple l'incomplet travail du laboureur. La fertilité merveilleuse de cette belle contrée, ancien domaine de la tribu d'Aser, justifie encore de nos jours les paroles du patriarche Jacob: « Aser mangera un pain délicieux; son » pays sera fertile en excellens blés qui feront » les délices des rois [1]. »

Les cotons de Safed sont estimés, pour leur blancheur, à l'égal de ceux de Chypre; le tabac prospère sur les montagnes de Sour; le pays des Druzes abonde en vins et en soies; on trouve sur le territoire de Qayssariéh la seule forêt de chênes qui existe en Syrie, et, comme si ce n'était point assez de tant de richesses, ce pachalyk, par sa position sur la

---

[1] Genèse, chap. 49, verset 20.

mer, la sûreté de ses ports, de ses anses, de ses baies, est l'entrepôt de tout le commerce de Damas et de la Syrie intérieure.

Quand Bonaparte vint camper devant Acre, cette ville et tout le gouvernement de Sayde obéissaient au cimeterre du plus farouche pacha de l'Orient. On l'appelait *Djezzar* (le boucher), surnom de fantaisie qu'il s'était donné lui-même, et qu'il tenait à honneur de justifier.

L'histoire de cet homme n'avait ni obscurités ni mystères. Son nom était Ahmed; on le croyait natif de Bosnie, et, suivant le dire des capitaines ragusais dont il recherchait l'entretien, le slavon était sa langue maternelle. Il racontait lui-même « que ses parens, pauvres à
» ce point de n'avoir pas même une marmite,
» étaient obligés d'emprunter celles de leurs
» voisins; et pourtant, ajoutait-il, me voilà
» maintenant maître de toute la Syrie : Dieu
» l'a voulu ainsi !... »

A peine âgé de seize ans, Ahmed tenta de faire violence à la femme de son frère : pour se soustraire au châtiment que méritait sa criminelle brutalité, il s'enfuit de son pays et alla chercher fortune à Constantinople. Là, sans amis, sans ressources, sans espoir d'avenir, il prit une résolution extrême et qui témoigne de la fermeté de son ame; il renonça à sa liberté, comme il avait renoncé à sa patrie; il se vendit lui-même à des marchands d'esclaves pour être transporté en Égypte. A peine arrivé au Kaire, il fut acheté par Aly-Bey qui l'admit au nombre de ses mamlouks et l'employa dans toutes les occasions qui demandaient de l'audace, de l'adresse, de la discrétion, du courage, et le mépris de tous les scrupules. Docile instrument des mystérieuses cruautés d'Aly, Ahmed défit successivement son maître de tous les beys et de tous les kachefs qui lui furent suspects.

On prétend toutefois que dans le long cours de ses assassinats il sentit un moment ses entrailles s'émouvoir. L'ombrageux Aly, ayant résolu la mort de Salèh-Bey, son bienfaiteur, chargea Ahmed de lui apporter sa tête. Le mamlouk refusa; il alla même jusqu'à faire des représentations à son maître; mais un autre s'étant montré moins scrupuleux que Ahmed, celui-ci s'estima perdu; il prit la fuite et se réfugia derechef à Constantinople. Ballotté longtemps d'une porte à l'autre, il y sollicita vainement un grade dans les armées ottomanes. Mais il renonça bientôt, foulé par des concurrens plus riches ou plus adroits, et se jeta sur un navire cinglant vers la Syrie pour y prendre du service comme simple soldat.

Après avoir séjourné quelque temps chez les Druzes, dans la maison même du Kyaya, de l'émir Yousouf, il se rendit à Damas où il obtint par le crédit de son hôte le titre d'Aga avec le commandement de cinquante hommes.

A cette époque, l'étoile de son ancien patron Aly-Bey avait pâli; c'était *Daher*, fils d'Omar, qui semblait continuer en Syrie le rôle que le bey audacieux avait joué en Égypte, et inquiéter la suzeraineté de la Porte dans ces contrées. L'émir Yousouf jeta les yeux sur Ahmed et lui confia le commandement de Beyrout en Syrie. Soit que le long séjour du Bosnien à Constantinople eût fait de lui un ami des Turcs, soit qu'il jugeât prudent d'embrasser le parti du plus fort, à peine se sentit-il maître dans Beyrout qu'il s'empara d'une forte somme appartenant à l'émir, et déclara ne reconnaître d'autre maître que le sultan ottoman.

Yousouf, irrité de la perfidie d'Ahmed, demanda justice à Damas; mais voyant que ses plaintes étaient inutiles, il contracta alliance avec Daher, au lieu dit puits de Salomon (*Rás-él-Ain*), et fort de ce concours, il assiégea Beyrout par terre, tandis que deux frégates russes dont Daher avait acheté l'active coopération au prix de six cents bourses, canonnaient la ville par mer. Ahmed se défendit avec une ténacité admirable ; mais comme il fallait que chez lui le héros fût toujours éclipsé par le barbare, en rebâtissant l'enceinte de Beyrout, il fit jeter dans les fondations des murs tous les habitans qui professaient le rit grec, prétendant par-là punir l'attaque des Russes leurs co-religionnaires. Un voyageur[1] raconte que plusieurs années après on voyait encore les têtes de ces malheureuses victimes qu'Ahmed avait laissées à découvert afin de mieux jouir des tourmens de leur agonie.

Toutefois, après quelques jours de siége, il fallut céder à la force. Ahmed rendit la ville et se remit aux mains de Daher. Celui-ci, charmé de son courage et flatté de l'estime que lui témoignait le Bosnien en préférant sa protection à celle de l'émir Yousouf, le traita

---

[1] Le baron de Tott.

avec égards. Il poussa même la faiblesse jusqu'à lui confier une petite expédition en Palestine ; mais arrivé près de Jérusalem, Ahmed se hâta de repasser chez les Turcs et se mit au service du pacha de Damas.

Jusque-là rien dans la vie du Bosnien ne laissait prévoir la haute fortune qui l'attendait et qui data de cette époque. Le capitan-pacha Hassan venait d'arriver en Syrie avec mission de dompter les beys rebelles de l'Égypte réfugiés auprès de Daher et soutenus par lui. Ahmed se mit en rapport avec l'amiral musulman, gagna sa confiance, dirigea sous ses ordres le siége d'Acre et se rendit maître de la ville par suite des intelligences qu'il avait su y pratiquer. Le malheureux Daher surpris dans son palais, attaqué à l'improviste, prit la fuite avec quelques femmes ; mais poursuivi par Ahmed acharné à ses trousses, il tomba sous le poignard de son ancien protégé.

A la suite de cet exploit, Hassan jugeant que Ahmed était le seul homme capable de remplir les vues de la Porte dans ces contrées, le nomma pacha titulaire de Sayde, en fixant à Acre la résidence du pachalyk.

Fidèle aux ordres du Capitan-Pacha, Ahmed

détruisit par la force ou par la ruse ce qui restait de la famille de Daher et de son parti, réprima les Bédouins, décima les Druzes et anéantit presque tous les Motoualis. Ce fut au milieu de ces massacres de populations entières qu'il prit lui-même avec orgueil le surnom de *Djezzar* (boucher), nom atroce dont l'exécration populaire confirma l'à-propos.

Dans le cours d'une vie si agitée, Djezzar ne négligea pas le soin de sa fortune. Nul pacha n'eut l'art de tirer d'aussi fortes sommes de ses ennemis et même de ses amis. Ses ministres étaient, pour employer ses propres paroles, « comme des éponges au moyen desquelles il pompait l'or et les sueurs de son peuple, et qu'il exprimait ensuite à son profit. » Le plus célèbre de tous, Ibrahim Sabbagh, chrétien de Syrie, eut long-temps sa confiance, parce que nul ne savait mieux que lui pressurer les populations. Un jour pourtant, quand les coffres du vampire ministériel se trouvèrent suffisamment garnis, Djezzar le manda au château et lui fit trancher la tête sans autre forme de procès. Deux neveux du ministre, Yaqoub et Mikhel Sabbagh, eurent à peine le temps de se jeter dans une barque pour éviter les mutilations qui attendaient la famille de la victime [1].

Ces fonctions de haut-justicier exercées de la sorte, firent du nom de Djezzar un épouvantail dans ces contrées : la Porte-Ottomane en fut elle-même impressionnée, et quand elle accorda au gouverneur d'Acre les trois queues et le titre de *ouezyr* (vizir), dernier terme de toutes les ambitions musulmanes, il fut aisé de voir qu'en cette occasion le sultan avait beaucoup plus cédé à la crainte qu'à la reconnaissance, et que c'était moins un ami qu'il récompensait en Djezzar, qu'un ennemi futur à qui il voulait ôter tout sujet de mécontentement et tout prétexte de rébellion.

Dans les idées de notre Europe on aurait peine à croire à un assemblage de tant de rares qualités et de vices aussi monstrueux. Dans des contrées où rien ne stipule la mesure des droits de ceux qui gouvernent sur ceux qui sont gouvernés, où l'abus de la force semble être inhé-

---

[1] Les jeunes Yaqoub et Mikhel Sabbagh se réfugièrent au Kaire: ils y vécurent en proie à la misère jusqu'au moment où M. Marcel, directeur de l'imprimerie nationale, les attacha à cet établissement. A l'époque de l'évacuation, Mikhel suivit en France M. Marcel. Placé, grâce à lui, à la Bibliothèque impériale, il y rendit, pendant plus de douze ans, de grands services aux Orientalistes.

rent au pouvoir, Djezzar eut l'art de passer tout le monde en injustices gratuites et en cruautés monomanes. Doué de plus de talens et de plus d'activité que n'en ont d'ordinaire ces races indolentes, il était à la fois son ministre, son chamelier, son trésorier et son secrétaire, quelquefois même son cuisinier et son jardinier, et plus souvent encore juge et bourreau.

La ville d'Acre qui, dès le temps des Croisés, n'était plus que l'ombre d'elle-même, sembla, sous son administration, renaître de ses ruines. Il fit percer des rues, construire des mosquées et des fontaines, élever des monumens ; son aqueduc passe, à bon droit, pour une des merveilles de la contrée, et ces embellissemens sont d'autant plus remarquables que Djezzar en a lui-même dressé les plans ; mais ses froides atrocités lui aliénèrent plus de cœurs que des actes utiles ne lui en purent gagner.

Ce n'était point seulement sur les peuples soumis à sa domination qu'il s'acharnait ; il lui fallait aussi des victimes autour de lui, dans son propre palais et jusque dans son harem. On ne voyait dans ses antichambres que des domestiques horriblement mutilés. La mutilation était la punition de la faute la plus légère dans le service intérieur : un plat servi trop chaud ou trop froid, une pipe mal allumée, un peu d'eau répandue hors de l'aiguière, un ordre mal compris ou exécuté avec incertitude, étaient à l'instant punis par le sabre de Djezzar. Ingénieux dans sa férocité, il semblait avoir pris à tâche de varier les châtimens. Parmi les gens de sa maison, celui-ci avait perdu un œil, celui-là une oreille ; d'autres la jambe, ou le bras, ou le nez, ou la langue. C'était un vaste hôpital d'estropiés où chacun avait eu son lot suivant le caprice du maître.

La population d'Acre n'était pas à l'abri de ces stigmates brutaux. D'habitude, Djezzar passait ses heures oisives sur le divan d'un kiosque qui plongeait dans la rue principale de la ville. De cet observatoire, quand le pacha voyait passer un homme dont la figure lui déplaisait, il le faisait amener devant lui de gré ou de force, et là : « Ta figure me déplait, » disait-il au patient ; ou bien : « Tu as un mauvais œil, » et le malheureux sortait du palais avec un œil, le nez ou une oreille de moins.

D'autres fois, ne trouvant pas dans ses officiers des exécuteurs assez adroits ou assez dociles, Djezzar faisait lui-même l'office du bourreau. Un jour, au moment où son *berber-bachi* (chef des barbiers) le rasait, il avisa de son kiosque un passant qu'il fit monter : « Arrache-moi l'œil de cet homme, » dit-il impérieusement au barbier. Et comme le pauvre diable hésitait : « Oh! tu ne sais comment faire. Eh bien! approche, je te l'enseignerai. » Le barbier s'avance, son maître lui enfonce l'index droit dans l'orbite, en fait jaillir le globe, et le saisissant ensuite entre ses deux doigts, achève de l'arracher, et le lui jette à la figure.

En d'autres occasions, il se donnait le plaisir d'une exécution sur une plus grande échelle. Des sentinelles, apostées par lui dans un carrefour, faisaient une presse générale et ramassaient tous les habitans qu'y conduisaient le hasard ou les affaires. Quand les salles du palais étaient pleines, on allait avertir Djezzar qui passait en revue les prisonniers et réalisait sur eux les férocités les plus bizarres. Un jour pourtant son génie de supplices se trouvant en défaut, il promenait ses regards fauves sur une double haie de patiens, et ne trouvait, n'imaginait rien de neuf et de récréatif. Fatigué enfin de cette tension d'esprit : « Qu'on pende

» les prisonniers de la gauche, s'écria-t-il, et
» qu'on serve un bon déjeuner à ceux de la
» droite. » Il fut fait comme il avait dit ; et
quand les femmes et les enfans des suppliciés
vinrent assiéger le sérail de leurs prières et de
leurs cris, le pacha les rappela d'un mot à la
résignation orientale : « C'était écrit, tout est
écrit! » — « C'était écrit! » répéta religieusement la foule, et elle se retira.

Souvent Djezzar se promenait dans Saint-
Jean-d'Acre, déguisé en mendiant arabe, et il
marquait par des traces de sang les actes de sa
justice distributive. Un marchand, vendant à
faux poids ou à fausse mesure, trompait rarement sa vigilance personnelle. Peu d'heures
après l'inspection du maître, son passage se
révélait de toutes parts. Ici un juif vociférait, la
langue clouée sur son comptoir ; là se débattait
un Arménien collé à sa porte par une oreille
saignante ; ou bien un boucher restait pendu
durant tout le jour comme un quartier de
bœuf, le croc fiché dans la gorge au défaut du
menton.

Mais, au dire des familiers du gouverneur,
ces cruautés publiques n'étaient rien auprès des
fureurs jalouses et des atrocités mystérieuses

de son harem. Là venait s'engloutir chaque année une quantité innombrable de jeunes esclaves qui accouraient tremblantes au moindre geste du pacha ; faibles femmes que le cimeterre façonnait au plaisir, et qui plus d'une fois passèrent dans ses bras du spasme amoureux au râlement de l'agonie.

Dans sa jalousie raffinée, Djezzar s'ingéniait à isoler les beautés de son harem de toute impression extérieure. Un esclave qui, sans le vouloir, eût ouï du dehors quelques sons de leur voix, aurait payé de sa vie cette circonstance fugitive. Toute communication entre leurs appartemens et le palais était interdite et murée ; les alimens nécessaires n'arrivaient dans le harem que par une espèce de tour que défendait une grille. Ce tour servait également aux consultations médicales : la malade tendait par cette ouverture son bras toujours couvert d'un vêtement; et le médecin, sans la voir, sans l'interroger, sans toucher sa peau, était obligé de prescrire des remèdes au hasard et presque toujours à contre-sens.

Malgré tant de précautions, la jalousie de Djezzar fut mise parfois à de rudes épreuves. Dans un des nombreux voyages à la Mecque, auxquels l'assujettissait son titre d'*émir-hadgy* (prince des pélerins), les mamlouks de sa garde forcèrent les portes de son harem d'Acre et profanèrent ses odalisques. Quand le pacha fut de retour, ses espions lui racontèrent l'attentat commis, mais les coupables s'étaient dérobés par la fuite à ses vengeances. Les femmes seules restaient victimes plutôt que complices. Il les fit amener toutes devant lui, arracha avec fureur leurs vêtemens, éventra de sa main celles qui révélaient quelques signes de grossesse, en fit coudre vingt dans des sacs de cuir qu'on jeta en pleine mer, et embarqua les autres pêle-mêle, et toutes nues, sur un vaisseau qui mettait à la voile pour Constantinople où il les fit vendre à l'encan.

Deux ans s'étaient écoulés depuis cette tragédie, et le souvenir d'une vengeance incomplète vivait encore dans le cœur de Djezzar, quand un mamlouk nommé Souleymân, acteur dans le viol du harem, se hasarda à paraître devant son ancien maître. Fendant la foule des officiers, il se jeta en plein divan aux pieds du pacha qui le reconnut, et rugit comme un tigre à cet aspect. « Misérable, que viens-tu faire ici? dit-il, brandissant sa hache d'armes.

— Mourir à tes genoux, répondit le mamlouk. — Tu sais bien que Djezzar n'a jamais pardonné. — Je le sais. — Que veux-tu donc? — Mourir! — Eh bien! tu mourras. »

Trois fois la hache fut levée; trois fois elle retomba sans férir. Enfin le pacha jeta l'arme loin de lui. « Lève-toi, dit-il à Souleymân, Djezzar aura pardonné une fois en sa vie. »

Cette clémence inaccoutumée fit grand bruit dans Acre et dans le palais. Djezzar lui-même se complut dans sa magnanimité, et combla son protégé de faveurs. Par un hasard singulier, ce même Souleymân, miraculeusement sauvé, succéda plus tard à son maître dans le pachalyk.

La vie entière de Djezzar est pleine de ces terribles contrastes. Parjure, perfide, égoïste, oppresseur avide, cruel par goût, par caprice et sans motif, étranger à toute affection, à tout mouvement de cœur, impitoyable, irascible, vindicatif, sans scrupules, sans conscience, sans remords, dédaigneux de l'opinion des autres hommes, les méprisant tous, les haïssant tous, on ne peut cependant lui refuser des qualités brillantes qui durent concourir au moins autant que ses vices à l'élever et le conserver dans le haut poste qu'il occupa si long-temps.

Doué au suprême degré de finesse et de pénétration ; habile à inventer et combiner des ruses, plus habile encore à les prévoir et à les déjouer, infatigable, intrépide, méprisant la mort et les périls, patient, constant dans ses projets, inébranlable dans leur exécution, nul ne suivit avec plus de pertinacité le but qu'il s'était proposé, nul ne se laissa moins effrayer par les dangers, rebuter par les obstacles et décourager par les revers. Les vicissitudes de la fortune semblaient avoir trempé cette ame de fer et lui avoir donné la résistibilité du diamant. Simple Bosnien, de la classe la plus infime, sa monomanie est de devenir prince de l'Orient ; il calcule son projet, en envisage toutes les chances, tous les moyens ; la voie dans laquelle il s'élance n'est pas, certes, celle qu'aurait suivie une ame vulgaire : c'est dans l'esclavage qu'il se jette pour parvenir à un trône ; il y parvient, s'y fait porter par la puissante Porte-Ottomane ; malgré elle, il y règne un demi-siècle en dépit de tous ses adversaires, et, pour adopter ses propres expressions, *immobile comme un bloc de marbre, résistant à tout et à qui rien ne résiste*, il y meurt à quatre-vingt-dix ans d'une mort paisible, bravant l'exaspération publique, au milieu des populations indignées dont pendant tout son long règne il a été le bourreau, certain de ne trouver autour de lui et dans ses provinces aucun cœur qui ne l'exècre, aucune voix qui ne le maudisse.

C'est cet homme que les Français avaient à combattre, caractère trempé d'acier, gouverneur et soldat à la fois, qu'il fallait tuer sur la brèche avant de se dire maître chez lui. Sous un chef pareil, les milices musulmanes, si fortes derrière les murailles, se grandissaient de toute leur bravoure instinctive, et pour le gouverneur d'Acre comme pour la garnison, c'était entre eux et les assiégeans un duel à mort, une guerre sans quartier.

CHAPITRE VII.

Siége de Saint-Jean-d'Acre. — Reconnaissance de la place. — Ouverture de la tranchée. — Tentative des Anglais sur Hayfá. — Sortie de Djezzar. — Premier assaut. — Sir Sydney Smith. — Phélipeaux. — Prise de l'artillerie. — Ambulances. — Alliance avec les Druzes. — Notice sur cette peuplade.

L'armée cependant avait pris position. Son bivouac occupait une hauteur isolée qui s'étend au nord vers le Cap-Blanc, durant l'espace d'une lieue et demie, et domine, à l'est, une large plaine brusquement coupée par les monts Saron, chaîne transversale qui part du cap êl-Mecherfy, pour aller mourir sur les rives du Jourdain.

Là, faisant enfin une halte sérieuse, après vingt-cinq jours de marches et de combats, le soldat se préparait par quelques heures de repos à des fatigues d'un autre genre. Depuis sa sortie du Kaire, l'armée avait vécu au jour le jour. Les magasins laissés par l'ennemi avaient pu seuls lui fournir une nourriture insuffisante; mais sous les murs de Saint-Jean-d'Acre, aux premiers jours du siége, l'abondance revint au camp. Les provisions trouvées dans Hayfà, dans les villages de Chafà-Amr et de Nassarah (Nazareth), réparèrent bientôt les forces du soldat; grâce aux moulins de Mechour, de Cherdâm et de Tentourah, il eut du pain dont il était privé depuis le Kaire, et les paysans des villages circonvoisins, rassurés par un accueil amical, offrirent bientôt aux chalands toutes les ressources de marchés assez bien fournis.

Nos bataillons républicains n'étaient pas arrivés devant Acre sans avoir entendu parler de l'ennemi qu'ils allaient y combattre. Déjà le nom de Djezzar était familier à leurs oreilles; sa vie avait été racontée aux veillées du bivouac; on savait tout ce que le cœur de cet adversaire contenait de férocité et de courage; mais ces récits n'avaient excité d'autre sentiment dans l'armée que le désir de se mesurer promptement avec lui; et la victoire de Jaffa redoublait encore cette ardeur et cette confiance.

Toutefois Bonaparte ne se laissa point aveugler par cet enthousiasme; il s'entoura des précautions les mieux entendues, fit occuper les châteaux de Safad, de Nazareth et de Chafà-Amr, et éclaira ainsi les débouchés de la route de Damas. Tranquille de ce côté, il ordonna de reconnaître la place.

Les généraux Dommartin et Caffarelli, désignés pour cette périlleuse mission, s'en acquittèrent le 29 ventôse an VII (19 mars 1799). De faux rapports les avaient induits en erreur sur les fortifications d'Acre, et dans leur rapide examen ils n'eurent pas le loisir de les rectifier complètement.

D'un autre côté, le chef de brigade du génie Sanson, chargé de reconnaître la contrescarpe, effectua dans la nuit son opération. En se traînant sur les mains et sur les genoux, il parvint assez près du rempart pour s'apercevoir qu'il n'en était séparé que par un fossé : là, il cherchait à vérifier à tâtons si ce fossé était sans revêtement, lorsqu'une balle lui traversa la main de part en part. Sans se plaindre, sans pousser un cri, Sanson persista dans l'accomplissement de sa mission; mais la difficulté de sa posture et l'obscurité de la nuit l'empêchèrent de préciser la hauteur de la contrescarpe.

Ces renseignemens incomplets une fois obtenus, on conféra chez le Général en chef sur l'ouverture de la tranchée et sur le point d'attaque. Dommartin voulait différer et attendre l'artillerie de siége; Caffarelli, entrant mieux dans les vues impatientes de Bonaparte, affirma que la prise de la ville dépendait d'un coup de main hardi. Son avis prévalut, on crut à l'impossibilité de battre en brèche les deux côtés du rectangle, placés qu'ils étaient sous le feu de deux vaisseaux anglais, *le Thésée* et *le Tigre;* et l'on résolut d'attaquer son angle saillant, terminant le front Est de la ville, depuis la porte de sortie jusqu'à la grande Tour carrée.

Le 30 ventôse (20 mars), la tranchée fut ouverte sous le feu des assiégés, à environ cent cinquante toises de la place, en profitant des jardins, des fossés de l'ancienne ville, et d'un aqueduc qui traverse le glacis. Un village était à la gauche du camp; on s'en empara, on en crénela les maisons. Pendant plusieurs jours deux cents hommes environ, sapeurs ou soldats de la ligne, furent employés à tour de rôle à creuser les boyaux et à tracer les parallèles. Les communications de droite arrivèrent bientôt jusqu'à la tour de l'ancienne enceinte (dite *du Diable*). On établit de distance en distance des petites places d'armes avec banquettes, à l'usage des troupes destinées à repousser les sorties. Outre cela, trois postes principaux furent créés : ceux de *la Fontaine* et *du Réservoir*, et celui *du Santon*, le plus important de tous et formant le centre du front d'attaque.

Le blocus fut combiné de manière à repousser victorieusement les sorties et à empêcher toute communication ; mais les travaux ne se poursuivaient pas sans obstacle. *Le Thésée* et *le Tigre*, commandés par sir Sidney Smith qui, après avoir bombardé Alexandrie seize jours durant, avait abandonné cette croisière pour venir au secours d'Acre, s'étaient embossés dans la rade, et de là ne cessaient de harceler l'armée. Du haut des remparts que Djezzar, en vue des assauts de nuit, avait fait garnir de lanternes, des milliers de boulets, de bombes, d'obus, pleuvaient sur le front des assiégeans pendant que l'artillerie du phare placé en tête du port les inquiétait de ses bordées transversales. Mais quelque grands que fussent ces périls, le soldat ne s'en montrait point rebuté ; son ardeur était si grande que les approches se déblayaient comme par enchantement. En peu de jours les travaux furent tellement avancés, que rien ne s'opposa plus au début des hostilités, si ce n'est le retard de l'artillerie embarquée à Alexandrie dont on n'avait encore aucune nouvelle.

L'armée était absorbée dans ces préparatifs du siége quand le 2 germinal (22 mars) une vive canonnade se fit entendre vers Hayfà. A ce bruit, chacun s'interrogea étonné. Une rumeur vague se répandit dans le camp, que les populations en armes allaient fondre sur les Français; car dans cette guerre d'extermination on n'était maître que du terrain que l'on occupait, et le soldat épuisé par des combats de tous les jours ne pouvait se reposer de sa victoire que dans une victoire nouvelle. Dans cette cruelle incertitude on proposa d'envoyer quelques éclaireurs à Hayfà : on savait que le chef d'escadron Lambert à qui l'on avait confié le commandement de cette place n'avait sous ses ordres qu'une poignée d'hommes, et qu'il pouvait être facilement écrasé par l'ennemi. Enfin, après plusieurs heures passées dans une mortelle attente, on apprit à la fois et la cause du combat et son issue glorieuse.

Le commandant de l'escadre anglaise, informé qu'il y avait dans Hayfà des approvisonnemens considérables, avait conçu le projet de les enlever et de s'emparer en même temps de quelques navires récemment arrivés de Jaffa et chargés de vivres. Il dirigea donc contre la place plusieurs chaloupes armées de canons, tandis que d'autres embarcations se portaient sur les bâtimens de transport. Obligé de faire face avec quatre-vingts hommes fantassins et cavaliers à un ennemi si supérieur en nombre, Lambert embusqua les siens et leur ordonna de laisser approcher les Anglais jusqu'à terre, sans faire aucun mouvement défensif ; mais au moment où les ennemis mettaient le pied sur le rivage, il se précipita sur eux à la tête de ses dragons, les culbuta, aborda une de leurs chaloupes, s'en empara, leur enleva une pièce de canon et leur fit dix-sept prisonniers. Pendant ce temps un obusier qu'il avait eu soin de masquer, dirigeait un feu bien nourri sur les autres chaloupes et les contraignait à regagner le large après leur avoir tué ou blessé plus de cent hommes.

Cette descente avortée fut le seul incident qui marqua dans les débuts du siége ; les monotones travaux de la tranchée reprirent leur cours, tandis que l'ennemi se préparait à faire des sorties pour les détruire. La première eut lieu le 6 germinal (26 mars). La garnison conduite par Djezzar en personne se jeta sur les lignes des assiégeans; mais à la suite d'un combat court et vif, elle fut ramenée dans la place avec une perte considérable.

Cependant tout se trouvait terminé; les batteries de brèche et les contre-batteries étaient prêtes à commencer le feu. A défaut de l'artillerie de siége on avait établi le parc de campagne composé de cinq pièces de 12, dix pièces de 8, deux pièces de 4 et sept obusiers [1].

[1] Les sept premières batteries, nos 1 à 7, prêtes à jouer, avaient été distribuées de la manière suivante :

Nos 1. — 3 pièces de 12, contre la tour A. B.
    2. — 5 — de 8 — id. — et contre les parties entre B et C.
    3. — 3 — de 8 id. — et contre les parties C et D.
    4. — 2 — de 8 et deux obusiers, contre les bâtimens du port.
    5. — 2 obusiers, contre le front d'attaque.
    6. — 5 obusiers — id. — et contre le palais.
    7. — 2 pièces de 4; 2 de 12, contre les sorties.

Les numéros et lettres que nous donnons sont ceux des plans et journal du siége tracés et rédigés sur les lieux par les officiers de génie : ils sont conformes aux originaux du dépôt des Fortifications. Le plan sera dans l'atlas de la 14ᵉ livraison.

Le 8 (28), au point du jour, on battit en brèche la grosse tour d'attaque; on fit taire ses pièces, et l'on entama le rempart. En même temps les mineurs travaillaient sans relâche à pousser un rameau pour faire sauter la contrescarpe. Une reconnaissance faite le matin même avait servi à constater que cet ouvrage était revêtu. Pour l'entamer au vif, deux ou trois jours de travail souterrain auraient encore été nécessaires; mais au milieu de l'impatience générale la voix prudente des ingénieurs ne prévalut pas. La mine joua, et quand la fumée et la poussière furent dissipées, une voix partit des parallèles, s'écriant que la contrescarpe était entamée. Cette assertion, accueillie par de longs cris de joie, rencontra peu d'incrédules. A l'instant même, les troupes pleines encore de leurs souvenirs de Jaffa demandèrent l'assaut avec instance.

Bonaparte était depuis le matin dans la tranchée avec son état-major. Observant tout par lui-même, il hésitait encore à donner le signal de l'attaque, quand Minerve Mailly de Château-Renaud, adjoint aux adjudans-généraux, vint lui dire qu'il devenait impossible de retenir les grenadiers, et demander la faveur de marcher à leur tête. Pauvre Mailly! son frère, récemment envoyé par le Général en chef vers Djezzar, avait payé de la vie son rôle de parlementaire ; et lui, à son tour, impatient de le venger, lui vaillant et beau, devait tomber sur la brèche pour compléter cet holocauste de famille.

A quatre heures de l'après-midi le signal fut donné pour cet assaut hasardeux, et les soldats l'accueillirent avec une ardeur inouie. A l'instant s'élancèrent les grenadiers de la 69ᵉ demi-brigade qui avaient sollicité l'honneur de marcher en tête; mais leur premier élan fut bientôt annulé. La mine avait fait à peine un entonnoir dans le glacis; un fossé de dix-huit pieds de profondeur sur vingt-cinq de largeur était devant eux revêtu d'une bonne contrescarpe, et le revêtement n'avait pas été entamé. L'obstacle était imprévu : il jeta dans les rangs un premier mouvement de surprise : toutefois l'hésitation dura peu : descendus dans les fossés à l'aide d'échelles, les soldats les appliquèrent bientôt contre les remparts, et s'élancèrent à l'escalade. L'adjoint Mailly qui montait le premier fut atteint d'une balle et renversé dans le fossé. Déjà, étonnées d'une attaque si audacieuse, les troupes du pacha désertaient les remparts et refluaient vers la ville en poussant des cris de détresse, quand Djezzar déchargeant ses pistolets sur les fuyards et les ramenant à la brèche : « Lâches, que craignez-vous ? leur dit-il ; » ils ont fui. » Et en effet les grenadiers de la 69ᵉ restaient seuls alors dans le fossé : les troupes qui les suivaient, n'ayant pas comme eux les moyens d'y descendre, cherchaient à s'abriter dans les tranchées contre le feu de la place qui balayait les glacis.

Par un contretemps plus fâcheux encore, la brèche avait été pratiquée trop haut, et les échelles des grenadiers ne se trouvèrent pas assez longues pour atteindre le rempart. Vainement cherchèrent-ils à les exhausser sur les cadavres qui s'amoncelaient, en vain se hissèrent-ils sur les épaules les uns des autres ; une hauteur de dix à douze pieds les séparait encore de la brèche, et les Turcs ralliés par Djezzar commençaient à user de tous les avantages de leur position. Une grêle de pierres, des grenades, des morceaux de bois goudronnés et enflammés, des chaudières d'huile et de résine bouillantes tombèrent du haut des murs sur les assaillans. Alors les échelles se brisent, ceux qui les montaient sont renversés dans le fossé ; les adjudans-généraux Laugier et Lescale sont tués. Exaltés d'un premier succès, les Turcs accourent bientôt par milliers sur les remparts ; le canon et la fusillade redoublent. Force fut de songer à la retraite. Les grenadiers qui s'étaient aventurés dans le fossé se replièrent sur deux bataillons qui marchaient pour les soutenir, et les entraînèrent dans leur retraite jusqu'au chemin couvert.

Dans ce brusque mouvement il fut impossible d'emporter les Français atteints sous le rempart. Mailly était de ce nombre : blessé au pied, ne pouvant fuir avec les autres, il avait imploré le secours d'un grenadier qui l'avait chargé sur ses épaules. Mais, dans sa marche pénible au milieu des décombres, ce brave fut frappé lui-même d'une balle, et tomba avec son fardeau. Mailly resta donc sous la brèche à la merci des Turcs. Torturé par la douleur, devinant la fin qui l'attendait, il implorait la mort, et ses cris plaintifs arrivaient jusqu'à la tranchée. Enfin, à la nuit, les gémissemens cessèrent : les Turcs étaient descendus dans le fossé, et, d'après la coutume orientale, ils avaient décapité les victimes de l'assaut, vivantes ou mortes.

La journée avait été fatale et coûteuse à l'armée. Revenus de leur première terreur, les assiégés s'étaient mis à pointer si juste [1] que leurs boulets et leurs bombes atteignirent une foule d'officiers et plusieurs généraux. Duroc, aide-de-camp de Bonaparte, reçut dans la cuisse un éclat d'obus qui lui fit une large et dangereuse blessure [2]. Le Général en chef lui-même ne dut la vie qu'à un beau trait de dévouement militaire. Il s'était aventuré de sa personne dans une reconnaissance ; et debout sur un

---

[1] On a eu depuis la clef de cette justesse étonnante surtout chez des artilleurs turcs.

Trois années auparavant, le général Aubert-Dubayet, ambassadeur français à Constantinople, y avait fait venir de Toulon une compagnie d'artillerie légère pour apprendre aux Turcs quelques manœuvres du métier, et principalement le tir des bombes. Depuis lors revenue en Europe, cette compagnie avait été incorporée dans l'armée d'Orient, puis désignée pour le siége de Saint-Jean-d'Acre. Mais d'un autre côté les bombardiers turcs que ces instructeurs avaient formés se trouvaient alors dans la place assiégée, avec 1,800 bombes et 4 mortiers fondus à Constantinople par des ingénieurs français. Ainsi les maîtres et les élèves se trouvaient alors en présence.

[2] Duroc échappa à la mort par les soins du chirurgien en chef Larrey ; mais il resta estropié et incapable d'un service actif.

tertre saillant, il promenait sa lunette d'un bout à l'autre du front d'attaque, quand une bombe tomba en sifflant à quelques pas de lui. Heureusement deux de ses guides étaient à ses côtés. A la vue du péril, une même idée les frappe comme un coup électrique; l'un et l'autre s'élancent sur le Général, le saisissent, l'enlacent de leur corps, se plaçant entre lui et le projectile de mort. La bombe éclate, respecte Bonaparte ainsi abrité, tue l'un de ses sauveurs et blesse l'autre grièvement. Ce dernier était le brave Daumesnil, général depuis, et commandant de Vincennes en 1814.

Jusque-là, le siége d'Acre n'avait été considéré que comme une halte militaire que devait suivre un rapide coup de main. Mais l'avortement complet d'une première tentative opéra une réaction funeste dans l'esprit du soldat. De ce jour s'effacèrent pour lui les illusions de la campagne syrienne; il entrevit un siége long et meurtrier, il quitta son exaltation enthousiaste pour un dévouement plus grave, moins brillant et peut-être plus méritoire.

Le contre-coup de ces impressions se fit sentir aussi dans la ville assiégée. Jusqu'alors

Djezzar était resté seul à ne pas s'émouvoir de la prodigieuse réputation des Français; seul il avait conservé dans sa cause une confiance absolue. Décidé à mourir sur la brèche, ne poussant pas ses prévisions au-delà de la prise d'Acre, il avait refusé d'abriter ses femmes et ses trésors sur les vaisseaux mouillés dans le golfe. Mais les soldats turcs ou albanais qui composaient sa garnison n'avaient pas vu la chose avec ce sang-froid héroïque : une foule d'entre eux avaient fait partie du corps d'Abdallah, si vigoureusement pourchassé depuis êl-Arych, et les récits de cette malencontreuse campagne avaient accrédité parmi les défenseurs d'Acre l'opinion que toute résistance serait vaine. Le résultat du premier assaut changea brusquement ces dispositions; sur la foi de preuves antérieures, la garnison s'était exagéré la force des Français; sitôt qu'elle les vit céder du terrain, par une exagération contraire, elle se crut, à son tour, invincible.

Ce retour à une confiance présomptueuse n'eût pas été sans doute de longue durée, si des secours d'une autre nature n'étaient venus faire des chances plus belles aux assiégés. L'escadre anglaise arrivait à leur aide ; le pavillon britannique se déployait en face de leurs remparts. Deux vaisseaux de haut-bord, *le Tigre* et *le Thésée*, embossés l'un au sud, l'autre au nord de la place, inquiétaient déjà de leurs feux les travaux des assiégeans. Outre de nombreuses munitions de guerre, des armes, des projectiles et des canonniers de marine, cette escadre portait deux hommes de tête et de main, remarquables chacun dans sa sphère, capacités européennes qui devaient enseigner aux musulmans la théorie d'une défense contre la plus vaillante armée de l'Europe.

L'un était le célèbre commodore sir Sidney Smith, dont ce haut fait d'armes allait relever encore la romanesque réputation. Caractère étrange, où les allures chevaleresques, la hardiesse folle, la philosophie cosmopolite qui appartenaient à l'individu, faisaient contraste avec la diplomatie cauteleuse, l'égoïsme étroit, les préjugés rancuniers que commandait la politique de nation. Deux hommes étaient en lui : l'homme des inspirations privées, et l'homme des instructions officielles; le premier, généreux jusqu'à l'imprudence, serviable, philanthrope et loyal; l'autre, cherchant le succès par

toutes voies, esclave de l'intérêt et de la prépondérance anglaise. Singulier adversaire qui devait froisser le cœur de Bonaparte dans ses cordes les plus irritables. « C'est un fou, » disait le Général dans certains momens d'aigreur; ou bien encore : « Cet homme-là m'a fait man-
» quer ma fortune ; » et ailleurs : « Que le diable
» emporte ce capitaine de brûlots ! » En effet, la vie de cet intrépide marin était pleine d'aventureuses tentatives, d'excursions exécutées sur nos côtes, dans nos ports, à l'aide de déguisemens. Fait prisonnier dans l'une d'elles, au Hâvre, sir Sidney Smith avait été écroué au Temple; mais libre bientôt, grâce aux intelligences qu'il s'était ménagées dans la ville [1], il avait rempli diverses missions délicates à Tétouân et à Constantinople, et venait de mouiller devant Acre, ayant à son bord Phélipeaux, l'un de ses libérateurs.

---

[1] Celui qui contribua le plus à son évasion fut un simple épicier nommé Legendre, qui, sans savoir pourquoi, avait la monomanie des conspirations royalistes : après avoir sacrifié sa fortune modique à ce parti pour lequel il risqua cent fois sa vie, cet homme n'obtint d'autre récompense à la Restauration qu'un secours tellement minime, qu'il fut réduit à entrer dans un hospice où il est mort il y a quelques années.

Phélipeaux était le second antagoniste européen dont l'active influence préparait un revers à notre armée expéditionnaire. Condisciple de Bonaparte à l'école de Brienne, officier dans le régiment d'artillerie (3e) de Besançon en 1789, émigré et soldat de Coblentz en 1792, réacteur royaliste en 1795, homme d'ailleurs d'un mérite rare, fort instruit dans son arme, courageux, entreprenant, Phélipeaux semblait trouver un stimulant pour sa tâche actuelle dans le souvenir de vieilles rivalités de collége. Jeté bien jeune encore dans le parti de l'émigration, devenu colonel d'artillerie au service de l'Angleterre, et fait pour servir une cause meilleure, il avait été présenté à Djezzar par son ami sir Sidney Smith, comme l'homme le plus capable de diriger la défense.

A peine entré dans la place, Phélipeaux jeta son coup-d'œil sur les fortifications. Acre était alors défendue à la manière du XIIe siècle, par de mauvaises courtines flanquées de tours carrées. Pour la mettre dans le cas de soutenir un siége, il fallut entreprendre de grands ouvrages supplémentaires. Une nouvelle ligne de retranchemens fut tracée derrière la vieille enceinte, et les vaisseaux anglais donnèrent pour l'armer l'excédant de leur artillerie et de leurs munitions.

Un autre incident vint bientôt accroître les ressources de la défense et paralyser les moyens d'attaque. Bonaparte, on le sait, avait donné l'ordre au contre-amiral Gantheaume d'embarquer l'artillerie de siége en deux convois. Le premier, parti depuis quelques jours de Damiette sous les ordres du capitaine de frégate Barré, était arrivé heureusement à la hauteur de Hayfà, quand il tomba, par une brume épaisse, sous le canon du *Tigre* en croisière dans ces parages. Sur dix bâtimens qui composaient cette flottille, sept furent amarinés par sir Sidney Smith; une corvette et deux barques parvinrent seules à s'abriter dans le petit port de Tentourah. Les bâtimens capturés étaient : *la Négresse, la Foudre, la Dangereuse, la Marie, la Vierge de Gráces, les Deux Frères* et *la Tauride*. Bientôt leur formidable cargaison s'aligna sur les créneaux de Saint-Jean-d'Acre; ces canons, destinés aux Français, tournèrent leurs bouches contre eux. Pièces de divers calibres dont quatre de 24, madriers pour les plates-formes, armes, munitions, tout fut employé par Phélipeaux, réparti avec intelligence, utilisé avec à-propos. Les bâtimens capturés, dont sir Sidney avait fait débarquer les équipages, furent eux-mêmes armés pour tenir croisière sur la côte et inquiéter les postes français.

Bonaparte, de son côté, n'apportait pas une activité moindre à ses travaux d'attaque. La tranchée avait été ouverte sur un terrain mouvant, et creusée à la hâte; elle était si peu profonde que, dans les premiers jours du siége, Kléber, s'y promenant un jour avec le Général en chef, se prit à dire avec son sarcasme habituel : « Quels diables de boyaux nous ont-ils » fait là, Général ! Pour vous, c'est bon, mais » moi, ils ne m'arrivent pas au ventre. » On y travailla de nouveau, en suppléant, tant bien que mal, au manque de gabions; on se servit des pierres tumulaires qui couvraient le terrain comme d'épaulemens. En même temps, les soldats s'improvisaient des habitations, ils pratiquaient dans le sol des cavités qu'ils décoraient de branchages, d'arbres abattus dans les montagnes voisines; et sous ces abris faits à la hâte, ils bravaient les pluies du climat syrien devenues plus que jamais fréquentes et importunes.

Avant même que le camp du siége eût été complètement installé, les officiers supérieurs de santé s'étaient occupés de l'emplacement des hôpitaux. La principale ambulance fut établie dans les étables de Djezzar; nul autre local en effet n'existait dans les environs d'Acre où l'on pût mettre les malades à l'abri des injures de l'air. La petite rivière de Rahmyn fournissait en abondance l'eau si nécessaire à un établissement de ce genre, et le mettait à l'abri d'un coup de main. On établit en outre deux hôpitaux de retraite et de convalescence, l'un à Chafâ-Amr et l'autre dans le beau couvent du Mont-Carmel; un troisième d'évacuation fut placé à Hayfâ; mais tout manquait dans ces infirmeries, le vin, le vinaigre, les médicamens, les lits même, et les médecins ne pouvaient y suppléer qu'à force de zèle et de génie. Plus tard, et afin de porter aux blessés de prompts secours, on improvisa dans un enfoncement, près de l'aqueduc, à la tranchée, une ambulance où l'on mettait le premier appareil aux blessures; mais cette ambulance était exposée au feu de la place, et souvent la mort y frappa à la fois le malheureux qui y venait chercher des secours et le chirurgien qui s'efforçait de conserver un héros de plus à cette intrépide armée.

Dans l'attente de son artillerie de siége, Bonaparte n'osait risquer sans elle un nouvel assaut. Menant de front la diplomatie et la guerre, il avait, dès son arrivée devant Acre, semé comme à l'ordinaire des manifestes bienveillans pour les populations, et recherché les alliances qui étaient à sa portée. Ainsi dans une proclamation aux habitans du pachalyk, il disait : « Dieu donne la victoire à qui il » veut, il n'en doit compte à personne ; les » peuples doivent se soumettre à sa volonté. » En entrant dans ce pays avec mon armée, » mon intention est de punir Djezzar-Pacha de » ce qu'il a osé me provoquer à la guerre, et » de vous délivrer de ses vexations. Dieu qui » tôt ou tard punit les tyrans a décidé que la » fin du règne de Djezzar était arrivée [1]. »

Des influences d'un autre genre avaient été essayées sur les autorités religieuses de Damas. Une lettre écrite au mollah Mourad-Zadéh cherchait à rassurer ce pontife sur l'avenir du culte, et l'engageait à poursuivre les préparatifs habituels du saint pélerinage.

---

[1] Plusieurs phrases de ce manifeste sont textuellement extraites du Koran.

Mais à côté de ces démarches qui tendaient à obtenir des musulmans une attitude passive, Bonaparte faisait d'autres avances plus réelles à une peuplade voisine pour la faire entrer dans une active coopératiou. Cette peuplade était celle des Druzes. Son dernier souverain avait été Omar-Daher, célèbre par ses talens et son courage, victime de Djezzar qui lui avait succédé dans le pachalyk de Sayde. Le fils d'Omar-Daher, Abbas-êbn-êl-Daher, existait dans ces montagnes, et son influence sur ces tribus équivalait presque à celle de leur chef, l'Émir-Bêchyr. Bonaparte fit écrire à l'un et à l'autre. Au fils de Daher, il promit, lui vainqueur, le gouvernement enlevé à son père; à l'Émir, l'indépendance de la nation druze, un allégement de tribut et le port de Beyrout.

La réponse à ces dépêches ne se fit pas attendre; bientôt une députation partie des hauteurs du Liban vint, Abbas-êbn-êl-Daher en tête, saluer le Général français et lui offrir alliance. Ces envoyés druzes furent admis sous la tente de Bonaparte qui leur fit quelques présens, et de ce jour entre eux et les Français data ce pacte d'amitié qui ne fut jamais enfreint.

Nous avons déjà parlé des Druzes dans une

revue sommaire des populations syriennes ; pour compléter notre tâche, quelques traits suffiront.

Il est peu de peuples de l'Orient dont l'origine ait soulevé des opinions plus contradictoires : quelques savans, trouvant dans Hérodote[1] le nom d'un peuple appelé Δηρουσαειοι qui habitait la Perse et qui fut soumis par Cyrus, ont reporté les Druzes jusqu'à ces siècles éloignés.

D'autres savans modernes, abordant une autre étymologie, ont prétendu voir dans les Druzes une colonie de Français croisés, abandonnés dans ce pays, après la prise de Jérusalem par Saladin, à la fin du douzième siècle : suivant eux, ce corps de Français se serait retiré dans les montagnes, sous la conduite d'un comte de *Dreux*, d'où ils auraient pris leur nom, s'y seraient maintenus malgré les efforts des musulmans, y auraient épousé des femmes du pays, et peu à peu mêlé les dogmes du christianisme à ceux de l'islamisme et à des rites idolâtres.

Mais cette seconde opinion est aussi insoute-

[1] Livre I, chapitre 125.

nable que la première, puisque les écrivains orientaux font déjà mention des Druzes dans les siècles antérieurs à cette époque. Il faut donc s'en tenir à l'origine que nous avons donnée [1]; elle est la seule probable et rationnelle.

Ainsi que nous l'avons dit, leur organisation religieuse divise les Druzes en *Oqqáls* (spirituels) et en *Djeháls* (ignorans). Cette dernière classe est la plus nombreuse : son principal dogme est de suivre la religion dominante quelle qu'elle soit. En conséquence ils mangent de tous les alimens que certaines religions proscrivent, boivent du vin, épousent des femmes étrangères à leurs tribus, s'habillent comme les peuples au milieu desquels ils vivent. Quant aux *Oqqáls*, ils sont seuls initiés aux mystères de leur secte, et reconnaissent des lois plus strictes : ils refusent de prêter des sermens, se contentant de cette affirmation, *qolt* (j'ai dit). Il leur est interdit de boire et de manger chez les étrangers; aussi font-ils toujours des provisions dans leurs voyages.

Les vêtemens des Druzes en général sont

---

[1] Tome II, pages 281 et suivantes.

une chemise bleue recouverte d'une robe courte, ne passant pas les genoux, en poil de chèvre et en laine, teinte de différentes couleurs et retenue par une ceinture. Ils sont toujours armés.

Les *Oqqâls* se distinguent par des vêtemens de couleurs simples, presque toujours blancs ou noirs; ils ne portent pas d'armes et ont la tête enveloppée d'un grand turban blanc.

La même distinction a lieu entre les femmes : elles sont divisées en *Djehâtât* (ignorantes), qui usent des mêmes libertés que les *djehâls*, et en *Oqqâlât* (spirituelles), qui sont assujetties à des réglemens plus sévères, ne peuvent porter que des vêtemens simples, s'abstiennent également du serment et n'ont de relations intimes qu'avec les hommes de leur classe.

Parmi les *Oqqâls* quelques initiés, réputés plus saints que les autres, élèvent loin des habitations, dans des réduits solitaires, de petits ermitages qui sont respectés par les Druzes comme les églises chez les chrétiens. Ces édifices, placés presque toujours dans les endroits les plus écartés des montagnes, portent le nom de *Khelouât* (solitudes). Les ermites qui y sont retirés y conservent, dans un coffre fermé à clef, la statue d'un veau couvert d'inscriptions mystérieuses et qu'ils prétendent être l'emblême de leur divinité *Hakem be-ámr-illah* [1]. Tous les vendredis les initiés se rassemblent dans ces chapelles, y récitent quelques versets de leurs livres saints et ne se séparent qu'après avoir mangé ensemble un excellent gâteau de farine et de raisins secs. Le simulacre sacré n'est découvert que dans les grandes solennités.

Les deux classes de la nation se réunissent pour élire parmi les initiés un souverain pontife, auquel ils donnent le titre d'*imám* [2] que portaient autrefois les khalifes. Les émirs sont nécessairement de la classe des *djeháls* (ignorans), c'est pourquoi le grand-émir *Melhen*, qui régnait du temps d'Aly-Bey, abdiqua pour pouvoir être reçu dans le corps des *oqqáls*.

L'admission dans le corps des *oqqáls* n'a lieu qu'après un examen et un long noviciat, et le récipiendaire doit aussitôt après son admission revêtir les habillemens de sa nouvelle classe.

---

[1] Une de ces effigies est conservée au muséum Borgia à Velletri; le savant Adler en a donné la description.

[2] Le titre d'*imám* est à la fois le titre de la suprématie spirituelle et de la souveraineté temporelle.

L'inauguration de l'imâm se fait par un solennel baisement de mains ; c'est lui qui a la surintendance religieuse, préside aux cérémonies, indique les fêtes à célébrer, et remplit toutes les fonctions du suprême sacerdoce ; il accompagne le grand-émir ou *Hakem* dans tous ses voyages et ses expéditions, mais il n'a aucune influence politique.

Du reste les Druzes sont en général robustes et bien faits, accoutumés à la fatigue dès la plus tendre enfance ; leur isolement des autres nations leur a fait conserver les vertus primitives, la frugalité, la bravoure, l'amour de l'hospitalité, la franchise dans les paroles, la sincérité dans les promesses, le dévouement inaltérable dans l'amitié, et la haine de toute oppression.

L'histoire ne nous fournit que peu de notions confuses sur les annales de cette peuplade. Cependant on est certain que vers l'an mil de notre ère, les Druzes habitaient déjà le mont Liban et qu'ils y vécurent dans l'indépendance et dans l'anarchie la plus complète jusqu'à l'an 998 de l'hégire (1588), où *Mourad-ébn-Selym* (*Amurat III*) se vit contraint de réprimer l'audace que leur avaient donnée cinq siècles de tolérance. Le sultan, après les avoir vaincus, leur imposa un chef ou émir nommé *Fakhr-éd-Dyn* (la gloire de la religion) et que nos historiens ont nommé *Facardin*. Amurat rendit cet émir responsable du tribut qu'il leur imposa; mais à peine cet homme fut-il à la tête des Druzes, que, se réunissant à d'autres émirs non soumis, il se révolta contre la Porte-Ottomane, et son peuple devint plus redoutable que jamais.

Depuis cette époque, reconnaissant l'abus d'un pouvoir partagé, les Druzes le réunirent sur la tête d'un seul chef auquel ils donnèrent le nom de *émir-kebyr* (grand prince) ou de *Hákem*, c'est-à-dire gouverneur. Six autres *émirs* formèrent le conseil suprême de la nation, mais l'autorité souveraine et la décision des affaires appartint au seul grand-émir. Ses fonctions consistaient à veiller à l'ordre public; il tenait dans ses mains puissantes les attributions civiles et militaires, et avait le droit de vie et de mort. Chargé de payer le tribut au pacha sur les impôts que lui payaient ses sujets, on avait soin de lui laisser une part dans le bénéfice, afin qu'il eût intérêt à réduire les demandes exorbitantes des Turcs. De peur que le *Hákem* ne tentât, par cupidité, d'augmenter l'impôt, il avait été établi que toute augmentation ne serait payable qu'autant qu'elle serait votée par les notables ou cheyks, qui eux-mêmes étaient tenus de payer les premiers. Quand il s'agissait de faire la guerre, tout homme en état de porter les armes avait voix délibérative. La guerre une fois déclarée, il quittait sa maison muni d'un petit sac de farine de sésame pour sa nourriture, et armé de son fusil, de quelques balles et d'un peu de poudre qu'il avait fabriquée lui-même ; il arrivait, ainsi équipé, au rendez-vous indiqué par le Hâkem qui, seul avec les cheyks, avait le droit de monter à cheval. Ces troupes, sans uniformes, et dont les fusils n'avaient pas même de baïonnettes, ne s'aventuraient jamais dans la plaine ; elles se bornaient à faire des guerres d'embuscades.

L'orgueil national des Druzes était excessif. Fiers de leurs principes républicains et de l'espèce d'égalité qui régnait entre eux et leurs chefs, ils regardaient les Turcs comme des esclaves avilis, et transgressaient leurs lois en se moquant du bâton du kady. Ils luttaient avec feu contre toutes les atteintes portées à leur liberté par l'empire ottoman, et ils lui contestaient le droit de leur donner un chef. Cette dignité chez eux avait été créée héréditaire, dans la famille du premier grand-émir que la nation druze avait élu ; le fils ou le frère du Hàkem décédé lui succédait ; s'il n'y avait pas d'enfans mâles dans la famille, la nation se réunissait en masse pour élire parmi les émirs subalternes l'homme qui méritait le mieux sa confiance. Le dernier Hâkem de ce peuple avait été cet Omar-Daher qui avait fait trembler les Turcs, et rangé sous ses lois tout le pachalyk de Sayde.

Tels étaient les nouveaux alliés de Bonaparte. Sans doute il comptait peu sur leur concours armé pendant la durée du siége ; mais, Acre une fois emportée d'assaut, son plan était d'enrégimenter trente mille de ces auxiliaires, et de marcher avec ce renfort à la conquête du monde. L'événement fit avorter cette pensée; mais elle avait si bien marqué sa place dans la tête du général de l'armée d'Orient, qu'à plusieurs années de là, le premier consul disait encore, à la Malmaison, devant un cercle de familiers : « Quel dommage que je n'aie pas » pu rejoindre mes Druzes ! »

CHAPITRE VIII.

Cruautés de Djezzar. — Nouvelle sortie. — Manifestes du pacha aux populations environnantes. — Révoltes. — Marche du général Vial contre Sour. — Topographie de la contrée. — Marche de Murat vers le pont de Jacob. — *Padre Francesco*. — Aspect du pays. — Marche de Junot sur Nazareth. — Affaire de Loubia.

Quoique Djezzar s'en fût remis pour quelques soins défensifs à l'expérience européenne, il ne s'était pas toutefois effacé au point de faire trêve à ses prouesses instinctives. Le lendemain même du premier assaut, l'armée française apprit que le *boucher* n'avait rien abdiqué de ses pouvoirs, en recueillant sur la plage une foule de cadavres. C'étaient ceux de marchands chrétiens, francs, cophtes ou maronites établis depuis long-temps dans Saint-Jean-d'Acre. Ces infortunés avaient été liés deux à deux, cousus dans des sacs, et jetés à la mer, au nombre de cent cinquante environ.

Au choix du supplice il était facile de reconnaître la main de Djezzar.

Un premier triomphe avait en effet sur-excité toutes les passions du pacha. L'orgueil, la soif du sang, le désir de la vengeance bouillonnaient en lui et ne le laissaient plus douter de la victoire. Dès le surlendemain de l'assaut du 8 germinal (28 mars), il crut pouvoir en finir dans une sortie décisive. Le 10 (30), à midi, on vit déboucher des fossés une multitude d'Arnautes, de Mogrebins, élite de la garnison, qui se précipitèrent dans la tranchée avec des cris furieux. Leur premier choc imprévu et violent jeta quelque confusion parmi nos soldats. Le poste *du Santon* placé en tête des travaux se replia sur celui de *la Fontaine;* l'entrée de la galerie de mine et un boyau qui se trouvait devant la batterie de brèche tombèrent au pouvoir de l'ennemi.

Ce jour-là le général Vial commandait la tranchée. A la vue du danger, quelques minutes lui suffirent pour rallier ses troupes et les ramener à l'ennemi. Le poste *du Santon* fut repris sans effort; mais il était plus difficile de chasser les assaillans de l'entrée de la galerie de la mine; placés là sous la protection du canon des remparts, ils semblaient inattaquables. Le chef de l'état-major du génie, De Troye, officier du plus haut mérite, s'étant hasardé avec plusieurs soldats de son arme, fut renversé mort ainsi qu'une douzaine des siens. Pour en finir, Vial fit demander un renfort à la division Lannes; attaquant alors les Turcs de front et de flanc, il les chassa des ouvrages avancés, et les accula jusque vers des tombeaux voisins de la place, où l'affaire se termina par des décharges de tirailleurs. Leurs munitions épuisées, les assiégés rentrèrent dans Acre protégés par le feu roulant des batteries.

La trente-deuxième brigade, aux ordres du brave Rampon, eut les honneurs de cette journée meurtrière. Un de ses capitaines, Guillet, resta sur le champ de bataille avec quinze soldats; quarante-neuf autres furent grièvement blessés. Le lieutenant Valat, le sergent Taberly, et le sous-lieutenant Molidor, de la dix-huitième, méritèrent une mention particulière dans le rapport du général de division.

Quelque confiance qu'eût Djezzar dans ses moyens de défense, il ne négligeait cependant aucune occasion de susciter des embarras aux assiégeans, et de se ménager des diversions importantes. A cette époque du siége, la seconde enceinte de fortifications n'était pas terminée; un renfort de troupes ottomanes qu'il attendait de Rhodes n'arrivait pas, et pour gagner du temps il résolut d'occuper les Français à l'extérieur. En conséquence il envoya des émissaires aux villes de Sayde, de Damas et d'Alep, aux habitans de Sour et de Nablous pour fomenter une insurrection contre les Français.

Mais, sentant bien que la crainte d'une domination étrangère n'était pas un stimulant assez actif pour un peuple soumis à son atroce despotisme, il mit en jeu le plus puissant levier des autorités musulmanes, le fanatisme. Bonaparte fut représenté dans ses firmans comme un impie, un ennemi de l'Islamisme, apparu en ces contrées pour faire abjurer aux Syriens leurs croyances religieuses. Ses agens achevèrent de gagner les esprits en répandant d'immenses sommes d'argent, sauf à les reprendre par des extorsions, dès que le péril aurait cessé. En outre, et pour inspirer plus de confiance aux insurgés, après leur avoir fait un tableau exagéré des forces de la place d'Acre, et des secours puissans qu'elle recevait des Anglais, il leur peignait les Français comme une poignée de vagabonds, manquant de vivres, d'artillerie, de munitions, troupe décimée que la seule apparition des masses musulmanes dissiperait en un moment.

Ce tableau de la situation difficile des Français, exagéré à dessein, fit une vive impression sur l'esprit des peuples. Damas d'abord, puis Nablous se levèrent en armes. Nablous, jadis célèbre sous le nom de *Sichem*, n'était alors qu'un bourg gouverné par un cheyk qui l'exploitait à ferme moyennant une redevance payée au pacha. Ses habitans passaient pour les hommes les plus heureux et les plus riches de la contrée ; l'éloignement où ils étaient de Damas, leur position au sein de défilés inaccessibles, les préservaient, jusqu'à un certain point, des vexations du gouvernement.

A son tour Sayde, l'ancienne Sidon, séduite par les promesses de Djezzar et encouragée par l'exemple, ne tarda pas à s'insurger. Cette ville, située sur les bords de la mer, au nord d'Acre, est longue d'environ cinq cents mètres et large de cent cinquante. Une tour carrée la défend au sud ; au nord c'est un château bâti dans la mer et que des arches lient à la terre ferme. Entièrement ouverte du côté du rivage, Sayde n'oppose à la descente que les pierres et les sables qui encombrent son port. Du côté de la montagne une muraille, qu'une volée de canon emporterait aisément, est le seul rempart qui en dispute l'accès.

A l'exemple de Sayde et de Nablous, Sour, l'ancienne Tyr, avait pris les armes à l'appel de Djezzar.

Bonaparte comprit tout le danger de ces insurrections concordantes ; il résolut de les étouffer isolément une à une, avant qu'elles eussent pris de la force dans leur jonction. Ainsi le général Vial fut envoyé à Sour, vers le nord, tandis que Murat marchait au nord-est avec ordre de s'emparer du poste de Safed, et que Junot, se dirigeant du côté du sud, accomplissait une mission de surveillance dans le pays des Naplousains.

Le général Vial partit du camp d'Acre le 13 germinal (2 avril), à la tête de cinq cents hommes. Il devait s'emparer de Sour, et y établir une garnison de Motoualys, peuplade indigène, qui avait, comme celle des Druzes, contracté alliance avec les Français. Deux cents de ces nouveaux auxiliaires, conduits par le cheyk Nassour, accompagnaient le général Vial dans cette expédition.

La route fut tracée jusqu'au cap êl-Mecherfy, au travers de la campagne d'Acre coupée de ruisseaux et semée de bois d'oliviers; la troupe expéditionnaire, traversant le *Nahar-Mafchour*, les ruines d'*Akhzib*, la rivière de *Hardouïl*, et plusieurs autres courans d'eau, laissa derrière elle les villages d'êl-Esméryeh, d'êl-Massar, de Zyb, peuplés de Turcs, celui d'êl-Bassâ, habité par les Motoualys; elle gravit la rampe ardue d'êl-Mecherfy, franchit la montagne du Cap-Blanc élevée à plus de trois cents toises sur la mer, et put embrasser de là, dans un vaste rayon, les remparts de Sour et la plaine environnante.

Bâtie sur une presqu'île, cette ville, jadis si fameuse sous le nom de Tyr, présente, dans sa saillie vers la mer, la forme d'un marteau à tête ovale. L'isthme qui joint cette île au continent n'est autre chose que la jetée que fit construire Alexandre-le-Grand pour s'emparer de la place, et dont les sables amoncelés par la mer ont grossi la masse. Sour couvre à peu près la moitié de cette île. Du côté de la terre, elle est défendue par un mur de vingt pieds de haut, que flanque une grosse tour isolée, construit par les Druzes sous l'émir Fakhr-êd-Dyn.

La population de Sour était, à cette époque, de douze à quinze cents personnes dont les trois cinquièmes Turcs et le reste chrétiens : les premiers se livaient au commerce de l'intérieur, les autres au négoce maritime. Les plus aisés parmi les habitans étaient les chrétiens ; ils avaient des maisons commodes et une église tolérée, à prix d'or, par le fanatisme musulman.

Arrivé devant Sour, après onze heures de marche, le général Vial s'aperçut qu'il y avait été devancé par les Motoualys ses auxiliaires. Toute la route fourmillait d'habitans qui s'étaient enfuis de la ville à la première apparition de Nassour et de ses soldats. Hommes, femmes et enfans cherchaient un refuge dans la campagne, traînant avec eux d'énormes paquets de hardes et leurs plus précieux effets. Vial rassura les fuyards, les fit revenir de leurs défiances envers les Motoualys en leur disant que leur troupe était sous ses ordres ; puis engagea les habitans à rentrer dans leurs foyers, ce qu'ils firent presque tous.

Le soir même nos républicains campèrent dans la ville, où, pendant une courte occupation, les gardes furent composées de Français et de Motoualys, de quoi ces derniers parurent flattés et glorieux. Les Tyriens, de leur côté, touchés de la modération du général, concoururent à l'organisation de la contrée et s'habituèrent à la vue des Motoualys, qui devaient y rester en garnison. Grâce à ces mesures promptes et efficaces, rien n'était plus à craindre dans ce rayon, quand Vial rentra au camp d'Acre le 16 germinal (5 avril), trois jours après son départ.

Le corps détaché de Murat n'avait pas fait une excursion moins heureuse. Le général avait quitté sa tente du siége le 10 germinal (30 mars), accompagné de deux aides-de-camp, Colbert et Beaumont, et du commissaire des guerres Miot [1], ayant sous ses ordres quelques compagnies d'infanterie, et une partie du troisième régiment de dragons, commandée par le chef de brigade Bron. Ce jour-là même, ouvrant son chemin d'abord droit à l'est, au travers de pics sauvages et de riantes vallées,

---

[1] Aujourd'hui général Miot.

il avait dépassé *Makr*, laissé Sedyd à sa droite et Gyoulès à sa gauche, parcouru la gorge d'êl-Megd-êl-Koumour; ensuite, remontant au nord-est et côtoyant les hauteurs d'êl-Benâ, d'êl-Ons et de Naféh, il avait franchi à gué la plus grosse rivière qui descende des monts de Kanaan, et avait fait une halte devant le village de Ramâh.

Cette marche au milieu des plus beaux sites du monde ne fut pour les chefs et les soldats qu'une riante promenade. Tout contribuait à entretenir la gaîté du chemin, tout jusqu'à la franche cordialité de leurs guides, jusqu'à l'humeur originale de leur interprète. Cet homme vénérable était un père du couvent de *la Propagande*, établi au Kaire; il se nommait *Padre Francesco*, et quoique rigide observateur de sa règle, et fortement attaché à ses devoirs, il ne se scandalisait pas des joyeuses boutades de nos républicains. Les chefs s'amusaient quelquefois à le tourmenter en lui parlant des joies de ce monde auxquelles il avait renoncé, de ces femmes si belles, des plaisirs qu'on trouve dans leur commerce, des charmes qu'elles répandent sur notre vie. Comment, lui pauvre cénobite, avait-il pu jurer de dompter éternellement ses désirs? Ne craignait-il pas quelque révolte de sa chair? Oh! qu'il lui aurait mieux valu prendre le mousquet, et, au lieu de la vie monotone du cloître, goûter un peu de la vie agitée du camp, de ses périls, de ses émotions, de ses fatigues, et surtout de cette liberté illimitée qu'elle donne!...... *Padre Francesco* se prêtait en riant à la plaisanterie, et toutefois il avait si bien imprimé à chacun le sentiment de ses vertus, qu'on ne se permettait avec lui qu'une familiarité douce et respectueuse. Nul ne le gênait ni ne l'interrompait dans l'exercice de ses devoirs pieux, et à l'heure de ses prières on s'éloignait pour qu'il les pût réciter plus librement.

Après avoir passé la nuit dans le village de *Ramah* et avoir traversé Kafr-Haneyn, où ils reçurent un bon accueil, les Français continuèrent leur route vers le Jourdain par un chemin pierreux, le long des montagnes arides de *Farad* et de *Merou*. Le paysage, d'une beauté sévère, plaisait plus à leurs yeux que l'aspect poudreux et monotone des brûlantes plaines de l'Égypte. Vers la fin de la journée du 11 germinal (31 mars), après avoir traversé à gué un des principaux affluens du *Nahar-él-*

Lymoun, ils arrivèrent sur un plateau qui unit les deux chaînes de collines par lesquelles se terminent les monts de Kanaan, et ils découvrirent, sur leur gauche, le roc aride sur lequel s'élève le fort de Safed. Ce fort ressemblait de loin à ces manoirs gothiques dont le sol de notre Europe est hérissé. Au pied de ses remparts étaient groupées les blanches habitations de la ville, dont le coup-d'œil était pittoresque à cette distance. Le corps de Murat descendit le plateau, et, après avoir traversé une étroite vallée plantée d'oliviers qu'arrose un ruisseau large et profond qui se jette aussi dans le Nahar-êl-Lymoun à peu de distance, il gravit la montagne de Safed et parut bientôt aux portes de la ville.

Sur le bruit de son arrivée, une faible garnison de Mogrebins qui occupait le fort s'était hâtée de l'évacuer. Murat en prit possession. L'infanterie fut logée dans le château, dans le petit fort et dans la tour isolée de *Beryá;* la cavalerie et le quartier-général dans les maisons, à la droite du fort.

A la pointe du jour, le général, laissant la cavalerie à Safed, prit un détachement d'infanterie pour faire une reconnaissance vers le nord. Après quelques heures de marche, il arriva sur un petit plateau situé entre les quatre villages de Magâréh, de Farhân, de Gahoun et d'êl-Zalaryéh; il y campa le 12 germinal (1er avril), et le lendemain s'avança dans les plaines de *Yaqoub* (Jacob), qui s'étendent jusqu'au Jourdain, dans la direction de Damas.

Cette plaine, l'une des plus fertiles de la Syrie, se déploie largement entre les collines qui la bordent. Couverte d'arbres, de fleurs et de moissons, coupée par mille ruisseaux, bornée à l'est par le cours du Jourdain, elle va aboutir, vers le sud-est, au grand lac, aujourd'hui nommé *Birket Tabaryéh*, et connu autrefois sous les diverses appellations de *lac de Tibériade* ou de *Génésareth*, et enfin de *mer de Galilée*. Ce lac, dont les bords bien ombragés contrastent avec les pays arides qui les pressent, ne décrit, dans un contour de plusieurs lieues, que des lignes molles et douces; c'est une mer qui a aussi ses tempêtes et ses accidens terribles, mais qui semble ne se plaire à offrir que des brises tempérées et de gracieux tableaux.

Nos soldats reposaient leur vue sur cette vaste nappe d'eau, célèbre dans l'Écriture, quand leur apparut le fleuve saint, si beau, si grand de gloire traditionnelle. Le voilà, c'est ce Jourdain aux eaux divines, qui remonta vers sa source à la parole de Dieu, et qui maintenant ne traîne à travers les sables qui l'absorbent qu'un flot épuisé et jaunâtre, comme si les sources avaient été taries depuis que la terre qu'il arrose n'a plus de miracles. Près de *Qantarat-Yâqoub* (le pont de Jacob), il coule sur une pente rapide et dans un lit très-resserré. Sur ses bords désolés naissent çà et là quelques frêles arbustes [1]. Le soldat contemplait en silence ces lieux sacrés dont il avait balbutié les noms dans son enfance, et plus d'une fois peut-être le souvenir d'une mère, d'une sœur absentes, vint, avec les idées religieuses que l'aspect du Jourdain avait réveillées dans son esprit, se mêler aux émotions qu'il éprouvait.

Là était le terme de cette course militaire. Murat y campa le 13 germinal (2 avril). N'ayant rien découvert qui pût faire croire au rassemblement ou au passage de quelque ennemi, il se remit en route pour le camp, où il

[1] Ce pont, principal débouché de la route de Damas, conduit à un vaste caravanseray, et il porte plus vulgairement dans le pays le nom de *Gesrbenât-Yâqoub* (la digue des filles de Jacob.)

arriva le 15 germinal (4 avril), la veille du retour de Vial.

Junot, de son côté, avait accompli la mission que lui avait confiée Bonaparte ; arrivé devant Nazareth, après vingt-quatre heures de marche, le 17 germinal (6 avril), il s'était emparé de cette bourgade, et avait détaché à quelque distance un petit corps de cavaliers français, sous la conduite du cheyk Daher et de son frère ; mais, en traversant la plaine qui sépare les montagnes de Nablous de celles de Nazareth, Daher se trouva en face de l'avant-garde ennemie, forte de cinq cents chevaux. A cette vue, le cheyk, trop faible pour courir les chances d'une rencontre, se rejeta dans les montagnes, en donnant avis à Junot de sa situation. Junot se porta vers lui à la première nouvelle reçue. Cent cinquante grenadiers de la 19e de ligne, cent cinquante carabiniers de la 2e légère, aux ordres du chef de brigade Desnoyers, et à peu près cent chevaux commandés par le chef de brigade Duvivier, telles étaient les forces dont il pouvait disposer, et avec lesquelles il rejoignit Daher et son avant-garde.

Parti de Nazareth le 19 germinal (8 avril),

Junot avait envoyé un exprès au Général en chef, pour le prévenir de l'apparition des Damasquins et de sa marche en avant. Le détachement expéditionnaire arriva le même jour au village de Qanâ. Le cheyk Elf-Benel vint au-devant de Junot pour l'engager à ne pas aller plus loin : d'après son récit, les forces du pacha de Damas étaient immenses sur l'autre versant de la montagne.

Junot ne tint compte de cet avis ; il continua sa route jusqu'à ce qu'arrivé au débouché de la vallée de Qanâ, il aperçut deux ou trois mille Turcs qui caracolaient, en petits corps isolés, sur un plateau entre Loubia et le mont Thabor. Peu de minutes suffirent à Junot pour reconnaître l'ennemi et combiner son ordre de bataille. Plaçant son infanterie sur quatre rangs et sa cavalerie à gauche, faisant face au mont Thabor, il se disposait à s'avancer dans la plaine pour s'assurer si aucune réserve ennemie n'existait derrière la montagne, lorsqu'un autre corps de cavalerie turque s'avançant en bon ordre et au petit pas, contre l'ordinaire des Orientaux, déboucha du village de Loubia, et vint compliquer une affaire déjà grave et inégale ; ce nouveau corps était composé de Mamlouks, de Turcomans et de Mogrébins : dans leurs rangs flottaient une grande quantité d'étendards qui indiquaient une troupe régulière.

Le danger, si grand qu'il fût, n'intimida pas Junot; seulement il comprit qu'il y avait quelque chose à changer dans ses dispositions premières. Devinant bien, à l'attitude du dernier corps ennemi, que le plus sérieux de l'attaque aurait lieu avec lui, il fit passer sa cavalerie à la droite, et porta du même côté les trois derniers rangs de son infanterie. Ainsi, le gros des forces françaises faisait tête aux Mamlouks, tandis qu'une simple ligne de grenadiers présentait le front aux Arabes. Ces combinaisons prises, nos soldats attendirent le choc dans le silence le plus profond.

L'ennemi pourtant, n'apercevant qu'une poignée d'hommes dans la plaine, s'attendait à chaque minute à les voir demander merci, et rendre les armes sans coup-férir. Dans cette confiance, il se précipita un peu en désordre sur la ligne des Français; mais accueilli à vingt-cinq pas par une vive mousqueterie, il laissa deux cents des siens sur la place, et tourna bride déconcerté. La cavalerie seule, n'ayant pas un feu aussi redoutable à opposer, fut ébranlée un instant; mais le chef de brigade Duvivier, auquel revient une bonne part de l'honneur de cette journée, rallia ses dragons autour de lui, et prenant à son tour l'offensive : « Mes amis, droit aux yeux ! » s'écria-t-il. Et chargeant à la tête des siens, il joignit l'exemple au conseil. Grâce à cette attitude martiale, sa troupe se maintint dans sa position, et ne se laissa pas entamer. Le second choc fut plus terrible encore : les Damasquins s'étaient comptés de nouveau; dix contre un, il leur paraissait impossible que ce prodige de résistance durât long-temps. Froissés dans leur orgueil, ils se jetèrent au combat avec cette impétuosité qui veut vaincre. Ils se brisèrent de nouveau devant ce mur de fer qui vomissait la mort, et cent cinquante des leurs restèrent encore sur la place.

Après ces deux tentatives générales, il y eut sur les flancs et sur le front des Français une foule d'escarmouches partielles qui les harcelaient sans leur laisser la chance d'un résultat décisif. Ce fut alors que Junot songea à se replier, pour attendre les renforts que devait lui envoyer le Général en chef. A la suite d'un combat de cinq heures, il commença son mouvement de retraite dans l'ordre le plus parfait, et reprit la route de Qanâ avec cinq drapeaux turcs et un grand nombre de prisonniers. Sa troupe ne comptait que douze hommes tués et quarante-huit blessés, tandis que l'ennemi avait jonché de ses morts le champ de bataille. Aussi les Damasquins n'inquiétèrent-ils que faiblement la marche rétrograde de nos soldats.

Cette journée de Loubia ou Loubyeh se détache, dans la campagne égyptienne, comme un fait d'armes chevaleresque digne de nos héroïques paladins. Une foule de traits isolés jaillirent du choc des deux partis. Ici, c'est le général Junot lui-même qui, s'étant écarté un instant pour juger de l'ensemble du combat et reconnu de loin à son panache et à ses marques distinctives, se voit assailli à l'improviste par deux Mamlouks : d'un coup de pistolet il renverse le premier, et assène un coup de sabre sur la tête du second qui s'enfuit à toute bride. Là, c'est un maréchal-de-logis des dragons qui lutte corps à corps pendant plusieurs minutes avec un cavalier turc, pour lui arracher l'étendard que celui-ci défend avec opiniâtreté. Dans ce conflit homérique, on vit les chevaux s'abattre sans que les cavaliers vidassent les arçons; disputé par quatre bras vigoureux, l'étendard allait sans doute voler en éclats, lorsque le Français, plus leste que le Turc, dégagea sa main droite, et termina le combat en plongeant son sabre dans le ventre de son adversaire.

Il serait trop long de citer tous les actes de courage individuel qui marquèrent la journée de Loubyeh. Junot, dans son rapport, fait une mention particulière de son aide-de-camp Teinturier [1], des chefs de brigade Duvivier et Desnoyers, des maréchaux-de-logis de dragons Rousse et Decan, du sergent-major Franquet, et du caporal Lacroix. L'affaire, du reste, parut si brillante au général en chef Bonaparte, que l'ordre du jour, dicté à l'instant même,

---

[1] Cet officier d'état-major joignait à de rares connaissances militaires et à une intrépidité remarquable, le caractère le plus doux, l'amabilité la plus liante, et une espèce de bonhomie naïve, qui faisaient le charme de sa société, et lui avaient fait des amis de tous ses camarades. A l'époque où une société d'amateurs avait créé un théâtre au Kaire, il remplissait avec un vrai talent les rôles d'*Arlequin*, et ses lazzi excitaient le rire même des naturels du pays.

décida l'exécution d'un tableau commémoratif du combat de Nazareth, ou plutôt de Loubyeh. Un concours devait s'ouvrir à cet effet et une médaille de douze mille francs était promise à la meilleure esquisse retraçant ce beau fait d'armes [1].

[1] En l'an IX, ce concours fut ouvert, en effet, pour l'exécution de ce tableau, et les peintres Gros, Lequien, Mesnier, etc., exposèrent diverses esquisses dans la galerie du Louvre. Le jury décerna le prix à l'esquisse de Gros; mais ce monument historique ne fut pas achevé.

CHAPITRE IX.

Continuation du siége. — Nouvel assaut. — Pénurie de munitions — Canonnade de la flotte. — Sortie du 18 germinal. — Mort du major Thomas Alfield. — Préparatifs de guerre d'Ibrahim-Bey et du pacha de Damas. — Pachalik de Damas. — Palmyre. — Marche de Kléber contre les insurgés. — Combat de Chagarah ou de Qaná. — Nouvelle excursion de Murat. — Bataille du Mont-Thabor. — Bonaparte à Nazareth. — Mort de Venture.

Pendant que ces mouvemens militaires s'accomplissaient dans le rayon de Saint-Jean-d'Acre, les travaux du siége se poursuivaient avec la plus grande activité au pied de ses remparts. Malgré les feux combinés de la ville et de l'escadre, nos sapeurs agrandissaient les tranchées, ouvraient des parallèles et creusaient une nouvelle mine. Achevée le 12 germinal (1er avril), elle donna, en éclatant, le signal d'un nouvel assaut. Mais cette fois encore l'explosion manqua son effet; à peine une partie de l'aqueduc qui joignait le mur du glacis

ouvrit-elle par sa chute un étroit passage aux
assaillans. D'ailleurs, pour rendre l'attaque
efficace, il eût fallu entamer largement le rempart. Nos artilleurs avaient bien fait brèche
plus bas que la première fois; mais les Turcs
étaient venus à bout de barrer l'ancienne ouverture, au moyen de poutres, de sacs à terre
et de balles de coton, et le passage en était
devenu impraticable. Vainement, sur l'ordre
du général Dommartin, le lieutenant d'artillerie Digeon [1] avait-il tenté d'incendier cette
barricade : la promesse d'une récompense de
six mille francs, en cas de réussite, n'avait servi
qu'à provoquer un trait d'héroïsme de la part
d'un canonnier isolé, qui seul, se chargeant
d'exécuter l'ordre, et muni de matières inflam-
mables, marcha vers la brèche en face des
Turcs et y attacha le brûlot. Mais toutes ces
tentatives n'avaient obtenu qu'un résultat incomplet. Aussi, lorsque vers les quatre heures
toutes les compagnies de grenadiers de l'armée
se présentèrent à l'assaut, sous les ordres du
général Kléber, elles se virent arrêtées par cet
obstacle dès leurs premiers pas vers la contres-

---

[1] Aujourd'hui lieutenant-général.

carpe. Bientôt les feux croisés des remparts, la mousqueterie qui partait du deuxième étage de la tour carrée, l'impossibilité de pénétrer dans la place par une ouverture où trois hommes marchaient à peine de front, décidèrent le Général en chef à borner là cette démonstration hostile.

A la suite de cet essai, il parut évident que toutes les chances de succès se résumaient dans l'anéantissement de cette tour *maudite*, véritable clef de la place. Cet ouvrage consistait en trois étages voûtés, dont un dans le fossé et deux au-dessus, formant en tout quatre rangs de feux, avec celui de la plate-forme supérieure. Sa hauteur totale prise du fossé était de quarante pieds; son commandement au-dessus du glacis de vingt-quatre; l'épaisseur de ses murs d'environ douze pieds, et sa capacité intérieure de vingt-un de largeur sur vingt-quatre de profondeur : un escalier intérieur en pierre de taille liait ses étages l'un à l'autre.

On songea donc à agir directement sur ce massif par une mine plus considérable que les précédentes. Les premiers travaux en furent commencés le 14 germinal (3 avril).

Quelle que fut l'impatience de Bonaparte, il avait compris qu'il ne fallait pas user l'ardeur de ses soldats en agressions avortées. La présence de canonniers européens dans la ville d'Acre, les fortifications régulières qu'ils y avaient créées, ne lui permettaient plus de se faire un jeu de son entreprise. Il résolut donc de donner du répit à Djezzar jusqu'à ce que les pièces de gros calibre que portait la flottille du contre-amiral Perrée fussent arrivées au camp. L'épreuve était faite de l'impuissance des batteries existantes, et d'ailleurs les munitions commençaient à leur manquer. La chose en était même venue au point qu'un ordre du jour spécial avait attaché une prime d'argent à chaque boulet ennemi que les soldats pourraient recueillir sur la plage. Le taux était pour un boulet de 36 ou 33, vingt sous; de 12, quinze sous; de 8, dix sous. On conçoit sans peine toute l'émulation qui dut en résulter pour cette chasse aux projectiles. C'était jour de fête au camp lorsque *le Thésée* et *le Tigre* saluaient la côte de fréquentes bordées. Les soldats, formés en groupe sur le rivage, semblaient défier les batteries anglaises en s'offrant à elles comme point de mire; et quand ils avaient provoqué une décharge, c'était un spectacle singulier que de les voir courir pêle-mêle à la poursuite des boulets amortis. Dans les jours de vive canonnade, ils en rapportèrent parfois jusqu'à mille dans les parcs du siége. Un soldat de la 13ᵉ demi-brigade en ramassa à lui seul dans une soirée pour plus de quatre-vingts francs. Mais ayant voulu saisir un boulet qui courait encore, il eut le bras fracassé. « Dian-» tre! dit-il, en voilà un qui me coûte cher. »

Souvent encore, pour obtenir une récolte plus abondante, le général Dommartin faisait mine de construire une batterie sur la grève, ou simulait l'armement d'une chaloupe. A ces démonstrations, on était sûr que le commodore anglais répondrait par des volées; car il répétait souvent avec une espèce de jactance que *lui seul disposait du terrain placé sous son canon.* Cette manie fut poussée si loin, que tout objet paraissant sur la plage, homme, cheval, chariot, dromadaire, servait à l'instant de cible aux pointeurs des vaisseaux. Miot [1] raconte à ce sujet que dans une course qu'il fit à Hayfà

---

[1] *Mémoires sur l'Expédition d'Égypte et de Syrie* (an XII).

avec l'ordonnateur en chef Daure et le contre-amiral Gantheaume, les canonnières ennemies, à la vue des chapeaux bordés de ces officiers supérieurs, s'étaient mises à faire feu sur cette petite caravane de cinq ou six personnes. Pour ne pas demeurer en reste, nos voyageurs trouvèrent plaisant de répondre aux coups de canon par des coups de pistolet, et cette espèce de duel, ridicule d'un côté, ironique et de bon goût de l'autre, se prolongea pendant toute la route.

Cette excursion à Hayfâ, qui donna lieu à ce fait singulier, avait été déterminée par un événement non moins étrange. Une caravelle turque, trompée par les signaux, était venue jeter l'ancre au pied du mont Carmel. Le capitaine, croyant débarquer sur un rivage musulman, envoya sa chaloupe à terre avec seize hommes et un officier. La petite garnison de Hayfâ laissa les Turcs aborder le môle; mais à peine eurent-ils pris langue, que le chef d'escadron Lambert parut avec quelques soldats, cerna le débarcadaire, et fit prisonnier tout le détachement. Mis en goût par ce premier succès, Lambert songeait déjà à prendre la caravelle à l'abordage avec quelques dragons, et il l'eût fait si le vent et la houle n'eussent mis obstacle à cette capture.

Depuis l'assaut du 12 germinal (1ᵉʳ avril), le feu des assiégeans avait molli; les troupes qui se succédaient aux tranchées semblaient inactives, et cette trêve forcée venait de retremper d'une nouvelle audace le gouverneur de Saint-Jean-d'Acre et ses auxiliaires. Averti de la marche des troupes damasquines, encouragé à prendre l'offensive par l'attitude de Bonaparte, Djezzar résolut de faire concorder une sortie décisive avec l'attaque combinée de ses alliés du dehors. Sir Sydney Smith s'offrit pour présider à cette tentative. Le commodore commençait alors à redouter l'effet de la grande mine, dont il surveillait lui-même les progrès avec inquiétude, et son but principal était de détruire cet ouvrage avant qu'il fût achevé.

La sortie fut donc fixée au 18 germinal (7 avril). Ce jour-là les assiégés marchèrent vers les lignes des Français sur trois colonnes. Celles de droite et de gauche étaient composées de Musulmans. Mais dans celle du centre, qui menaçait la mine, se trouvait un détachement anglais, tiré des équipages du commodore. Toutes ces troupes, protégées par le feu des remparts, attaquèrent avec vigueur les postes avancés; et il s'ensuivit parmi nos soldats un moment d'indécision ; mais bientôt le canon des places d'armes fit changer la face du combat. La colonne de droite fut la première à se replier : celle de gauche était parvenue à s'emparer de deux pièces et de deux caissons de l'artillerie des guides, lorsque le capitaine Marin, à la tête de cinquante hommes de la 13e demi-brigade, les reprit à la baïonnette, et ramena l'ennemi jusqu'au milieu des tombeaux qui bordent le fossé de la place. Restait la colonne du centre sur laquelle les assiégeans avaient le plus compté. Conduite par le major anglais Thomas Alfield, elle se dirigea sans hésiter vers le masque de la mine ; et déjà cet officier, suivi de quelques soldats compatriotes, allait en forcer l'entrée, lorsqu'un mineur l'étendit à terre d'un coup de pistolet. Les Anglais qui le suivaient et les Turcs les plus avancés furent aussi massacrés un à un, et bientôt cette colonne, rejoignant les débris des deux autres, se hâta de rentrer avec elles dans la place.

Quand la tranchée fut libre d'ennemis, le bruit courut au camp que l'officier tué sur la mine était l'émigré Phélippeaux qui avait voulu faire lui-même cette reconnaissance. Quoiqu'il y eût quelque danger à retirer de là ce cadavre, sous les volées des remparts, Bonaparte donna l'ordre qu'il fût apporté au quartier-général. Quelques grenadiers de la 9ᵉ demi-brigade s'y dévouèrent. On harponna le corps, on le tira dans les lignes; mais ce n'était pas celui de Phélippeaux. L'officier tué se nommait Thomas Alfield; des papiers trouvés sur lui attestaient qu'il avait, en plusieurs circonstances, signalé une grande bravoure, et que le premier il était entré, les armes à la main, dans la ville du cap de Bonne-Espérance. Bonaparte fit enterrer ce brave avec les honneurs militaires, et son tombeau fut placé au milieu des sépultures françaises.

Les choses en étaient là dans le camp du siége, lorsque le Général en chef reçut la nouvelle du combat de Nazareth et de la marche rétrograde de Junot. D'autres rapports, venus de divers points, parlaient aussi de grands rassemblemens de troupes musulmanes. Les Arnautes et les Mogrebins, à la solde du pacha de Damas, venaient de se réunir aux débris des Mamlouks d'Ibrahim-Bey. Ce bey lui-même avait paru sur l'autre versant du Liban, résolu, cette fois, de se mesurer en personne contre les Français. A sa voix les tribus arabes campées sur la lisière du grand Désert et les populations fanatiques des montagnes s'étaient ralliées et tenaient la campagne. Les vastes plaines de Damas fourmillaient de recrues : cette ville elle-même, toute pleine de musulmans exaltés, avait fourni un contingent considérable. Les imams, les muphtis stimulaient encore par leurs prédications l'élan belliqueux, et le gouverneur avait désigné l'un de ses fils pour commander cette armée. Tout présageait donc une diversion puissante : un autre champ de bataille allait s'ouvrir aux Français dans une région nouvelle.

Le pachalik de Damas, où se passaient ces événemens, occupe presque toute la partie orientale de la Syrie. Ainsi que nous l'avons déjà indiqué [1], il s'étend au nord depuis Marrah, sur la route d'Alep, jusqu'à Habroun, dans le sud-est de la Palestine : la ligne de ses limites suit à l'ouest les montagnes des Ansâriéh, celles de l'Anti-Liban, le cours supérieur du Jourdain; puis traversant ce fleuve au pays de Bysân,

[1] Tome IIe de l'*Expédition*, p. 290.

elle enveloppe Nâblous, Jérusalem, Habroun, et passe à l'orient dans le Désert, où elle s'avance plus ou moins, selon que le pays est cultivable; mais en général elle s'y éloigne peu des dernières montagnes, à l'exception du canton de Tadmor ou Palmyre, vers lequel elle prend un prolongement de cinq journées. Dans ce vaste rayon se trouvent enfermés les plaines du Haouran, celles de l'Oronte (*el-Assy*), si riches en dourah, en froment et en coton, le pays de Damas et le haut Beqâa dont le sol, graveleux et maigre, se couvre de mûriers, d'oliviers et d'arbres à fruits.

C'est là, dans cette vallée de sable, où vient mourir la chaîne du Liban, que se déployait autrefois Palmyre, Palmyre dont le nom est resté comme type de fabuleuse grandeur; Palmyre où trôna Zénobie; ville reine avec ses temples, ses palais et ses gloires monumentales! Aujourd'hui encore, après tant de siècles écoulés, la Cité morte paraît si belle dans son cercueil, qu'elle fait pâlir toutes nos capitales vivantes. C'est un coup-d'œil à saisir le voyageur le plus indifférent, lorsqu'au détour d'un double rang de collines, qui s'ouvrent comme un rideau, on aperçoit, dans la plaine muette, ces longues myriades de colonnes qui se découpent à l'horizon. Et, quand on s'approche, que de souvenirs debout ! que de témoignages d'une magnificence éteinte ! Ici des fûts renversés, les uns intacts, les autres brisés en mille pièces; là d'élégans chapiteaux noyés dans le sable et souillés par des reptiles; des sculptures rongées par le temps, des bas-reliefs mutilés, des inscriptions grecques et bilingues sillonnées et presque effacées par les lances des Arabes; ailleurs des tombeaux ouverts et des autels couchés dans la poussière; amas confus de ruines que la pensée pourrait réédifier, tant elles ont gardé leur caractère primitif. Mais cet aspect de destruction n'est pas le même partout : en certains endroits, on dirait que la ville orientale a voulu durer malgré le temps, et que la dent des siècles n'a pu mordre sur elle. De hautes colonnades se dressent encore intactes comme à leur premier jour; elles fuient en longues enfilades et vont aboutir tantôt au péristyle d'un temple, tantôt devant les voûtes élancées d'un arc de triomphe.

Voilà Palmyre, telle que l'âge et les barbares l'ont faite; étendue à demi dans le sable, balayée par les vents du Désert, halée du soleil, mais d'une beauté plus touchante, plus mélancolique que lorsque les richesses de l'Europe et de l'Inde affluaient dans ses bazars, et qu'une population immense ondoyait sous ses splendides portiques.

A côté de ces débris pompeux, Damas, autrefois *Damascus*, maintenant *Demechq* ou *él-Châm* [1], capitale actuelle du pachalik, ne paraîtrait qu'une mesquine bourgade. Résidence des pachas, boulevard de l'islamisme, elle passe pourtant, aux yeux des croyans, pour la merveille des villes. La plaine où elle est assise, au pied d'une des chaînes principales du Liban, est coupée par des milliers de ruisseaux descendus des montagnes environnantes. Ces eaux vives, qui jaillissent de toutes parts et jettent de la fraîcheur dans l'air, ont rendu toute cette vallée l'objet d'un culte idéal pour les Orientaux. Ils n'en parlent que comme d'un *Éden*, d'un lieu de délices; ils vantent la verdure et la fraîcheur de ses vergers, l'abon-

---

[1] Ce dernier nom est aussi celui de toute la Syrie, comme on l'a vu ci-dessus, tome II, page 267. Les Orientaux ont coutume de confondre dans une même dénomination une province et sa capitale. C'est ainsi que *Mesr* est à la fois le nom de l'Égypte et du Kaire, comme il l'avait été antérieurement de *Fostat* et de *Memphis*.

dance et la variété de ses fruits, et dans leur enthousiasme poétique ils lui ont donné le titre de *premier jardin du monde*, la mettant au-dessus des trois autres lieux dotés de ce nom, *Samarcande*, *Chahab-Bouán* et *Basrah*. Cette réputation accréditée dans l'Orient et la position de Damas sur la route de la Mecque, en ont fait une ville sainte [1], une porte de la *Kaábah*. C'est à Damas en effet que se réunissent tous les pélerins du nord de l'Asie et même les Persans venus de Bagdad et de *Basrah* (Bassorah). Le nombre de ces pieux voyageurs s'élève chaque année depuis trente jusqu'à cinquante mille. Plusieurs s'y rendent quatre ou cinq mois d'avance, mais le gros de la caravane n'arrive que vers la fin du Ramadan, et à cette époque Damas, qui ne compte que quarante mille ames, voit sa population doublée. Alors s'ouvre sur les places publiques et dans les rues une foire immense qui se prolonge pendant quelques semaines.

Ainsi placés dans une sphère d'industrie religieuse, les Damasquins passent pour les plus rigides observateurs de la loi mahométane, et la tradition de ce zèle outré s'y est perpétuée

---

[1] Le surnom de Damas est *Él-Cheryf* (la noble).

depuis la domination des khalifes Ommiades qui furent, à des époques antérieures, la secte puritaine de l'islamisme.

Tel était le peuple qui s'était levé comme auxiliaire de Djezzar. Pour le pousser aux armes, on lui avait dépeint Bonaparte comme un ennemi juré du Koran; « il devait, Acre » une fois prise, marcher sur la Mecque, abolir » le pélerinage et détruire Damas en passant. » Cette tactique avait porté ses fruits; Damas était devenue le point central de tous les mécontens de la Syrie, et le fils du pacha se trouvait à la tête d'une armée forte de son nombre et de son fanatisme.

A ces nouvelles Bonaparte prit un parti décisif; il sentit qu'il valait mieux prévenir une attaque que l'attendre dans ses lignes, et à l'instant même il détacha le général Kléber, avec l'ordre de rejoindre à Nazareth le corps de Junot qui faisait partie de cette division. Kléber quitta le camp le 20 germinal (9 avril), fit une marche forcée, bivouaqua le soir même auprès de Bedaouy, sur les bords du fleuve *Nahar-él-Kháledyéh*, en face de Safouréh, et arriva le lendemain à Nazareth. Là, ayant appris que l'ennemi n'avait point quitté sa position de Loubyeh, il se mit en marche dès le 22 (11) pour l'en déloger. Rien ne parut jusqu'à la hauteur de Chagarah; mais au pied de ce village, situé à un quart de lieue de Loubyeh, et à une lieue et demie de Qanâ, Kléber vit des flots de Musulmans se précipiter sur lui des crêtes environnantes. C'était l'armée des pachas, forte de cinq mille cavaliers et de mille fantassins, qui la première avait aperçu de loin son ennemi et manœuvrait pour l'envelopper en étendant ses ailes. Kléber comprit ce mouvement et le prévint. Sur-le-champ il fit attaquer Chagarah, où s'était jetée l'infanterie turque, pendant que le reste de la division, formée en carré, chargeait la cavalerie à la baïonnette. Ce double engagement fut vif, mais court; le village fut emporté, et tout ce corps d'armée se jeta en désordre sur l'autre rive du Jourdain.

L'avantage remporté par Kléber dans cette journée, qui prit le nom de combat de Qanâ, eût été bien plus décisif encore si le manque de cartouches n'avait empêché ce général de poursuivre les vaincus. Il se replia sur Nazareth et fit fortifier la position de Safouréh. Quant à l'armée des pachas, dispersée dans sa fuite, elle ne put se rallier qu'à quelques jours de là : une portion gagna Tabaryéh, l'autre le pont d'Êl-Magamah; mais le plus grand nombre s'agglo-méra dans la position vulgairement nommée *le Bazar* [1].

Bientôt ce dernier point devint le rendez-vous général de tous les corps ennemis, et le 25 germinal (14 avril) la plaine de Soulyn, autrefois Esdrelon, vit déboucher cette multitude armée, où figuraient des mamlouks d'Ibrahim-Bey, des janissaires de Damas et d'Alep, des Mogrebins, des Arnautes et des Arabes syriens, qui firent leur jonction avec les montagnards de Nablous. D'après les calculs des habitans, cette armée comptait cinquante mille soldats; mais, toute exagération à part, elle s'élevait au moins à quinze ou dix-huit mille hommes. Kléber en donna l'avis à Bonaparte, et ajouta qu'il partait pour les attaquer.

D'autres messages parvenus au Général en chef lui annonçaient que le fort de Safed, où Murat avait laissé le capitaine Simon et une garnison peu nombreuse, avait été attaqué par

[1] Le vrai nom arabe de cette position est *khân-ouyoun êl-touggar* (le caravansérail des fontaines des marchands); la désignation d'*êl-Bazar* (le bazar ou le marché) n'est employée que par les fellahs des environs.

l'arrière-garde des pachas. A la vue de ces nombreux assaillans le commandant avait renoncé à la défense du village, et s'était retiré dans le fort où les Turcs le bloquaient étroitement. A diverses reprises l'escalade avait été tentée, mais la bravoure du capitaine Simon et de ses soldats avait fait échouer ces tentatives. Grâce aux mesures prudentes et énergiques de cet officier, la garnison se maintint sans perte d'hommes. Une seule victime périt dans ce siége, et sa mort causa d'unanimes regrets dans l'armée. C'était un jeune Italien nommé Tedesco, que la douceur de ses mœurs et l'aménité de son caractère avaient fait chérir de tous. Né à Florence, il avait embrassé la cause des Français dès leur entrée en Italie. Ce qui était grand et glorieux parlait vivement à cette imagination ardente. Enthousiaste de Bonaparte, il avait tout quitté pour suivre en Orient le jeune capitaine. Malheureux Tedesco! il mourut dans son rêve d'adolescence, obscur et mutilé par des barbares. A quelques jours de là, Murat vainqueur retrouva sa tête fichée sur une pique dans la tente du fils du pacha de Damas.

Il était temps d'envoyer du renfort à la garnison de Safed. Murat se mit de nouveau en route le 24 germinal (13 avril). Cette fois son corps d'armée était plus considérable que dans les premières excursions. A la tête de mille hommes d'infanterie, d'une pièce d'artillerie légère et d'un détachement de dragons, il avait l'ordre de marcher à grandes journées sur le pont de Yaqoub, de s'en emparer, de prendre à revers les troupes qui bloquaient Safed, et d'opérer, s'il était possible, sa jonction avec la division Kléber. A sa sortie du camp, Murat se dirigea vers un plateau d'où l'on distinguait le fort de Safed; mais, au lieu d'y monter en suivant le torrent, il prit la droite, et passa la nuit à l'entrée de la plaine de Yaqoub.

Le lendemain son détachement s'ébranla de nouveau à la pointe du jour. L'obscurité empêcha d'abord de reconnaître l'ennemi; mais, en approchant du pont, on distingua quelques cavaliers qui galopaient sur la droite. Leur nombre s'accrut bientôt, et une fusillade à chaque instant plus nourrie s'engagea dans les défilés des montagnes. C'était la garnison du fort qui, avertie de la présence de Murat, chassait devant elle des hordes d'Arabes et de Damasquins.

Trompé d'abord, et croyant que l'ennemi

se portait sur Safed, le général se dirigea de ce côté; mais, apercevant bientôt des masses de cavalerie sur sa droite, il changea son plan et son ordre de bataille. Une compagnie de carabiniers fut détachée au secours de la garnison, sous les ordres de l'aide-de-camp Beaumont; puis, formant sa troupe en deux bataillons carrés, Murat marcha de sa personne vers le pont de Yaqoub. A la vue des Français, l'alarme fut grande au camp de l'ennemi. Les cavaliers musulmans s'éparpillèrent en groupes confus, et vinrent, suivant leur tactique habituelle, caracoler sur les flancs des Français qui s'avançaient au pas de charge. Bientôt pourtant, au premier feu des tirailleurs, toute cette masse s'arrêta indécise; un Damasquin seul, s'élançant sur le front de bataille, osa venir échanger quelques coups de feu : il tomba victime de son audace; le reste se replia.

A ce moment, nos soldats, échauffés par l'action et par la vue des riches tentes déployées sur l'autre rive du Jourdain, semblaient ne plus marcher, mais courir, mais se ruer à la descente de la colline sur cette brillante cavalerie qui s'entrechoquait au passage d'un pont étroit. Si le corps de Murat avait eu un plus grand nombre de chevaux, un succès plus brillant encore eût couronné cette affaire ; mais quelque alertes que se montrassent nos fantassins, ils ne purent arriver assez promptement au sommet des collines qui encaissent le Jourdain, pour foudroyer de là cette multitude désorientée.

L'arrière-garde des pachas se dissipa comme un nuage devant une poignée d'hommes. Tant fut grande sa frayeur, qu'elle abandonna ses munitions, ses vivres, ses tentes, et tous les trésors qu'elles renfermaient. Jamais victoire ne fut à la fois moins disputée et plus fructueuse pour le soldat ; le butin fut immense. Les Mamlouks, les Osmanlis, les Janissaires, habitués à une vie molle et douce, ne marchaient pas au combat comme nos républicains, nus, sans pain, sans souliers, manquant de tout ; ils traînaient avec eux dans leur camp tout le fastueux attirail du luxe asiatique. Le soir de la victoire, nos soldats purent se nourrir de confitures, de sucreries, si renommées à Damas, et de pâtisseries de toute espèce. Même après un long gaspillage, il y eut de quoi charger plusieurs chameaux de la dépouille des vaincus.

Ce coup de main, à la fois heureux et hardi,

rétablit la sécurité dans ce rayon. Le fort de Safed étant débloqué, le premier but de la mission de Murat était rempli; il songea à réaliser le second en se rapprochant de Kléber.

Ce dernier pourtant, ainsi qu'il l'avait annoncé, avait quitté Safouréh [1] le 24 germinal (13 avril). Ayant reçu dans son camp de Nazareth des munitions, quatre pièces de canon et un renfort de cavalerie, il avait formé le projet de tourner les Turcs dans leur position de Soulyn, et de les attaquer à l'improviste; mais égaré par ses guides et retardé par la difficulté des chemins, Kléber ne put, comme il l'avait projeté, effectuer cette surprise avant le lever du soleil. Arrivé en vue de l'ennemi à six

---

[1] Safouréh est l'ancienne *Diocæsarea*, capitale de la Galilée, et plus anciennement *Sepphoris*, appelée *Tsaphouryn* par les Hébreux. Le nom moderne donné par les Arabes, à cette petite ville, reproduit son ancien nom; et il est à remarquer que, dans tous les lieux de la Syrie et de l'Égypte auxquels les Grecs et les Romains ont donné des dénominations tirées de leurs idiômes, l'ancien nom a toujours prévalu et a été rétabli par les Arabes à l'époque de leur conquête. Constantin y avait fait bâtir une église; mais les habitans s'en étant révoltés contre Gallus César, frère de l'empereur Julien, elle fut détruite par ce prince vers le milieu du IVe siècle. Depuis ce temps elle n'offre plus qu'une misérable bourgade; mais il paraît qu'elle avait été considérable sous les premiers empereurs romains, puisqu'on a des médailles de Domitien et de Trajan, qui y ont été frappées.

heures du matin, il fut aperçu par ses avant-postes placés sur les hauteurs de Gebel-Hermoun, et à la première alerte toute l'armée musulmane se trouva sur pied.

Profitant toutefois du premier désordre, Kléber commença l'attaque en s'emparant d'un petit fortin qu'il garnit d'une centaine d'hommes aux ordres du chef de brigade Venoux. Inaccessible à la cavalerie, ce fortin dominait la plaine, et pouvait tour à tour servir d'ambulance dans le cours du combat et de point d'appui en cas de retraite. Cette précaution prise, le général déboucha dans la plaine. Partagés en deux carrés, les soldats français eurent bientôt toutes les forces musulmanes à combattre. Quatre mille cavaliers se présentèrent d'abord; mais, salués par une vive mousqueterie, ils se replièrent sur deux corps de trois mille hommes chaque, et, revenant à la charge, ils ramenèrent avec eux contre les carrés la masse entière de l'armée ennemie.

Alors, quel spectacle inouï dans les fastes militaires! Deux mille Français sont là, dans la plaine, hérissés de baïonnettes, immobiles comme un bloc de granit, et devant eux dix mille hommes d'infanterie et vingt-cinq mille de cavalerie viennent se heurter sans faire brèche. Les tirailleurs, distribués sur le front des carrés, entament l'affaire par une fusillade active ; ensuite viennent des charges tantôt partielles, tantôt générales, où les Turcs, poussant des cris sauvages, cherchaient à briser ce double mur de fer qui vomissait la mort. A chacune de ces tentatives, les feux de file et la mitraille fauchaient tout ce qui arrivait à portée, hommes et chevaux, et ces cadavres amoncelés formèrent vers le milieu du jour un rempart naturel, derrière lequel les Français se trouvèrent retranchés.

Il était dix heures du matin, et Kléber s'apercevant que l'un des deux carrés commandé par Junot était trop petit pour renfermer les caissons et autres équipages, l'ordre fut donné de se former en un seul carré. Junot, chargé de présider à ce mouvement, le fit exécuter dans l'ordre le plus précis, malgré les efforts des Turcs pour l'empêcher. La lutte continua dans ce nouvel ordre de bataille, toujours meurtrière pour l'ennemi, toujours indécise pour les Français. Le nombre des assaillans semblait, au lieu de décroître, se multiplier sous le canon. Cent fois repoussés, cent fois ces cavaliers revenaient à la charge, cherchant à arracher à la lassitude une victoire que les armes leur refusaient. Il était temps néanmoins que ce combat prît fin. Les munitions commençaient à s'épuiser : quatre heures d'un combat opiniâtre avaient fatigué les courages les plus héroïques, et Kléber, n'espérant plus de secours, cherchait seulement à se maintenir dans sa position jusqu'à la fin de la journée. Il calculait en effet que les Damasquins, d'après la coutume des Orientaux, cesseraient de combattre au coucher du soleil, et il projetait, soit de les poursuivre dans leur retraite, soit d'opérer la sienne en bon ordre.

A une heure de l'après-midi, sa position était la même : un grand mouvement d'hommes au sein de la plaine présageait une dernière attaque générale de la part des Turcs : les soldats, mourant de fatigue et de besoin, se disposaient de nouveau à la résistance; sans espoir de vaincre, ils songeaient à vendre chèrement leur vie, quand soudain un coup de canon retentit au loin, du côté d'Acre. « C'est Bona- » parte! cria-t-on dans tous les rangs; c'est » Bonaparte! la victoire est à nous. » En effet, c'était lui.

Avec sa prévision ordinaire, le Général en chef avait calculé jour par jour, heure par heure, ce que devaient faire ses lieutenans, et ce qu'il devait faire lui-même. Tour à tour il avait détaché Junot, Murat, Kléber, les soutenant l'un par l'autre et prêt à les appuyer.

Le 26 germinal (15 avril), dès la pointe du jour, il avait quitté le camp du siége, ne laissant devant Acre que les divisions Lannes et Reynier, et emmenant avec lui le reste de la cavalerie, la division Bon tout entière et huit pièces d'artillerie. Le soir même il bivouaqua sur les hauteurs de Safouréh, et le 27 (16), à la pointe du jour, il marcha sur Soulyn en suivant les gorges qui tournent les montagnes. Dès les dix heures du matin, il avait aperçu du sommet du mont Qaber Simany, distant environ de deux lieues et demie du champ de bataille, la division de Kléber aux prises avec l'armée ennemie, et, à deux lieues en arrière, le camp des Mamlouks au pied de la montagne de Noures.

A la vue du danger que couraient ses frères d'armes, la petite armée de Bonaparte demanda à grands cris de voler à leur secours; mais lui, plus calme, contint ce premier élan.

Quelque critique que fût la position de Kléber, une halte de quelques instans était devenue nécessaire à ses troupes pour prendre du repos, à lui pour méditer son plan d'attaque. On s'arrêta donc à une demi-lieue du champ de bataille. Là le Général en chef forma son armée en trois carrés, deux d'infanterie et un de cavalerie; l'adjudant-général Leturq reçut l'ordre de se porter vers le camp des Mamlouks avec les escadrons de cavalerie et deux pièces d'artillerie légère. Quant aux deux massifs d'infanterie, Bonaparte les dirigea de manière à présenter à l'ennemi, avec la division de Kléber, les trois angles d'un triangle équilatéral de deux mille toises de côté. L'armée turque devait, dans le plan du Général, se trouver au milieu de cette figure, et pressée de toutes parts, isolée de son camp, coupée dans sa retraite sur Tabaryéh, il ne devait plus lui rester d'autre chance que de se rejeter sur le Jourdain, où le corps détaché de Murat compléterait la victoire. C'est à ce moment, quand il eut tout prévu, manoeuvres et résultat, que Bonaparte fit tirer une pièce de 12. Ce signal, la division de Kléber le comprit; elle y répondit avec intelligence et avec bonheur.

En effet, au bruit de ce canon lointain, Kléber, devinant Bonaparte, changea brusquement d'attitude. Résigné jusqu'alors à son rôle défensif, il prit sur-le-champ l'offensive, et prévint les Turcs qui allaient l'attaquer. A la tête de quatre compagnies, le général Verdier, se détachant du carré, s'élança vers Soulyn que défendait l'infanterie turque, tandis que Junot secondait l'effet de ce mouvement avec un piquet de cavalerie. A la suite d'une vive résistance, le village fut emporté à la baïonnette, et cet avantage était obtenu lorsque Bonaparte arriva sur le champ de bataille. Alors, la 32ᵉ demi-brigade, conduite par l'intrépide Rampon, se précipita au pas de charge, et attaqua l'ennemi en flanc et à dos. Le général Vial, à la tête de la 18ᵉ, marcha vers la montagne de Noures, pendant que les guides à pied et la cavalerie se portaient à toute course vers Genyn [1], pour couper sur ce point la retraite aux Musulmans.

A la vue de ce grand mouvement stratégique, l'armée ennemie perdit contenance. Refoulée pendant un jour entier par une division seule, comment pouvait-elle espérer de

---

[1] L'ancienne *Ginæa*, limite entre la Galilée et Samarie.

tenir tête à ces nouveaux renforts, commandés par un homme dont la réputation était déjà colossale dans l'Orient? Bonaparte avait paru dans la plaine, et déjà cette nuée de combattans s'arrêtait frappée de stupeur. Nul ordre n'était exécuté, nulle voix de chef obéie : dans le vertige de la peur, hommes et chevaux s'embarrassaient les uns les autres, s'entassaient, s'entrechoquaient, et n'offraient plus de résistance. Bientôt une débandade générale s'ensuivit. Pressés dans toutes les directions, haletans, éperdus, les fuyards rencontrent le général Vial sous la montagne de Noures, les guides à pied du côté de Genyn; à chaque issue ce sont des bataillons français qu'une tactique habile semble avoir multipliés; enfin, cette armée entière s'échappe à grand'peine en se précipitant derrière le Mont-Thabor, d'où, poursuivie toujours, elle gagne pendant la nuit le pont d'êl-Magamah. Nos soldats poussèrent les Turcs jusque-là, la baïonnette dans les reins, et, sur ce passage étroit, un grand nombre de fuyards trouva la mort dans les eaux du Jourdain.

Cette victoire si brillante fut complétée le lendemain par Murat et son détachement. Dès le 27 germinal (16 avril) Murat avait de nouveau traversé la plaine de Yaqoub et laissé sur la gauche Capharnaum [1]. Le lendemain, à la première aube, il parut devant Tabaryéh [2]. Cette ville, entourée de hautes murailles, n'aurait pu être enlevée en un coup de main. Mais déjà, sans doute, la nouvelle de la grande bataille avait semé l'épouvante dans la forteresse; car les Français la trouvèrent sans garnison. La prise de Tabaryéh fut donc

---

[1] Le nom de cette bourgade de l'ancienne Galilée, si célèbre par les récits des évangélistes, signifie littéralement *le village de Nahoum*, le mot *Kafar* étant commun à toutes les langues orientales dans la signification de *bourgade, village*. Capharnaum fut long-temps la résidence du Christ, et saint Mathieu la dépeint comme une ville florissante. Maintenant c'est une bourgade presque ruinée et qui semble avoir vérifié l'anathême porté contre elle par le Christ quand il lui adressa ces paroles : « *Capharnaüm, quæ usque in cœlum evecta es, ad inferos deprimeris.* » Matth. xi. 23.

Capharnaum ne fut habitée que par des Juifs jusqu'au règne de Constantin-l'Ancien, qui y fit bâtir une église ainsi qu'à *Diocésarée (Safouréh)* et à *Tibériade (Tabaryéh.)*

[2] Ancienne Tibériade, construite par Hérode-Antipas en l'honneur de Tibère : elle fut, dans les premiers siècles de notre ère, le siége de la plus célèbre académie de l'Orient connue sous le nom de l'*École de Tibériade*. Elle avait été, sous Hérode Tétrarque, la capitale de la Galilée; mais elle perdit ce titre lorsqu'elle fut donnée par Néron à Agrippa-le-Jeune. Au cinquième siècle, elle fut le siège d'un évêché. Ses eaux thermales ont de tout temps été célèbres. Au sixième siècle, elle fut reconstruite par Justinien, et visitée au septième par Héraclius. Plusieurs médailles y ont été frappées.

un coup de fortune ; on trouva dans la place d'immenses magasins de réserve. Le commissaire des guerres Miot, chargé d'en dresser l'état, y constata l'existence de quatre mille ardebs [1] de grains, deux mille de dourah et deux mille d'orge : n'eussent été les difficultés du transport, Tabaryéh aurait seule pourvu à la nourriture de l'armée jusqu'à la fin du siége.

Telle fut la bataille du Mont-Thabor ou d'Esdrelon [2], si utile dans ses résultats, si admirable dans son ensemble; c'était, sans contredit, le plus étonnant entre les beaux faits d'armes qui avaient signalé le passage des Français en Égypte et en Syrie. Quatre mille de nos soldats venaient de culbuter, d'anéantir trente-cinq mille adversaires : six mille Turcs étaient couchés sur le champ de bataille, tandis que la perte, du côté des Français, s'élevait à peine à deux cents hommes. Les blessés, au nombre de cent environ, furent transportés à Nazareth, dans le couvent de la Terre-Sainte, où l'on avait établi un hôpital.

[1] L'*ardeb* pèse 578 livres, poids de marc.
[2] Le second nom est le plus exact sous le rapport topographique, car le champ de bataille était réellement dans la vallée d'Esdrelon; mais le Mont-Thabor était en vue à quelques lieues. Le nom de bataille du *Mont-Thabor* a prévalu historiquement.

Des deux généraux qui coopérèrent au succès de cette grande journée chacun doit avoir sa part faite dans la gloire qui en résulta. Ce que le froid héroïsme de Kléber avait commencé, le génie de Bonaparte l'acheva; il ne fallut pas moins que l'action combinée de ces deux grands chefs militaires pour mettre au néant cette armée que les Orientaux, dans leur style métaphorique, disaient *aussi nombreuse que les étoiles et que les grains de sable de la mer.*

Grâce à la bataille du Mont-Thabor, désormais le camp du siége n'avait plus à redouter d'attaques extérieures; on avait conquis des munitions de guerre et de vastes magasins de vivres, purgé tout ce territoire d'ennemis, délivré le fort de Safed, enlevé le camp des Mamlouks avec cinq cents chameaux et cent cinquante prisonniers, enfin donné une leçon terrible aux villages de Noures, de Genyn et de Soulyn qui, d'accord avec Djezzar, n'avaient cessé, depuis l'arrivée des Français, de piller leurs convois, et d'assassiner leurs escortes. Malgré les supplications des habitans, ces trois bourgs furent incendiés; leur population devait d'abord être comprise dans cette vengeance, mais Bonaparte se laissa fléchir.

L'armée bivouaqua sous le Mont-Thabor, dans la nuit du 27 au 28 germinal (16 au 17 avril), et sous cette date mémorable Bonaparte fit expédier l'ordre du jour aux différens corps de l'armée française qui occupaient Tyr, Césarée, les cataractes du Nil, Alexandrie, les bouches Pélusiaques et les rives de la Mer-Rouge. Le lendemain, après avoir visité la montagne si célèbre par la transfiguration de Jésus-Christ, le Général en chef se remit en route pour SaintJean-d'Acre.

Sa première halte eut lieu à Nazareth où il vint coucher. Situé au milieu des montagnes, ce petit bourg est pittoresquement assis entre deux bouquets de bois, l'un de sycomores, l'autre de dattiers. La majeure partie de ses habitans est chrétienne, et l'accueil qu'ils firent au détachement français sembla emprunter à ce lieu biblique une teinte patriarcale.

Les anciens de Nazareth étaient venus attendre le Général en chef près d'une fontaine antique où de nombreux bestiaux se désaltéraient; ils le saluèrent comme leur hôte, et les habitans remplirent le même devoir à l'égard des soldats de l'escorte. Bonaparte et son état-major passèrent la nuit dans le couvent de Nazareth.

Ce couvent, évidemment bâti du temps des Croisés, est peu considérable; mais l'empressement et la cordialité des pères qui l'habitaient suppléaient à tout. Le lendemain on conduisit le Général dans l'église : petite et délabrée, elle n'offrait de remarquable que la chapelle qui fut, dit-on, la chambre à coucher de la Vierge. Le supérieur, Espagnol de naissance, mais parlant bien l'italien, fit remarquer à Bonaparte, du côté gauche de l'autel, une colonne de marbre noir dont le fût est engagé dans le plafond, mais dont la base est brisée à quelques pieds du sol, de telle manière que la colonne en paraît comme suspendue. Le prêtre ajouta avec beaucoup de gravité : « Que » lorsque l'ange Gabriel vint annoncer à la » Vierge sa glorieuse et sainte destinée, il tou- » cha du talon cette colonne qui se brisa à » l'instant. » A ce miraculeux récit, l'état-major ne savait plus comment contenir ses rires; mais Bonaparte, d'un regard, commanda le sérieux, et il fut observé.

Le long du cloître gisaient une trentaine de blessés de la veille. Quelques-uns de ceux qui l'étaient grièvement demandèrent, en apercevant des prêtres, les secours de la religion. Sans doute sur des hommes de pareille trempe, l'influence des lieux, ces noms de Nazareth, de Marie, de Jésus-Christ, durent entrer pour beaucoup dans cette démonstration caractéristique.

C'est à Nazareth que Bonaparte et l'armée perdirent un des hommes qui leur avait été le plus utile, et qui pouvait l'être encore, Venture, premier interprète du Général en chef, et pour ainsi dire son ministre pour tout ce qui concernait les pays et les populations de l'Orient. Chéri de tous les Français qui l'approchaient, il avait su se créer une grande influence sur tous les musulmans, juifs ou chrétiens de l'Égypte et de la Syrie : familiarisé avec leurs mœurs, leur histoire, nul ne savait mieux que lui diriger leurs opinions, et leur faire vouloir ce que voulait Bonaparte. Ce vieillard avait passé sa vie presque entière dans l'Orient ; aussi la composition de sa famille se ressentait-elle de sa vie errante. Sa femme était Grecque, sa fille Égyptienne et son gendre Polonais. Sa perte a eu peut-être une action funeste sur le succès de l'expédition. Il fut vivement regretté de tous [1], et le Général en chef le remplaça par le jeune Amédée Jaubert, son digne élève, qui se montra son digne successeur.

A la suite de sa courte station à Nazareth, Bonaparte poursuivit sa route vers le camp du siége, où il arriva le 1er floréal (20 avril) avec son état-major, la division Bon et le corps de cavalerie aux ordres de Murat.

Kléber, resté seul dans les montagnes, entre le Mont-Thabor et Nazareth, prit position le 28 germinal (17 avril) au village Khân-ouyoun-êl-Touggar, vulgairement nommé le *Bazar*, avec ordre d'occuper les ponts de Yaqoub et d'êl-Magamah, les forts de Safed et de Tabaryéh, et de surveiller toute la ligne du Jourdain.

[1] Le respectable Venture, ancien drogman de l'ambassade de Constantinople, secrétaire interprète du Gouvernement pour les langues orientales, professeur de turc à l'Ecole spéciale des langues orientales vivantes, était un de ces hommes qui par un heureux et rare assemblage réunissent les qualités morales les plus précieuses aux connaissances profondes. Qu'il me soit permis de profiter de cette occasion pour rendre un juste hommage à la mémoire du savant modeste dont j'ai reçu avec reconnaissance les inappréciables leçons et qui n'a pas dédaigné d'être, malgré mon jeune âge, à la fois mon maître et mon ami.   J.-J. MARCEL.

CHAPITRE X.

Travaux du siége. — Contre-attaques des assiégés. — Arrivée de Perrée devant Jaffa. — Artillerie de siége. — Croisière de l'escadre. — Mission de Leturq contre les Arabes. — Achèvement de la grande mine. — Son explosion. — Assauts des 5 et 6 floréal. — Prise de la tour. — Dévouement du lieutenant Moret. — Mort de Fuseaud. — Désespoir de Favier. — État moral de l'armée. — Mort de Caffarelli et d'Horace Say. — Camp de Murat.

Pendant l'absence de Bonaparte rien de saillant ne s'était passé sous les murs de Saint-Jean-d'Acre. Le 26 germinal (15 avril), jour même du départ pour le Mont-Thabor, Djezzar avait bien tenté une nouvelle sortie ; mais, repoussé vivement par les postes de la *citerne* et du *réservoir*, il s'était de nouveau abrité dans la place.

Cependant les travaux avançaient toujours : les deuxième et troisième parallèles étaient presque achevées, et les sapeurs travaillaient déjà à vingt toises de la contrescarpe : quoique enitèrement à découvert, ils n'avaient pas recours à la sape volante ; creusant le terrain à genoux et dans le plus grand silence, ils apportaient dans leur tâche aventureuse une hardiesse dont on ne saurait trop faire l'éloge. La troisième parallèle surtout exigea des peines infinies. Cet ouvrage, enfilé par le canon du phare qu'on n'avait pas pu éteindre et par les batteries du corps de place, présenta de grands obstacles dans son exécution, à cause d'un grand nombre de tombeaux en pierre qui se trouvaient sur cet alignement. La démolition de ces monumens funèbres non-seulement offrit d'immenses difficultés matérielles, mais elle eut encore un résultat funeste par l'effet moral qu'une pareille violation produisit sur l'esprit des mahométans.

Toutes les opérations des lignes d'attaque devenaient d'ailleurs d'autant plus pénibles, que les assiégés exécutaient de leur côté plus de travaux de défense. Le 1er floréal (20 avril), Phélipeaux avait fait commencer une place d'armes extérieure pour couvrir la porte de la ville située à droite du front des remparts et près du bord de la mer. Jusqu'alors, d'après le témoignage de sir Sydney Smith, cette porte n'avait été fermée que par un gros bloc de pierre que l'on ôtait et remettait lors de la sortie et de la rentrée des troupes [1]. Cette place d'armes servit à défendre d'une surprise ce côté de la ville. Une fois retranchés sur ce point, les ingénieurs turcs poussèrent des lignes de contre-approche qui prenaient à revers les attaques des assaillans et entravaient les communications d'une parallèle à l'autre.

Bonaparte rentrait à peine sous sa tente de Saint-Jean-d'Acre, qu'un messager venant de Jaffa lui apporta l'heureuse nouvelle de l'arrivée en ce port du contre-amiral Perrée et de sa petite escadre. Parties sous ses ordres d'Alexandrie avec un parc d'artillerie de siége et des munitions suffisantes, les frégates *la Junon*,

---

[1] En arrivant devant Saint-Jean-d'Acre, l'opinion des ingénieurs était que la place n'avait point de fossés. Le témoignage unanime des Druzés et des Motoualis, la relation de Volney, qui concordaient sur ce fait, semblaient l'établir d'une manière irrécusable. Il fallut voir et toucher pour croire le contraire. Et pourtant ni Volney ni les Druzes n'avaient complétement tort. Le fossé existait bien, haut de quinze pieds, devant la tour carrée et sur le front d'attaque; mais il allait mourant et se comblant à mesure qu'il se rapprochait du rivage et des portes de la ville. Ainsi, les voyageurs et les paysans des environs, n'ayant jamais abordé Saint-Jean-d'Acre que de ce côté, pouvaient croire et dire que nul fossé n'existait autour de la place.

la Courageuse et *l'Alceste* avaient échappé à la croisière qui bloquait les ports égyptiens : chassées sur les côtes de la Syrie par *le Thésée*, capitaine Miller, elles n'avaient dû leur salut qu'à leur marche rapide et à une explosion survenue par accident sur l'arrière du vaisseau qui les poursuivait. Perrée, à peine mouillé devant Jaffa, s'était empressé de mettre à terre trois pièces de 24 et six de 18. Dès le jour même, elles furent dirigées sur le camp du siége où elles étaient vivement attendues.

Pour utiliser son escadre, Bonaparte donna l'ordre à Gantheaume et à Perrée d'aller croiser sur le littoral de la Syrie. Ils devaient surveiller et capturer les convois de vivres en destination pour Saint-Jean-d'Acre. Cette mission maritime contrecarrée par les Anglais resta sans résultat; mais une excursion intérieure, faite à la même époque par l'adjudant-général Leturq, fut plus heureuse et plus utile à l'armée.

Il s'agissait de châtier des hordes d'Arabes qui inquiétaient les lignes extérieures du siége et coupaient les communications. En Syrie, comme en Égypte, avaient reparu ces flaireurs de butin, ces rôdeurs infatigables qui ceignaient le camp comme d'un cordon, pillaient les convois et massacraient les hommes isolés. Une foule de victimes étaient tombées sous leurs coups, sans qu'on pût les venger par des représailles ; et les fourrageurs n'osaient plus s'aventurer hors de la vue et de la protection des postes.

Ces Arabes campaient alors dans les solitudes du Mont-Carmel ; les gorges de ce pic leur servaient de repaire et d'entrepôt. Cette montagne célèbre [1], le premier point qui, à une assez grande distance, s'offre au regard du voyageur qui vient attérir sur la plage syrienne, n'est qu'un prolongement de la vaste chaîne dont le Liban et l'Anti-Liban sont les principaux anneaux. Elle s'en détache et s'avance

---

[1] Autrefois *Carmelum promontorium*, maintenant *Berya-Karmel*. La portion qui domine le petit mouillage du nord-ouest porte le nom particulier de *Tal-él-Semak* (colline du Poisson). Cette montagne faisait partie de la tribu d'Issachar. L'ordre monastique des Carmes a tiré son nom de cette montagne parce que ces religieux se donnent pour fondateurs le prophète Élie et Élisée son disciple. Le Carmel était autrefois cité pour la richesse de sa végétation, pour ses forêts et ses vergers productifs. Isaïe décrit ses fontaines vives, ses populeux villages et son aspect délicieux.

Saint Louis, à son retour de sa première croisade, obtint du supérieur du couvent du Mont-Carmel six moines qu'il emmena à Paris, où la reine Jeanne d'Évreux, femme de Philippe-le-Long, leur fit bâtir un couvent.

vers la mer où elle se termine par une chute abrupte. C'est un pic rocailleux, écrasé, au sud, d'environ trois cent cinquante toises d'élévation. Rien de plus triste et de plus monotone que son aspect : à peine aperçoit-on quelques traces d'une maigre végétation sur les couches argileuses qui recouvrent ses larges bancs de pierre calcaire. Le chakal, l'ours et la hyène sont à peu près les seuls habitans de ce désert, et toutefois quelques vignes sauvages, quelques oliviers verdissant çà et là au milieu des broussailles, sembleraient indiquer qu'en des temps plus heureux la main de l'homme a porté son industrie sur ce terrain désolé. La cime du mont forme une petite plaine d'environ quatre lieues de diamètre, et nommée autrefois le *champ des Melons*. C'est là, dit-on, que se retira le prophète Élie pour se dérober aux persécutions d'Achab, roi d'Israël, et une chapelle marque encore la place de son séjour. On y montre, au visiteur curieux, sa grotte, sa fontaine, près de laquelle existe un couvent de carmes. Ce lieu, également sacré pour les chrétiens, les juifs et les musulmans, est visité par de nombreux pèlerins des trois religions.

Voilà dans quelle contrée Leturq et ses trois cents compagnons devaient poursuivre les hordes vagabondes qui inquiétaient les alentours du camp français. Marchant à travers des rocs arides et des chemins ardus, ils arrivèrent à l'improviste devant les tentes arabes, cernèrent le camp, tuèrent ceux qui firent résistance, dispersèrent les autres, s'emparèrent de toutes leurs richesses, et reparurent sous Acre deux jours après, chassant devant eux un troupeau de huit cents bœufs, butin précieux pour l'armée.

Cependant la grande mine sur laquelle reposaient tant d'espérances, commençait à toucher à sa fin. Vingt-un jours durant, on avait travaillé à cet ouvrage souterrain, retardé tantôt par les sorties de l'ennemi, tantôt par l'effet des bombes, et enfin par le manque d'air. Dans le plan primitif, on devait pratiquer sous la tour trois fourneaux disposés en trèfle ou triangle équilatéral, espacés entre eux de dix-huit pieds, et cette disposition aurait permis de faire sauter la masse entière : mais déjà, à plusieurs reprises, on avait été sur le point de se trouver face à face avec le mineur ennemi, et, pour lui échapper, il avait fallu s'enfoncer douze pieds plus bas que le sol du fossé. Pour éviter une rencontre fâcheuse, force avait été de renoncer à l'établissement du trèfle, et de se réduire à la confection de deux fourneaux espacés de huit pieds seulement, et chargés de six cents livres de poudre chacun. Afin d'augmenter les décombres, on pratiqua sous le glacis, à trois pieds de la galerie principale, un globe de compression que l'on chargea également de quinze cents livres de poudre.

On en était là le 5 floréal (24 avril), à neuf heures du matin. Dès la pointe du jour, toutes les batteries françaises avaient commencé leur feu sur le front d'attaque : elles venaient d'éteindre l'artillerie des assiégés, et les troupes désignées pour l'assaut se trouvaient réunies dans les tranchées, toutes pleines d'ardeur et d'impatience. La mine joua et avec elle le globe de compression : au bruit de l'éboulement, à la vue de tant de débris, on eût dit que la tour s'était soulevée de terre, et qu'elle s'abîmait dans le fossé. Mais la fumée et la poussière ayant disparu, on reconnut bientôt que le tiers à peine de l'édifice avait croulé sous l'effet de la poudre; ses courtines de droite et de gauche, une portion de la face gauche, ses flancs gauche et droit, étaient encore debout; de telle sorte que le corps de la place n'était pas ouvert, et qu'en réalité il n'existait pas de brèche. Un souterrain, placé sous la mine même et dont on ne soupçonnait pas l'existence, avait en partie absorbé l'effet de l'explosion.

Néanmoins, pour profiter d'une terreur première, Bonaparte ordonna l'assaut. Quinze carabiniers de la 2e légère se détachèrent en avant-garde, et gravirent la rampe que formaient les décombres; mais une fusillade, partie des étages supérieurs de la tour et des courtines adjacentes, ayant mis quatorze de ces braves hors de combat, le gros des troupes qui marchait derrière eux n'osa s'aventurer sur leurs traces [1].

Un second assaut fut ordonné vers les

---

[1] Le seul carabinier qui survécut à cette attaque était un nommé Louis Lablachée, plus connu dans le corps sous le sobriquet de *Lachaussée*. Ce brave, né à Porquéricourt, département de l'Oise, en 1770, avait fait toutes les campagnes de la révolution. Sa modestie et son éducation ne lui permettaient pas de sortir du rang de simple soldat; mais il tint à honneur de rester toute sa vie dans la brigade où il avait fait ses premières armes. A l'époque de la création de la Légion-d'Honneur il fut désigné l'un des premiers pour en faire partie. Décoré le 4 brumaire an XIII, il mourut des suites de ses blessures le 14 brumaire an XIV, regretté de tous ses camarades.

trois heures. La division Bon devait y marcher tout entière, et à sa tête les braves 18ᵉ et 32ᵉ demi-brigades. Par malheur, dans l'intervalle, l'ennemi avait eu le temps de se reconnaître. Retranché au deuzième étage et sur la plateforme supérieure de la tour, il avait pris une position d'où il pouvait foudroyer les assaillans sans avoir rien à craindre de leurs décharges. A peine nos soldats se présentèrent-ils de nouveau devant la brèche, que des pierres, des grenades, des pots à feu et autres matières enflammées, tombèrent sur eux de toutes parts, et qu'une mousqueterie à bout portant les réduisit de nouveau à la retraite. Au bruit de ce nouvel échec, Bonaparte ne put maîtriser son impatience. Placé en observation sur l'épaulement de la batterie *du réservoir*, il s'élança l'épée à la main vers le milieu du combat, dans l'intention de se mettre à la tête des troupes et de les ramener à la brèche. Ce fut avec grand'peine qu'un maréchal-de-logis de ses guides put l'arrêter à quelques pas de là : il fallut même qu'il usât de violence pour l'empêcher d'accomplir ce coup de tête [1].

[1] Ce fait s'est passé sous les yeux de M. le maréchal-de-camp Renard, alors adjudant-major à la 13ᵉ demi-brigade.

Le lendemain, 6 floréal (25 avril), toute la journée fut employée à battre en brèche pour débusquer l'ennemi des étages supérieurs de la tour, et pour ouvrir enfin un passage dans la place. Vers les six heures du soir, le brave Laplane, capitaine des grenadiers de la 32ᵉ demi-brigade, parvint à s'emparer du premier étage de l'édifice, et à s'y loger avec une trentaine d'hommes sous une partie de voûte encore subsistante. Là, sans pouvoir presque se tenir debout, entassés dans une encoignure, les grenadiers cherchèrent un point de communication avec les étages supérieurs. Un escalier existait bien encore le long du flanc gauche : mais très-étroit et placé qu'il était sous le feu des créneaux, tous les hommes qui voulurent y pénétrer furent mis hors de combat. Exaspérés de ne point trouver d'issue et d'essuyer, sans pouvoir y répondre, la mousqueterie de l'ennemi qui communiquait par la gorge et occupait les débris des voûtes supérieures, nos soldats demandèrent à grands cris des échelles, dont le transport avait été retardé par la mort du capitaine de génie Brûlé, tué en montant à l'assaut. A cet appel, le lieutenant du génie Moret s'élança avec douze sapeurs munis d'outils et d'échelles. Arrivé sur les décombres, il en fit appliquer une sur-le-champ au flanc droit de la tour, et pénétra seul dans le second étage dont il opéra la reconnaissance. L'examen attentif des lieux lui prouva que toute tentative de ce côté resterait infructueuse. En l'état, ce retranchement ne pouvait pas être forcé, et l'eût-il été, il ne donnait aucun accès dans la ville. Dans cette mission toute volontaire et qu'entouraient tant de périls, le lieutenant Moret aperçut, en descendant par l'escalier intérieur, des Turcs qui roulaient de gros ballots de laine. Leur but, dans ce travail, était de construire au sein du fossé même une espèce de caponnière pour prendre à revers la rampe de la brèche. Comme cette découverte pouvait beaucoup influer sur la direction future des attaques, Moret se hâta d'en porter le résultat au quartier-général. Remplacé dans son service par le lieutenant Fuseaud, et profitant d'un instant d'inaction, il s'élança vers la rampe de la brèche, couverte de pots à feu et balayée par la fusillade de la plate-forme. Sauvé comme par miracle, les habits percés de balles ou brûlés par la poix fondue, il aborda le Général en chef qui se trouvait sur le terrain de l'attaque, et lui rendit compte de ce qu'il avait vu. Dès ce moment, Bonaparte resta convaincu que tout assaut serait stérile jusqu'à ce que la tour entière fût au niveau du sol. A l'heure même, il fit appeler le lieutenant des mineurs Liédot, pour combiner l'établissement de plusieurs fourneaux de mine.

Ces deux journées des 5 et 6 floréal (24 et 25 avril) coûtèrent sans fruit une foule de soldats et plusieurs officiers distingués. Au nombre des blessés, figurait le général Vaux, qui s'était mis à la tête des tirailleurs, et les encourageait par son exemple. Parmi les morts, on eut à regretter le lieutenant Fuseaud, jeune homme de dix-huit ans, qui périt dans les décombres de la tour où il dirigeait le travail des sapeurs. Ce Fuseaud avait au camp de Saint-Jean-d'Acre un ami, un autre lui-même : c'était l'ingénieur des ponts-et-chaussées Favier [1], doué d'une ame ardente et impressionnable. Ils habitaient la même tente, et ne se quittaient que quand le service l'exigeait. L'armée les avaient nommés *les inséparables*. La catastrophe qui les sépara si brusquement fut l'occasion d'un tou-

---

[1] Maintenant inspecteur divisionnaire des ponts-et-chaussées.

chant épisode qui fit du bruit dans le camp de siége.

Au moment où Fuseaud partit pour la brèche, Favier le suivit jusqu'à l'extrémité des ouvrages avancés. Forcé de s'en séparer, ses regards étaient encore attachés sur lui, lorsqu'un coup de feu parti des créneaux vint frapper l'objet de tant de sollicitude. A cette vue, Favier s'élança malgré les balles, chercha, trouva, emporta ce corps mutilé et presque sans vie jusque dans la tente commune. Là, n'ayant pu sauver son ami, il resta plusieurs jours dans la stupeur ou dans le délire. Souvent on le voyait disparaître pâle, les yeux hagards, les vêtemens en désordre, et on le retrouvait couché sur la fosse de Fuseaud, à demi enterré, et grattant la terre comme s'il eût voulu une fois encore embrasser son ami. Dans ces heures d'exacerbation, Favier vouait à l'anathême et à la malédiction la guerre, les conquérans, l'armée, Bonaparte et lui-même. Ses amis attristés cherchaient en vain à adoucir ce violent paroxisme de douleur, et à étouffer ses imprécations si intempestives dans la position où se trouvait l'armée.

Le hasard voulut que Bonaparte fût témoin de l'une de ces scènes. Le 7 floréal (26 avril), il parcourait, avec le médecin en chef Desgenettes, le front de bandière du camp, lorsque des cris attirent son attention : il se dirige vers le lieu d'où ils partent, et s'arrête à l'entrée d'une tente où il reconnaît Favier. A la vue du Général, l'accès de l'infortuné était devenu plus intense encore. Écumant, se tordant les membres, il exhalait avec fureur ses imprécations contre les hommes avides de conquêtes qui sacrifient tant de victimes à leur ambition; il allait même jusqu'à désigner l'expédition actuelle et son Général en chef. Tous les assistans étaient émus et inquiets : on n'osait prévoir quel effet produirait sur le chef de l'armée une provocation aussi directe.

Bonaparte restait calme et attentif; mais ce calme lui-même avait quelque chose d'effrayant, et les témoins de la scène s'attendaient à une explosion. Lui pourtant, se tournant, toujours impassible, vers le médecin en chef : « Voyez-vous, Desgenettes, lui dit-il;
» voyez-vous cette gorge qui se gonfle, ces
» traits qui se tourmentent, ces membres qui
» se tordent, ces yeux qui brûlent comme des

» charbons ardens....... voilà comme un pein-
» tre devrait représenter Alexandre dans son
» désespoir après la mort de Clitus. » Puis il
se fit apporter une fiole d'opium, et en présenta
lui-même à Favier une forte dose qui calma
sur-le-champ ses convulsions et son délire. Le
Général en chef se retira ensuite sans témoi-
gner la moindre émotion, et comme si les
paroles délirantes de Favier eussent eu pour
objet tout autre que lui. Seulement, comme
pour faire diversion à la crise maladive de l'ingénieur, il le fit inviter à dresser une reconnaissance des lieux qu'il avait récemment
parcourus, et où s'étaient livrés les derniers
combats de Nazareth, de Qanâ et du Mont-
Thabor. D'autres versions racontent que, rentré au quartier-général, Bonaparte dit à Croisier avec un accent sévère : « Que ce jeune
» homme ne recommence pas, car je le ferais
» fusiller. »

La position dans laquelle se trouvait alors
l'armée rendait, il faut le dire, de pareils
exemples dangereux. Cette résistance inaccoutumée que le soldat avait rencontrée dans Saint-
Jean-d'Acre, lui, dont l'habitude était de vaincre
presqu'au premier coup-d'œil, avait répandu

dans toutes les tentes du siége une tristesse et un découragement profonds. Depuis plus d'un mois, les plus vaillantes troupes du monde se brisaient en vains efforts devant une bicoque orientale, et la chance au bout de ce temps n'était pas plus belle qu'au premier jour. Toutes les illusions nourries jusque-là étaient anéanties; les petites aisances avaient même disparu. Les Druzes et les Motouâlis, quoique restés fidèles à la mauvaise fortune, commençaient néanmoins à devenir des fournisseurs moins zélés : leur bazar improvisé manquait de provisions, et l'armée se voyait souvent réduite à son chétif ordinaire. Encore, pour y pourvoir, que de soins, que de peines incessantes ! L'ordonnateur en chef Daure était obligé de suppléer par son génie actif à l'insuffisance des ressources. Tantôt c'était l'argent qui manquait, tantôt les vivres, tantôt les moyens de transport; il fallait combattre ici la mauvaise volonté des naturels, là le gaspillage de l'armée. Le peu de commissaires des guerres qu'il avait emmenés avec lui semblaient se multiplier; douze employés environ suffisaient à ce vaste service. Aussi pour eux pas un instant de trêve. Miot, Grosbert, Colasse, Michaux, Capus, Reybaud, Colbert, Duval, etc., ne quittaient la tranchée que pour paraître dans les ambulances, ou pour aller remplir dans les villages environnans des missions ingrates et périlleuses.

Dès les débuts du siége, on avait organisé une fabrication de pain qui resta en activité jusqu'au moment du départ. Le moulin de Mefchour ou Tanous, situé à quelques lieues dans les terres, celui de Cherdâm ou Kerdaméh, placé sur le Belus un peu en arrière du camp, travaillaient nuit et jour à la mouture des grains. Des fours, des pétrins, une panneterie, tout avait été créé comme par enchantement. Mais il fallait faire arriver les grains jusque-là, acheminer les convois par des plaines infestées d'Arabes, et tenir des réserves prêtes en cas d'accident. Tant que durèrent les magasins de Hayfà, de Chafà-Amr et de Nazareth, les obstacles furent moindres et les approvisionnemens assez faciles; mais lorsqu'il fallut puiser à l'entrepôt de Tabaryéh, à travers des chemins rocailleux et sur un territoire hostile, la prévoyance éclairée de l'ordonnateur en chef, le dévouement de ses employés furent mis à de rudes épreuves. D'ailleurs les caravanes arrivant de ce dernier point portaient presque toujours du sésame ou du dourah, et ces grains donnaient un pain pâteux, malsain, qui filait sous la dent comme une colle épaisse.

L'armée murmurait, et ce n'était pas justice; car l'état-major et le Général en chef lui-même n'avaient pas d'autre nourriture que celle du soldat. La table de ce dernier ne se distinguait des autres que par un rigorisme de frugalité : les repas y étaient courts et les mets fort peu abondans; à peine y servait-on une bouteille de vin pour dix personnes [1].

Mais le soldat ne tenait pas compte de cette communauté de privations. Il souffrait, et s'en prenait de ses souffrances à tous et à chacun. Il exagérait même le côté mauvais de sa position; car chez lui la fibre de l'énergie, de l'im-

---

[1] Quelques jours après l'explosion de la grande mine, un de nos collaborateurs se trouvait invité chez le Général en chef. Le repas fut triste comme on peut le croire; l'on était même arrivé au milieu du dîner sans que personne ouvrit la bouche, quand tout-à-coup Bonaparte, rompant le silence, apostropha Costaz qui était placé à ses côtés. « Eh bien! monsieur Costaz, que font nos femmes en France » pendant que nous sommes ici ? » Cette question abrupte parut si étrange au savant, si peu en harmonie avec les impressions du jour, que la réponse lui manqua. Ce fut là toute la conversation du dîner.

passibilité, s'était détendue. Le jour, la nuit, il était obsédé par une idée fixe, la récapitulation de ses misères. Le service de la tranchée devenu de jour en jour plus pénible; des travaux auxquels il fallait à chaque instant retoucher; les scorpions et les reptiles venimeux dans le jour; dans la nuit, les cris lugubres des chakals; l'odeur infecte des cadavres qui pourrissaient dans les parallèles; une dissenterie intense qui s'était déclarée dès le début du siége; et enfin la peste qui commençait alors à faire quelques victimes : tout contribuait à jeter du noir sur la situation de l'armée. Confiante jusqu'au fanatisme dans le génie de son jeune chef, elle se prenait pour la première fois à douter de lui : elle faisait encore son devoir sans doute, mais elle ne faisait que son devoir. Ce n'était plus cet enthousiasme, cet entraînement qui improvise les grandes choses; c'était l'obéissance à la consigne, froide, calme et sans élan. Soldats et officiers avaient pris l'attitude d'hommes résignés à périr. Chaque jour les rangs s'éclaircissaient : sur quinze officiers de l'état-major du génie, composant la brigade du siége, dix étaient déjà hors de combat, et les plus beaux noms de l'armée figuraient sur ces tables mortuaires.

Au premier rang de ces victimes, il faut citer le général Caffarelli-Dufalgua commandant le génie. Quinze jours auparavant, le 20 germinal (9 avril), il avait voulu visiter lui-même la mine qu'on pratiquait alors sous la tour, et surveiller la direction de son dernier rameau. Il passait le long du mur de profil du glacis, la main appuyée sur sa hanche, comme à son habitude, pour faciliter le mouvement de sa jambe de bois, et dans cette position son coude seul se trouvait à découvert; mais le tir des Turcs était si prompt et si juste qu'une balle, tirée du haut de la tour, vint le frapper dans l'articulation. Caffarelli tomba en poussant un cri; ses douleurs étaient si vives qu'il fallut le rapporter au camp sur un brancard. Le chirurgien en chef Larrey jugea l'amputation nécessaire et l'exécuta de la manière la plus heureuse. Durant les premiers jours, la blessure n'offrit pas de caractère alarmant. Caffarelli conversait avec ses amis, il parlait déjà de reprendre son service et avait imaginé un moyen de se tenir à cheval avec une jambe et un bras de moins; mais, au treizième jour, une fièvre nerveuse saisit le blessé et le consuma lentement. Pendant tout ce temps, ses frères d'armes lui prodiguèrent les soins les plus tendres et les plus assidus. Le Général en chef lui-même venait deux fois par jour sous la tente du malade. On dit, et nous le répétons sans l'affirmer, que dans l'une de ces visites une discussion assez vive s'éleva entre le Général en chef et le commandant du génie, et que de là naquit cette crise qui conduisit Caffarelli au tombeau. Toutefois nous aimons mieux croire, d'après la version la plus répandue, que si une peine morale avança la fin du général, elle prit sa source dans les désastres d'un siége qui moissonnait l'élite de son arme. Sa préoccupation à ce sujet était telle qu'on ne pouvait guère lui dissimuler la vérité sur le sort des officiers dont il remarquait l'absence : « Ces pauvres jeunes gens, disait-il, c'est moi » qui les ai séduits, qui les ai entraînés; et » pourquoi ? Pour les faire tuer devant une » bicoque ? » L'un d'eux surtout l'inquiétait vivement : c'était le chef de bataillon du génie, Horace Say [1], qu'il avait fait son chef d'état-

---

[1] Né à Lyon, frère du célèbre Jean-Baptiste Say, savant professeur d'économie industrielle, qui, livré à l'étude de l'économie politique, a publié d'excellens ouvrages sur cette matière.

major. Quand il apprit, à force d'instances, que cet officier, son élève et son ami, avait été grièvement blessé, il tomba dans l'abattement le plus profond.

Les derniers momens de ce savant militaire furent marqués par des scènes de haute et profonde philosophie. Dans le délire de la fièvre, brisé par des douleurs atroces, il se soulevait à demi sur son lit de mort; les yeux animés, la voix sonore et claire, il dissertait sur les plus graves questions d'économie politique, science qui avait été l'étude spéciale de toute sa vie. Les assistans restaient émerveillés devant cet esprit si lucide jusqu'à sa dernière pensée, devant cette éloquence qui semblait avoir transformé une couche funèbre en tribune académique. On eût dit Socrate jaloux, avant de quitter la terre, d'y laisser, comme un héritage, tout ce qu'il savait de vérités utiles.

Enfin, le 8 floréal (27 avril), après dix-huit jours de cruelles souffrances, Caffarelli expira. Il fut enterré en face des tentes du quartier-général. Devant sa tombe s'amortirent quelques passions malveillantes dont il avait été l'objet, et l'on peut dire que l'armée tout entière porta son deuil. Voué dès son adolescence au service du pays, Caffarelli avait rendu d'éclatans services dans les guerres de notre révolution. Citoyen vertueux, savant distingué, soldat intrépide, joignant tous les dons du génie à ceux du cœur, doué d'une ame belle et pure, grand, généreux, désintéressé, il s'était rendu cher à tout ce qui l'approchait, et la patrie perdit en lui un de ses plus nobles enfans.

Voici son éloge funèbre tel que le Général en chef le consigna dans l'ordre du jour du lendemain : « Il emporte au tombeau les regrets » universels : l'armée perd un de ses plus bra- » ves chefs, l'Égypte un de ses législateurs, » la France un de ses meilleurs citoyens, les » sciences un homme qui y remplissait un rôle » célèbre. »

A deux jours de là mourut aussi le jeune Horace Say, ami intime de Caffarelli. Comme lui il avait été blessé au bras, il avait subi comme lui l'amputation, et comme lui il périt avant d'avoir réalisé toutes les espérances qu'avaient fait concevoir sa haute capacité et ses brillans débuts. Livré aux mêmes goûts, aux mêmes études que Caffarelli, il était un des membres les plus distingués de l'Institut du Kaire, auquel il donna plusieurs mémoires importans sur la topographie et l'économie politique de l'Égypte ¹.

Ces scènes de deuil ne contribuaient pas peu à jeter sur l'ensemble du camp une physionomie sombre et inquiète. Un seul quartier avait su s'en défendre : c'était celui qu'occupait la cavalerie de Murat. Soit que cela vînt du lieu de son bivouac, placé loin de la tranchée et sur le penchant d'une colline, au débouché de la route de Nazareth ; ou bien de l'exemple du chef qui réagissait sur le soldat, toujours est-il qu'aux plus mauvais jours du siége, on retrouva là cette gaîté française qui semblait anéantie ailleurs. La nostalgie, le chagrin, la peur de la contagion, n'avaient point de prise sur cette enceinte privilégiée. On y riait des privations; on y jouissait avec délices du peu de plaisirs que comportaient le lieu et la circonstance.

[1] Say avait été l'un des fondateurs de l'École Polytechnique où il professait les fortifications. Son amitié pour Caffarelli le porta à le suivre en Égypte. Il s'était distingué par sa bravoure à l'attaque d'Alexandrie, et il fut un des premiers qui y pénétrèrent : à la révolte du Kaire, il soutint avec une poignée de braves les efforts d'une populace furieuse qui fondait sur la maison de Caffarelli et y fut blessé grièvement.

Murat avait été créé pour cette vie d'insouciant optimisme. Devant Saint-Jean-d'Acre comme en Europe, comme partout, le général se levait au point du jour, et prenait autant de soin de sa toilette que s'il avait été attendu dans un salon; puis il rassemblait son état-major autour d'une table élégante et passablement fournie : après quoi chacun allait où commandait le service. A midi c'était son heure de visites; il se rendait au camp pour savoir des nouvelles, et se trouvait de retour à cinq heures pour dîner, car il avait fidèlement conservé les habitudes parisiennes. Tout concourait à rendre sa vie molle et douce; tout, jusqu'à la tente sous laquelle il campait et qu'il avait capturée au Jourdain. Cette tente n'était pas fermée comme les autres; ses toiles latérales ne touchaient point la terre; elle s'ouvrait à la brise sans être accessible au soleil, et de loin paraissait comme suspendue dans l'air. Là, doucement couchés sur un divan, le général et ses compagnons fumaient, dans leurs longues pipes, de l'excellent tabac, autre butin du combat de Safed; ils devisaient joyeusement sur ces belles maîtresses qu'ils avaient laissées en France, sur les plaisirs de Paris, sur les fêtes qui les attendaient à leur retour. Tout était pour eux amusement et distraction. Quand venait le soir, ils s'émerveillaient à voir, de la hauteur, les vives fusillades qui s'engageaient sous le rempart, les bombes qui sifflaient dans l'air, les pots à feu qui illuminaient le ciel. Non pas que le général fût indifférent aux souffrances des autres : au contraire, il y sympathisait si bien, qu'éloigné de la tranchée par la nature de son service, il demanda comme une faveur d'aller y partager les risques de ses compagnons d'armes; mais telle était la trempe de son ame, que les émotions les plus fortes de la guerre n'excluaient pas chez lui les impressions de l'épicuréisme le plus raffiné; il fallait, à cet autre Alcibiade, du plaisir pour lui faire prendre goût à la gloire. A l'avant-garde, quand on pouvait à chaque instant être surpris par l'ennemi, quand les plus hardis n'osaient se livrer au sommeil, on l'avait vu, faisant traîner avec lui toutes les commodités de la vie, jeter là ses habits, ses armes pour dormir mollement; et quand on le sollicitait d'agir avec plus de prudence, quand on lui demandait ce qu'il ferait si l'ennemi venait à le surprendre à l'improviste : « Eh bien, répondait-il,

» je monterais à cheval en chemise, et l'on me
» distinguerait mieux dans l'obscurité. » C'est
lui qui, toujours fidèle à son caractère, lorsqu'il se sera fait plus tard une fortune de roi,
marchera à l'ennemi, chargé d'or, de diamans
et de panaches, éblouissante parure qui le désignera comme un noble but à tous les coups;
c'est lui qui, tombé dans un piége infâme,
conjurera les assassins de ne pas tirer au visage
afin que la mort même n'altère pas la beauté
de cette martiale tête. Né aux temps de la république athénienne, Murat aurait marché au
combat comme on s'asseyait à un banquet,
sans casque, sans bouclier, la tête couronnée
de roses, et aux sons de la flûte d'Ionie.

CHAPITRE XI.

Ouvrages des assiégans. — Contre-ouvrages des assiégés. — Corps de l'artillerie. — Nouvel assaut. — Attaque de la courtine de l'Est. Surprise nocturne. — Héroïsme de Rostaing. — Mine éventée. — Compagnies d'éclaireurs. — Assaut du 17 au 18 floréal. — Apparition d'un convoi turc. — Assaut du 18 au 19. — Combat du 19. — Mouvement de Rambaud. — Défense de Djezzar. — Retraite des Français. — Massacre de deux cents grenadiers. — Découragement. Persistance de Bonaparte. — Nouvelles attaques. — Armistice refusé. — Manifeste de la Porte, contresigné par sir Sydney Smith.

A mesure que l'ardeur de l'armée française allait s'atténuant, l'audace de la garnison semblait s'accroître. Enhardi par nos échecs successifs, Djezzar songeait à reprendre l'offensive, et l'ingénieur Phélipeaux lui préparait les voies en poussant les travaux extérieurs jusque dans les parallèles des assiégeans. Non content d'avoir établi une place d'armes sur sa droite, il en entreprit une seconde sur sa gauche à la hauteur du palais de Djezzar, et appuyée également à la contrescarpe. De là il avait poussé des lignes de contre-approches qu'il menait de front avec celles de la droite, de manière à prendre à revers toutes les tranchées des assaillans, et à se ménager des flancs très-avantageux sur tout le front d'attaque. Ces ouvrages s'exécutaient facilement, protégés qu'ils étaient par le canon des remparts. La supériorité numérique des ennemis, la grande quantité de travailleurs, les ballots de coton dont ils formaient les épaulemens, hâtaient la confection de leurs projets de défense. En peu de jours ils eurent flanqué de droite et de gauche toute la tour, élevé des cavaliers et placé en batterie des pièces de vingt-quatre.

Pour neutraliser de semblables empiétemens et ruiner les travaux qui devenaient plus menaçans chaque jour, il eut fallu plus de munitions et plus de pièces que n'en avait notre corps d'artillerie. A diverses reprises on avait essayé de détruire les contre-attaques de l'ennemi, mais tout se réduisit à pouvoir enclouer quelques pièces, et il fut impossible de se maintenir dans ces ouvrages dominés par la tour et les murailles. On se borna donc à construire des traverses dans les deuxième et troisième parallèles, à élever des cavaliers de tranchée, à confectionner des places d'armes et des boyaux pour opposer à ceux de l'ennemi ; annulant ainsi ses progrès, et lui disputant le terrain pied à pied. On ordonna encore de saper contre eux, de sorte que les travailleurs turcs et français n'étaient séparés que par deux ou trois toises de terrain et marchaient les uns contre les autres. Enfin on établit des fougasses qui donnaient le moyen d'entrer dans le boyau ennemi et d'y détruire tout ce qui n'était pas sur ses gardes.

A la même époque l'artillerie eut aussi de grands travaux à exécuter. Jusqu'alors, et sur l'ordre formel de Bonaparte [1], qui comptait en finir promptement, on avait construit à la hâte des batteries et contre-batteries, sans donner

---

[1] Ceci est un fait authentique, et en voici à l'appui la preuve irrécusable. Dans les premiers jours du siége, Bonaparte, visitant la batterie de brèche commandée par le capitaine Digeon, témoigna à cet officier son étonnement de ce qu'il donnait douze pieds d'épaisseur à l'épaulement, et de ce qu'il s'amusait (c'était son mot) à revêtir les joues des embrasures; puis lui posant amicalement la main sur l'épaule : « Ces officiers des écoles, dit-il, visent à trop de perfection dans leurs » travaux; à quoi bon tant de précautions en campagne ? Le principal, » c'est d'économiser du temps. » Nous tenons ces détails de M. le lieutenant-général Digeon lui-même, acteur dans cette scène.

aux épaulemens le relief et l'épaisseur convenables, et sans revêtir même les joues des embrasures. Mais lorsqu'on se rapprocha du corps de place et qu'on se trouva vis-à-vis des retranchemens extérieurs de l'ennemi, on sentit le besoin de retoucher ces fortifications hâtives, on agrandit alors quelques-unes des anciennes batteries, on en éleva de nouvelles, soit pour contrebattre celles des remparts, soit pour foudroyer la petite tour et sa courtine : plusieurs d'entre elles furent également fermées à la gorge, pour mieux résister aux sorties. Le corps des artilleurs porta dans sa tâche difficile un zèle et une activité qui ne se démentirent pas un seul jour. Généraux, officiers, soldats, tout mit la main à l'œuvre. Le chef d'escadron d'Anthouard, les capitaines Digeon, Vailli, Doguereau frères, Thierry, y signalèrent leur talent et leur courage. Certes, si l'insuffisance des moyens n'avait trahi de si héroïques efforts, Acre n'aurait pas tenu huit jours contre les Français.

Le 12 floreal (1er mai) un renfort arriva pourtant à nos braves artilleurs. Une portion des pièces de calibre debarquées à Jaffa venait de parvenir au camp, et l'on s'empressa de mettre en jeu 4 pièces de 18, pour battre en brèche cette tour qui semblait indestructible [1]. Vingt grenadiers furent encore commandés pour pénétrer dans cet ouvrage, mais, au moyen du boyau qu'il avait poussé dans le fossé, l'ennemi prit les assaillans à revers et les fusilla à bout portant. En vain ces braves cherchèrent-ils à se maintenir sur ces décombres, et à se frayer une issue vers Saint-Jean-d'Acre; cette tentative comme les précedentes, ne servit qu'à prouver l'impossibilité d'y entrer par cette voie.

Dans ce même moment les assiégés avaient fait sortir à leur droite un corps nombreux de troupes qui attaquèrent les postes français. Djezzar s'était flatté d'obtenir sur eux quelqu'avantage pendant que l'attention se trouvait absorbée sur un autre point; mais deux compagnies de grenadiers fondirent sur les Turcs avec tant de vigueur et par un mouvement si

---

[1] Cette tour avait été construite par le célèbre Ahmed-ebn-Touloun, sur la fin du troisième siècle de l'hégire, neuvième de l'ère vulgaire, lorsque, devenu maitre de l'Égypte et de la Syrie, il releva les fortifications de Jaffa, d'Acre et de Sour. C'est cette même tour qui, suivant les historiens des croisades, arrêta si long-temps les efforts des croisés et retarda la prise de cette ville par les Chrétiens.

bien calculé, qu'elles coupèrent ceux qui s'étaient le plus avancés et les culbutérent dans la mer. Cette sortie coûta au pacha cinq cents de ses plus vaillans soldats.

Il n'y avait plus à se faire illusion ; on s'était trompé sur le choix du point d'attaque. Cette tour carrée si long-temps battue et alors toute trouée de boulets n'était qu'un hors-d'œuvre dans les fortifications de Saint-Jean-d'Acre : n'offrant aucun débouché à l'intérieur, sa ruine totale ne devait aboutir à aucun résultat. Il fut donc résolu que l'on prendrait un autre point de mire. Bonaparte donna l'ordre d'ouvrir une seconde brèche dans la courtine de l'Est, de pratiquer une sape pour marcher sur les fossés, d'y attacher le mineur et de faire sauter la contrescarpe. Tous ces travaux occupèrent les assiégeans jusqu'au 15 floréal (4 mai). La nouvelle mine était surtout difficile à exécuter. Pour y arriver, les travailleurs étaient obligés de se glisser à plat ventre le long de la sape de bout, sans qu'on pût ni les éclairer ni les soutenir.

Les Turcs de leur côté ne poussaient pas leurs contre-ouvrages avec une ardeur moindre. Inquiétés d'abord par le feu des batteries françaises, qui dirigeaient sur eux un feu terrible et presque continuel, ils n'avançaient que lentement et avec precaution. Mais le manque de poudre et de munitions s'étant de nouveau fait sentir dans le camp du siége, leur besogne se trouva entourée de moins de périls. Ils en profitèrent pour avancer leur sape de droite qui devait empêcher les assiégeans de communiquer de la tranchée avec leur nouvelle mine.

Cet ouvrage menaçait trop sérieusement les lignes françaises pour que Bonaparte ne cherchât pas à l'annuler. Il projeta à cet effet une attaque nocturne, comptant sur la répugnance des Orientaux à combattre au soleil couché.

Mais le gouverneur de Saint-Jean-d'Acre n'était pas rigoriste en matière religieuse, et d'ailleurs sir Sidney Smith et Phélipeaux lui avaient fait comprendre tout le péril d'un semblable préjugé dans une guerre contre des Européens. Aussi les troupes du pacha se trouvaient-elles constamment sur leurs gardes, prêtes à repousser les surprises la nuit comme le jour. Nous avons vu même que Djezzar avait poussé la précaution jusqu'à organiser autour de ses remparts un cordon de lanternes.

Quoi qu'il en soit, l'attaque fut préparée, et les grenadiers désignés pour l'accomplir marchèrent dans l'ombre et le silence. La surprise eut d'abord un plein succès. Les Français pénétrèrent au milieu des ouvrages ennemis, assaillirent, culbutèrent, massacrèrent en partie les postes avancés, enclouèrent même trois canons. Mais le feu de la place qui plongeait sur le lieu de l'action, rendit bientôt le poste intenable, et nos grenadiers abandonnèrent les ouvrages conquis avant d'avoir pu les renverser ou les détruire. A la pointe du jour, déjà les assiégés y étaient rentrés.

Cette attaque si périlleuse avait été signalée par un fait d'armes digne des combats homériques. Un des guides de Bonaparte, le brave Rostaing, était le premier monté sur le retranchement ennemi. Au moment où il atteignait la crête de la muraille, l'échelle se rompit sous lui et le laissa seul exposé aux coups des assiegés. Quatre soldats turcs l'entourèrent le sabre à la main, et pendant quelques minutes Rostaing soutint contre eux un combat inégal. Mais, voyant que la chance allait lui être défavorable, il saisit corps à corps le plus dangereux de ses assaillans, l'enleva et le jeta en bas du rempart, ouvrit le crâne du second et fondit sur les deux autres qui s'enfuirent en toute hâte devant un athlète si vigoureux [1].

Les plus grands efforts de l'ennemi se portaient alors vers la galerie de la nouvelle mine destinée à faire sauter la contrescarpe qui défendait la courtine. Après plusieurs tentatives inutiles, le 17 floréal (6 mai), l'ingénieur Phélipeaux prit le parti de couper la contrescarpe le plus près possible de la mine. Cet ouvrage souterrain venait alors d'être achevé, mais dans l'attente d'un convoi de poudre qui devait arriver de Ghazah, le général Dommartin voulut, contre l'opinion de Bonaparte, en remettre l'explosion au jour suivant. Ce retard fit tout avorter. Vers les trois heures de l'après-midi les Turcs débouchèrent par une sape ouverte sur le masque de la mine et s'en rendirent maîtres. On les canonna, on les débusqua même, dans la nuit, de leur nouveau logement; mais le mal était fait, la mine éventée, les châssis détruits, et le puits comblé.

---

[1] Le brave Rostaing, revenu d'Égypte couvert de blessures, fut placé, par le premier Consul, comme sergent à l'École Polytechnique. On croit qu'il y existe encore.

C'était jouer de malheur; trois essais de ce genre, tentés coup sur coup, avaient avorté ou manqué leur effet; il ne restait plus désormais d'espoir que dans l'établissement de nouvelles batteries qui ouvrissent enfin un brèche assez large pour que l'armée entière pût se porter à l'assaut. Au fur et à mesure de leur arrivée on plaçait dans leurs embrasures des pièces de gros calibre venues de Jaffa, et bientôt elles se trouvèrent toutes en activité de service [1]. En vue d'un mouvement général, et

---

[1] Nous avons donné (dans ce même volume, page 249) la liste exacte et les numéros des sept batteries existant à l'époque de la première attaque du 8 germinal. Voici actuellement la note de toutes celles qui furent établies depuis lors jusqu'à la fin du siége; le tout conforme aux originaux du dépôt des fortifications.

Nos 8. — Etablie le 23 germinal, armée d'abord de 2 pièces de 4 et puis de 2 de 22, elle prenait en flanc la tour d'attaque et appuyait le centre de la droite. On y ajouta deux mortiers.

9. — 2 pièces de 4 et 2 obusiers.

10. — 2 — de 4 pour appuyer la droite et s'opposer aux sorties.

11. — Établie le 8 floréal, dite *du réservoir*, de 2 pièces de 4, remplacées ensuite par 2 pièces de 12.

12. — — le 15 floréal; 1 pièce de 12, pour battre la partie droite attenant à la tour.

13. — — le 19 floréal, 3 pièces de 24 (2e brèche)

pour raviver une émulation qui s'amortissait de plus en plus, Bonaparte venait d'ordonner la création de compagnies d'*éclaireurs*[1] qui devaient, comme troupe d'élite, marcher en tête et au même rang que les grenadiers.

Les dispositions étaient prises quand le signal fut donné d'une nouvelle attaque nocturne du 17 au 18 floréal (du 6 au 7 mai). L'ordre portait de s'emparer de nouveau des places d'armes de l'ennemi, des boyaux qui flanquaient la brèche, et surtout de celui qui couronnait le glacis de la première ligne. Les éclaireurs de la 85ᵉ et les grenadiers marchèrent d'abord vers le point désigné avec assez d'ardeur : déjà un drapeau tricolore flottait sur la tour lorsqu'une terreur panique circula dans les rangs et jeta de l'indécision dans l'at-

dirigées entre les tours B. et C., pour faire la grande brèche.

14. — Établie le 29 floréal, 3 pièces de 24 (celles de la précédente) 3ᵉ brèche, contre le palais de Djezzar.

[1] Ce fut là l'origine de l'institution des *voltigeurs* qui devint un si puissant mobile de hauts faits d'armes militaires. L'ordre du jour qui créa les *éclaireurs* sous Saint-Jean-d'Acre se termine par une phrase comme Bonaparte les trouvait quand il parlait au soldat : « Un bon » éclaireur, dit-il, ne tourne jamais le dos à l'ennemi. »

titude des soldats. Le feu des assiégés fit le reste, et cette fois encore les Français se virent obligés de reculer. Mais là plus qu'ailleurs se révélèrent les symptômes de découragement dont nous avons déjà parlé. Au lieu de se porter vers la brèche en masse et en colonnes serrées, nos soldats n'allaient que partiellement et avec mollesse : les plus braves d'entre eux, ceux qu'un courage vrai poussait en avant, restaient isolés et tombaient victimes ; les autres, dont la bravoure était purement machinale, toute d'habitude et non d'instinct, se laissaient aller à des terreurs funestes ; ils saisissaient avec empressement la moindre occasion de quitter la tranchée, et dans les jours de combat on trouvait communément beaucoup plus de monde qu'il n'en fallait pour transporter les blessés.

Telle était la situation de l'armée française quand, le 18 floréal (7 mai), quelques voiles surgirent à l'horizon ; puis, s'agglomérant, formèrent bientôt sur la mer une masse imposante. A cette apparition, l'alerte fut vive dans le camp du siége. Était-ce la flottille de Gantheaume, ou bien cette escadre tant promise que le Directoire envoyait à son armée d'Orient? Était-ce un renfort anglais? un convoi musulman? On l'ignorait encore. Sydney Smith venait de lever l'ancre pour aller reconnaître les nouveaux venus. Bientôt pourtant, aux manœuvres du commodore, aux pavillons hissés en poupe et en proue, il fut aisé de voir qu'il avait rencontré des alliés. En effet, c'était trente bâtimens turcs qui arrivaient de Rhodes chargés de troupes et de munitions.

Bonaparte avait vu cela du premier coup-d'œil. Résolu de prévenir l'effet de ce renfort, il ordonna pour la nuit même du 18 au 19 (7 au 8), une attaque hardie et décisive. Vers les dix heures du soir, les 18e et 32e demi-brigades s'ébranlèrent sous les ordres des généraux Bon, Rampon et Vial. Cette fois les Français retrouvèrent l'élan de leurs plus beaux jours : tout céda devant eux ; les places d'armes et les boyaux du glacis furent emportés et jonchés de cadavres ; des drapeaux furent enlevés, des canons pris, d'autres encloués. Jamais lutte si obstinée n'avait eu lieu sur ce théâtre de tant d'engagemens. La tour, la fameuse tour, fut conquise ; on se logea dans ses étages supérieurs. Dans ce pêle-mêle au sein des ténèbres, généraux, officiers, soldats, tout combattit, tout paya de sa personne. Le chef de la 18ᵉ demi-brigade, le brave Boyer [1], y périt avec dix-sept officiers et cent cinquante soldats de son corps. Mais d'autres morts avaient vengé ces victimes; les cadavres des Turcs gisaient en si grand nombre sur le revers de la brèche, que nos soldats s'en servirent comme d'épaulemens. Quand le jour vint, les choses en étaient là.

Le soleil du 19 floréal (8 mai) éclaira la suite de cette lutte. Le convoi de poudre venait alors d'arriver de Ghazah, et les batteries nᵒˢ 13 et 2 avaient été armées, l'une de trois pièces de 24, l'autre de quatre pièces de 18. Avec elles, on battit en brèche la courtine qui joignait les deux tours, et vers les deux heures les boulets se faisaient jour déjà au travers de la muraille. On en donna l'avis à Bonaparte, qui envoya Berthier s'assurer du fait.

Une brèche, en effet, mais une brèche fort étroite qui pouvait à peine donner passage à trois hommes de front, était pratiquée dans l'intervalle de deux contreforts; et les débris de la muraille, épaisse de cinq pieds environ,

---

[1] Cette épithète était depuis long-temps devenue son surnom habituel à l'armée d'Italie et à celle d'Orient.

formaient une double rampe en dos d'âne, qui conduisait à des casemates [1] dont le débouché sur la ville consistait en une rampe ardue et difficile. On arrivait de là à une rue basse de sept à huit toises de large, bordée de l'autre côté par des murs de jardins ou par des maisons, derrière lesquels se prolongeait une assez grande étendue de terrains vagues.

En cet état, l'assaut fut ordonné : c'était le tour de la division Bon de marcher en tête; mais elle avait été si maltraitée durant la nuit précédente, que Bonaparte la fit remplacer par la division Lannes, la même qui avait emporté Jaffa d'assaut, et ce choix fut regardé comme de bon augure. La division Bon devait venir ensuite; celle du général Reynier avait ordre de s'emparer de la place d'armes des Turcs, et

---

[1] Au mur d'escarpe de la courtine était adossé intérieurement, comme dans presque toutes les fortifications turques, un système de voûtes, supportant le terre-plein du rempart, et dont les pieds droits servaient de contreforts au mur d'escarpe. Ces voûtes, fermées du côté de la place par un mur parallèle à celui de l'escarpe, formaient des espèces de casemates pour le logement de la garnison, et l'on communiquait du rempart à la ville par des rampes en charpente. Ce système de fortifications se reproduit assez généralement dans toutes les places turques; le fort d'èl-Arych était construit d'une manière exactement semblable.

d'occuper la troisième parallèle, ainsi que les boyaux environnans.

Vers les cinq heures, toute la division Lannes se mit en mouvement, précédée par quatre à cinq cents grenadiers ou éclaireurs, sous les ordres du général Rambaud. A la tête de cette brave avant-garde s'élancèrent le lieutenant de la 13e demi-brigade Boyer et trente hommes de sa compagnie qui gravirent la brèche et entrèrent dans la casemate. Mais, au moment de déboucher par la rampe sur le terre-plein du rempart, ils aperçurent une vingtaine de fusils braqués sur son ouverture supérieure. Les plus hardis n'osaient passer. « Attendez, lieu-
» tenant, dit à l'instant un des éclaireurs, nous
» nous tirerons de là sans perte. » Et s'avançant seul, il présenta par l'ouverture sa casquette élevée au bout de son fusil. Les Turcs, croyant voir déboucher la tête de la colonne, firent feu sur cet objet. Après leur décharge, nos soldats s'élancèrent et, pour la première fois, plantèrent leur drapeau sur le rempart.

Au premier appel du lieutenant Boyer, le général Rambaud s'engagea, avec ses compagnies d'élite, dans le passage qui venait d'être frayé. Arrivés sur le terre-plein, une partie de ses soldats courut s'emparer de deux pièces de canon placées près du palais de Djezzar ; le reste marcha, sous sa conduite, vers des mortiers situés au bas du rempart et derrière les premières maisons de la ville. Malgré le feu qui partait des habitations crénelées et des jardins du palais, ces deux batteries furent enlevées au pas de course, et ce mouvement des grenadiers et des éclaireurs fut si beau, que la nouvelle de la prise d'Acre circula des premiers jusqu'aux derniers rangs de l'armée. Ce fut au point que Bonaparte, qui se trouvait alors dans la batterie du *réservoir*, à côté du général Bon, lui dit : « Général, je » vous félicite de ce que la ville est prise sous » votre commandement. » Mais l'illusion fut de courte durée.

Ces palissades, ces maisons crénelées, ces jardins du sérail où la résistance intérieure venait de s'organiser, avaient été d'avance liés entre eux par l'ingénieur Phélipeaux, de manière à présenter comme une seconde enceinte de fortifications. Cette précaution sauva Djezzar ; sans elle la ville était prise. Le renfort musulman arrivé la veille dans la rade, sous le commandement de Hassan-Bey, n'avait pas

encore mis pied à terre, et la garnison réduite de moitié par deux mois de siége, exténuée, lasse de combattre, n'avait pu voir, sans une profonde terreur, la tour et le rempart au pouvoir des Français. Encore quelques minutes et le boulevard syrien restait à Bonaparte. Sir Sydney Smith sentit tout le péril de la situation. A l'instant il fit diriger vers la brèche ses équipages armés de piques. A la vue de ce renfort, Djezzar quitta lui-même son palais où, suivant l'usage turc, il devait rester pour récompenser ceux qui lui apportaient des têtes ennemies, et pour distribuer lui-même des cartouches. Le vieillard marcha vers le lieu de l'action, s'écriant avec énergie « qu'il ne vou-
» lait pas que ses amis les Anglais se battissent
» sans lui [1]. »

[1] Il paraît que Djezzar se trouva dans ce combat face à face de Murat qui, sans être commandé, était monté sur la brèche en simple volontaire, et signalait comme de coutume sa valeur chevaleresque et bouillante. Voici comment Djezzar raconta lui-même cette rencontre à M. Amédée Jaubert, lorsque cet orientaliste fut envoyé quelques années plus tard avec le colonel Sébastiani auprès du vieux pacha d'Acre. « Je suis bon ami et bon ennemi, leur dit Djezzar; on
» dit que Djezzar est cruel et barbare; il n'est que juste. J'ai toujours
» aimé les Français; mais que leur avais-je fait pour qu'ils me déclaras-
» sent la guerre? Néanmoins je les admire depuis que je les ai vus de

Sur les pas du gouverneur s'élancèrent alors une foule de Turcs qui s'étaient jusque-là tenus à l'écart, et ces divers corps firent bonne contenance jusqu'à l'arrivée des premiers soldats de Hassan-Bey.

Quand ces renforts parurent, le commodore eut une autre résistance à vaincre. Le pacha n'ayant pas abjuré, même dans un cas aussi critique, ses jalousies habituelles, se refusait à admettre, dans le jardin de son sérail, d'autres troupes que les siennes. Ce poste était pourtant essentiel à cause de sa communication avec le rempart, et les deux cents Albanais, seul débris de la garde de Djezzar, ne pouvaient suffire à le défendre. Toutefois, après quelques pourparlers, le gouverneur consentit à laisser entrer dans l'enceinte du palais le régiment

---

» près. Au siége de cette ville, dans un des assauts les plus meurtriers, » un de vos généraux, votre *Mourad*, monta jusque sur le haut de » mes murailles : là, comme un lion furieux, il se défendait seul con- » tre tous mes gens; moi-même étant accouru, j'étais sur le point de » le tuer; mais frappé de sa belle prestance et de tant de courage : « *Non il ne sera point dit*, m'écriai-je, *que Djezzar ait ôté la vie à un » héros si beau et si intrépide.* » Je me contentai d'abattre son panache, » que je conserve encore, et j'ordonnai à mes soldats de l'écarter de » la brèche sans lui faire aucun mal. »

turc des *Chychlys* [1], qui comptait mille hommes armés de baïonnettes, disciplinés à l'européenne sous les yeux du sultan Selym, et mis à la disposition de sir Sydney par ordre exprès de sa hautesse.

Les assiégés en étaient là quand l'avant-garde française, descendue des parapets, s'empara des deux batteries intérieures. Rambaud, toujours en avant avec les siens, avait envoyé un aide-de-camp à la 69e, pour hâter son mouvement vers la brèche. Cette demi-brigade venait alors de perdre son chef, et dans cet assaut elle était commandée par le plus ancien de ses chefs de bataillon. Au moment où elle arrivait sur le terre-plein pour soutenir les braves déjà engagés dans la ville, quelques blessés se présentèrent pour regagner la tranchée, et dirent en passant qu'il était impossible de forcer les barricades et les maisons crénelées sans l'intervention des sapeurs [2]. Ces

---

[1] Ce nom est formé de celui de *chych* (dague, baïonnette).

[2] L'ordre pour l'assaut avait été donné si précipitamment, qu'on avait oublié d'envoyer un détachement de sapeurs avec la tête de la colonne d'attaque. Cette colonne manquait également d'officiers d'état-major du génie, qui tous, au nombre de 15 composant la brigade de siége, avaient été tués ou blessés à l'exception du capitaine Férus,

propos et ces pourparlers jetèrent de l'hésitation dans la 69ᵉ. Au lieu de s'engager sur-le-champ, à la suite des grenadiers et des éclaireurs, elle resta incertaine sur le rempart.

C'était le moment où le régiment des Chychlys venait de prendre position derrière les murs du jardin de Djezzar et sur les terrains vagues qui avoisinaient la rue basse; le reste des forces de Hassan-Bey arrivait graduellement et se joignait à la garnison. Quand les assiégés virent la 69ᵉ ainsi groupée sur la brèche, ils dirigèrent sur elle un feu de tirailleurs auquel celle-ci s'amusa à répondre. Forts de cette attitude indécise, et enhardis par leur nombre, qui grossissait à chaque instant, les Turcs s'élancèrent alors vers le rempart, et, filant dans le fossé, prirent la brèche à revers et arrêtèrent le mouvement de la 13ᵉ demi-brigade qui montait à son tour à l'escalade. Alors une nouvelle fusillade, plus nourrie que jamais, éclata des maisons, des rues, des barricades, du sérail, inquiétant nos colonnes sur toutes les faces, tandis que les cannoniers anglais

---

malade de la peste, dont il mourut le 30 floréal (19 mai), et du lieutenant Moret qui en avait plusieurs symptômes, mais qui n'y succomba pas.

lançaient des grenades contre le détachement logé dans la tour. On a dit même, mais le fait est peu croyable, que des marins de sir Sydney, revêtus d'uniformes français, avaient réussi à se glisser dans les rangs de nos brigades, et là avaient fait entendre ce cri souvent fatal à nos armes : *Nous sommes tournés, sauve qui peut!*

Quoi qu'il en soit, une terreur panique s'était emparée des assaillans. Les ordres de Bonaparte n'avaient pas été suivis là même où ils auraient pu l'être. D'après le plan de l'assaut, les troupes logées dans la tour auraient dû, au moment où l'on gravissait la brèche, attaquer un second ouvrage qui en dominait la droite. Les bataillons de tranchée de leur côté avaient l'ordre de se porter dans les places d'armes extérieures de l'ennemi pour qu'il ne pût ni en sortir ni fusiller la brèche à revers. Rien de tout cela n'avait été fait.

L'ennemi profita de ces fautes. Pendant que les Français croyaient le chasser devant eux, il filait sur leurs flancs et sur leurs derrières, et d'assailli se faisait assaillant. Déjà, n'obéissant plus au premier élan de l'enthousiasme, la 69ᵉ avait opéré son mouvement rétrograde qui réagissait sur les corps échelonnés à sa suite. Les deux batteries dont on s'était emparé venaient même d'être abandonnées sans qu'on en eût encloué les canons. Vainement la 13ᵉ demi-brigade et le général Lannes à sa tête firent-ils des prodiges pour rétablir la chance du combat [1]. Désormais l'avantage de la position avait passé du côté des Turcs ; de forts détachemens de la garnison occupaient leurs places d'armes et leurs boyaux extérieurs, et tout secours envoyé aux troupes qui restaient encore sur le parapet devait passer sous leur mousqueterie. Bonaparte avait bien détaché ses guides à pied pour appuyer la 13ᵉ ; mais ce corps, en arrivant aux dernières parallèles, ne rencontra que des fuyards. Malgré tous les efforts de Lannes, il avait été impossible de redonner du ton et de la vigueur à l'attaque, et d'ailleurs ce général venait de re-

[1] Peu de relations ont rendu justice aux efforts de la 13ᵉ en cette occasion. Divers officiers y prirent la part la plus brillante ; nous aimons à citer entre autres M. d'Anthouard, alors chef de bataillon, qui marchait en tête de l'artillerie de la division Lannes ; M. Digeon, qui fut presque enterré sous un éboulement de décombres, en allant reconnaître la brèche ; M. Marin, de la 13ᵉ, qui pénétra dans la ville avec sa compagnie de grenadiers, et M. Renard, alors adjudant-major dans la même demi-brigade, qui fut renversé d'un coup de pierre au moment où il escaladait le rempart.

cevoir une balle dans la tête et d'être mis hors de combat. Alors, privés de chef, pressés de tous côtés par les troupes de Hassan-Bey, nos soldats abandonnèrent tour à tour la brèche et le fossé, pour s'abriter dans la troisième parallèle.

Cependant, les deux cents braves que Rambaud avait guidés vers l'intérieur de la ville ignoraient encore ce qui se passait derrière eux. Se croyant suivis par le reste de l'armée, ils avaient attaqué avec vigueur et escaladé la seconde enceinte. Déjà, chassant l'ennemi au travers des jardins et des terrains vagues qui lui avaient servi de retranchemens, ils étaient parvenus jusque vis-à-vis le sérail du pacha où ils s'arrêtèrent en poussant un cri de victoire. Mais quelle fut leur surprise, lorsqu'en se retournant ils ne virent derrière eux que des uniformes ennemis! Isolés, coupés de la colonne d'attaque, entourés de Turcs, ces braves se résignèrent à mourir. Ils se firent jour vers une mosquée, s'en emparèrent, s'y barricadèrent, et soutinrent pendant plus de deux heures un assaut contre toute la garnison. L'histoire a pu douter jusqu'à ce jour si tous ces hommes intrépides avaient été sacrifiés dans cette horrible boucherie. Il y avait là un Anglais, sir Sydney Smith, homme aussi généreux que brave, un Français, Phélipeaux, qui eût pu, en retour de tant de services rendus, demander à Djezzar la vie de ses compatriotes : et pourtant, d'après les versions les plus sûres, le noble Rambaud et ses deux cents grenadiers, ainsi traqués dans Saint-Jean-d'Acre, périrent tous à l'exception d'un soldat, un seul que sir Sydney parvint à tirer de la mêlée et qu'il prit à son service. C'est donc à tort qu'on a écrit ailleurs, et répété plusieurs fois, que le commodore avait pu, en cette occasion, sauver un bon nombre de Français. S'il en eût été ainsi, on eût retrouvé depuis quelques-uns de ces malheureux revenus en France, soit à la paix, soit auparavant par cartel d'échange. Aucun d'eux n'a reparu, et, à défaut de témoin oculaire, il faut laisser à l'imagination le soin de deviner les lugubres scènes de leurs derniers momens.

Disons-le toutefois : au milieu de la confusion qui régnait dans cette place livrée à l'assaut, il eût été difficile de faire entendre la voix de l'humanité à une soldatesque orientale. Quelque influence qu'eût sir Sydney sur l'esprit de ses alliés, ce jour-là elle se serait peut-être trouvée stérile. La nuit arrivait quand ce massacre eut lieu, et l'exaspération des Turcs était telle que, tout gorgés du sang de nos grenadiers et n'en trouvant plus sous la main, ils se ruèrent sur des officiers anglais, et, presque délirans, leur portèrent des coups de sabre mortels. Ainsi furent blessés messieurs Yves et Jones et le colonel Douglas qui cherchaient à se frayer un passage jusqu'aux soldats de Rambaud. Ce ne fut que fort tard et grâce à l'intervention du pacha et de Hassan-Bey, que l'ordre put être rétabli.

Ainsi se termina une bataille qui avait duré vingt-cinq heures. Les combattans épuisés de part et d'autre se tinrent toute la nuit dans leurs positions, sans avoir la force ni la volonté de rien entreprendre.

L'opiniâtre énergie de Bonaparte résistait seule à de pareils échecs : durant tout le jour, il était resté dans la tranchée, recevant des rapports et donnant des ordres. Au moment où il apprit que la ville lui échappait encore, il était placé à la batterie de brèche. « Quand » il ne me resterait plus que quatre hommes et » un caporal, s'écriait-il, je me mettrais à leur

» tête et nous entrerons. » C'était en effet à en mourir de dépit. Lui, le vainqueur de Montenotte, d'Arcole, de Rivoli! Lui, le conquérant de l'Italie, le pacificateur de Campo-Formio, l'étoile de la gloire française, le héros colossal qui avait fait pâlir le Directoire! Lui souverain de l'Égypte en quinze jours, lui BONAPARTE venir échouer devant des retranchemens informes, y dévorer deux mois de sa grande vie, laisser aux pieds de ces remparts des milliers de braves, dont la patrie allait lui demander compte, et, après tant d'efforts, avorter comme un général vulgaire, tourner le dos à l'ennemi, fuir devant un Djezzar et un commodore anglais! Voilà quelles idées roulaient dans la tête du Général. S'exagérant lui-même la honte d'un mouvement rétrograde, il résolut de persister encore et ordonna que la division Kléber, campée alors au *Bazar* près Nazareth, fût rendue devant Acre le 20 floréal (9 mai) et pût monter à l'assaut le 21 (10).

Pendant toute la journée du 20 et la nuit du 20 au 21, on continua à battre la courtine pour élargir la brèche et la rendre plus praticable. On parvint même à faire écrouler la voûte de la casemate par laquelle on était entré le 19, de telle sorte que tous ces décombres formèrent une rampe large pour six hommes de front, et montant jusqu'au niveau du terre-plein du rempart. Mais de son côté l'ennemi n'était pas demeuré inactif. Dans cet intervalle de trente-six heures il avait élevé trois retranchemens formidables; l'un à droite, l'autre à gauche, et le troisième en face même de la brèche. Ainsi l'ouverture faite au rempart n'était plus qu'une impasse sans issue.

Le 21 floreal (10 mai), jour que Bonaparte destinait à une nouvelle et décisive tentative, on le vit arriver lui-même dans la tranchée à deux heures du matin pour reconnaitre les lieux et combiner son attaque. S'exposant aux feux de l'ennemi, il s'avança de sa personne au pied de la brèche, parcourut les rangs en jetant quelques-uns de ces regards, distribuant quelques-uns de ces mots dont le soldat semblait avoir oublié l'effet magique; puis il ordonna l'assaut. Il fut ouvert par les éclaireurs des quatre divisions, par les grenadiers des 75ᵉ et 19ᵉ demi-brigades de ligne, enfin par les carabiniers de la 2ᵉ légère. Ces troupes devaient surprendre les assiégés et se loger en force sur le rempart détruit.

Les premiers efforts de nos soldats furent, comme toujours, couronnés de succès. Le général Verdier qui conduisait l'assaut pénétra jusqu'au point indiqué. On surprit, ou égorgea les postes ennemis, mais quand il fallut pousser plus avant dans la place on se retrouva en présence de cette seconde enceinte qui fourmillait de tirailleurs. La retraite fut encore une fois commandée par la force des choses.

Enfin, après la plus vive canonnade, un dernier effort se tenta vers les quatre heures du soir; il eut lieu à la demande des grenadiers de la 25ᵉ demi-brigade qui faisaient partie de la division Kléber. Le chef de ce corps Venoux, au moment de marcher à l'assaut, alla voir le général Murat, son ami : « Si la place d'Acre » n'est pas prise ce soir, dit-il en le quittant, » sois assuré que Venoux est mort. » Acre ne fut pas pris, mais Venoux mourut sur la brèche. Dans cet assaut que Kléber commandait en personne, on vit l'imposante figure de ce général dominer sur le terrain le plus exposé. Beau de stature et de prestance, l'épée à la main, debout sur le revers du fossé comme sur un piédestal, entouré de fumée, illuminé de feux, il donnait des ordres avec sa voix retentissante, et rappelait un des plus beaux types des demi-dieux homériques. Bonaparte lui-même ne s'était pas éloigné du lieu de l'action. Placé dans la batterie de brèche, il avait braqué sa lunette entre les fascines et suivait ainsi les mouvemens de la division, lorsqu'un boulet, parti de la place, frappa l'épaulement et renversa le Général. Berthier le reçut entre ses bras et le crut mort; heureusement il n'avait pas même été frappé; sa chute provenait de la commotion de l'air.

Malgré la présence de pareils chefs, cette dernière attaque avorta encore. Les grenadiers vinrent se briser contre cette seconde enceinte qu'on ne pouvait enlever sans canon, et que le canon ne pouvait atteindre. Le fossé vomissait des flammes; une mitraille épaisse semblait sortir de terre : de toutes parts on recevait la mort sans pouvoir la donner. Les soldats s'obstinaient pourtant : Kléber furieux frappait sa cuisse de son épée avec un mouvement convulsif; mais le Général en chef, jugeant l'obstacle insurmontable, d'un geste ordonna la retraite, et l'intrépide 25ᵉ fut obligée de quitter ce théâtre fatal de tant d'essais infructueux.

La partie n'était plus tenable; on venait en

trois jours de perdre cinq cents soldats et une foule d'officiers de marque. Le général divisionnaire Bon avait été blessé à mort d'un coup de feu dans le bas-ventre, l'adjudant-général Fouler était resté sur la brèche : le chef de bataillon Croisier, aide-de-camp du Général en chef, les officiers d'état-major Pinault et Gerbault, l'adjoint aux adjudans-généraux Roussel-Montpatri avaient péri les armes à la main; le chef d'escadron Netherwood, brave Suédois, aide-de-camp de Kléber, avait reçu une blessure grave. Par un hasard assez singulier, les deux seuls parens que Bonaparte eût auprès de lui [1] se trouvaient aussi au nombre des blessés. L'un était son beau-fils Eugène Beauharnais dont une balle effleura l'orbite, l'autre le capitaine Arrighi [2] qui fut atteint à la nuque d'un coup ordinairement mortel, mais que le chirurgien en chef Larrey guérit cette fois par sa prompte habileté. Au moment où il reçut le coup, cet officier était si près du Général en chef que le sang en rejaillit presque sur lui. Comme chacun s'empressait autour

---

[1] Louis Bonaparte était déjà reparti pour la France. — [2] Aujourd'hui duc de Padoue et lieutenant-général.

d'Arrighi, Bonaparte s'impatienta, et avec une impassibilité feinte sans doute : « Eh bien! c'est » un homme mort, s'écria-t-il, qu'on l'em- » porte. » Mais, quelques instans après, l'émotion du parent domina la froideur du Général, et faisant appeler l'ordonnateur en chef Daure : « Je vous recommande, lui dit-il, le capitaine » Arrighi : c'est mon parent, et je m'intéresse » beaucoup à lui. »

Comme on peut le croire, tant de pertes essuyées par l'armée française n'avaient pas eu lieu sans éclaircir les rangs ennemis, et le nombre de leurs morts était hors de toute évaluation. Les revers des parallèles comptaient au moins dix cadavres turcs pour un cadavre français. Ces corps, qui pourrissaient ainsi sans sépulture, infectaient les tranchées en exhalant des miasmes pestilentiels. Par une mesure de salubrité, utile à l'un et à l'autre camp, Bonaparte crut devoir proposer à Djezzar quelques jours d'armistice pour l'inhumation des morts. Mais, ne voulant pas confier à un officier de son armée cette mission périlleuse, il jeta les yeux sur un Turc qu'on avait arrêté comme espion dans le camp. Cet homme, forcé d'obéir, partit pour Acre, avec une lettre ainsi conçue :

ALEXANDRE BERTHIER, *chef de l'état-major général de l'armée*,

A AHMED PACHA-EL-DJEZZAR.

« Le Général en chef me charge de vous
» proposer une suspension d'armes pour en-
» terrer les cadavres qui sont sans sépulture
» sur les revers des tranchées; il désire aussi
» établir un échange de prisonniers : il a en son
» pouvoir une partie de la garnison de Jaffa,
» le général Abdallah, et spécialement les ca-
» nonniers et bombardiers qui font partie du
» convoi arrivé il y a trois jours à Acre, venant
» de Constantinople. »

On espérait que Djezzar accéderait à ces propositions; mais, arrivé en face du rempart, le Turc que l'on envoyait en parlementaire fut reçu à coups de fusil, et n'osa pas passer outre. Plus heureux le 24 floréal (13 mai), il entra dans la place et put remplir sa mission. Toutefois rien n'annonça que le gouverneur d'Acre fût disposé à prêter l'oreille aux demandes de Bonaparte; car les remparts continuèrent leur feu pendant tout le jour. Bien plus, vers les sept heures du soir, au signal d'un coup de canon, les Musulmans firent une sortie générale; mais, on le sait, l'ennemi n'était heureux que derrière ses remparts, et, comme d'habitude, il fut obligé de s'y retirer en désordre.

Un autre essai du même genre eut lieu le 27 floréal (16 mai), avec plus d'ensemble encore et plus d'intention. Toutes les milices de Hassan-Bey, et en tête le régiment turc des Chychlys sous les ordres de son colonel Souleyman-Aga, sortirent des places d'armes extérieures, et marchèrent hardiment sur la troisième parallèle. L'engagement fut vif et opiniâtre. On combattait presque corps à corps : les bouches de fusil, les drapeaux se touchaient. Le général Murat, qui avait demandé à faire le service de la tranchée, tua plusieurs Turcs de sa main, et son aide-de-camp le capitaine Colbert fut grièvement blessé à ses côtés. Enfin l'ennemi se replia : mitraillé par les batteries, reconduit la baïonnette dans les reins jusqu'au sein de la place, il laissa le champ de bataille jonché de ses morts, et parut résigné pendant quelques jours à son rôle de défense passive.

Quand il se fut retiré, on s'aperçut dans le camp que sa dernière sortie avait eu un double but : l'un matériel, l'autre moral. Djezzar comptait sans doute sur le premier, sir Sydney sur le second. En effet, la tranchée était pleine de petits imprimés que les soldats se passaient de main en main. C'était une proclamation du grand-vizir, écrite en français, contresignée par le Commodore, et de la teneur suivante :

Le ministre de la Sublime-Porte aux généraux, officiers et soldats de l'armée qui se trouve en Égypte.

« Le Directoire français, oubliant entièrement le droit des gens, vous a induits en erreur, a surpris votre bonne foi, et, au mépris des lois de la guerre, vous a envoyés en Égypte, pays soumis à la domination de la Sublime-Porte, en vous faisant accroire qu'elle-même avait pu consentir à l'envahissement de son territoire.

» Doutez-vous qu'en vous envoyant ainsi dans une région lointaine, son unique but n'ait pas été de vous exiler de France, de vous précipiter dans un abîme de dangers, et de vous faire périr tous tant que vous êtes? Si, dans une ignorance absolue de ce qui en est, vous êtes entrés sur les terres d'Égypte; si vous avez servi d'instrument à une violation des traités inouie jusqu'à présent parmi les puissances, n'est-ce point un effet de la perfidie de vos Directeurs?

» Oui, certes; mais il faut pourtant que l'Égypte soit délivrée d'une invasion aussi inique. Des armées innombrables marchent en ce moment, des flottes immenses couvrent déjà la mer. Ceux d'entre vous, de quelque grade qu'ils soient, qui voudront se soustraire au péril qui les menace, doivent, sans le moindre délai, manifester leurs intentions aux commandans de terre et de mer des puissances alliées : qu'ils soient sûrs qu'on les conduira dans les lieux où ils désireront aller, et qu'on leur fournira des passeports pour n'être pas inquiétés pendant leur route par les puissances alliées, ni par les bâtimens armés en course; qu'ils s'empressent donc de profiter à temps des dispositions bénignes de la Sublime-Porte et qu'ils les regardent comme une occasion propice de se retirer de l'abîme affreux dans lequel ils sont plongés.

» Fait à Constantinople, le 11 de la lune de

Ramadan, l'an de l'hégire 1213, et le 15 février 1799 [1].

» *Signé* Youssouf, *vizir.* »

Au bas était écrit :

« Je soussigné, ministre plénipotentiaire du roi d'Angleterre près la Porte-Ottomane, et actuellement commandant de la flotte combinée devant Acre, certifie l'authenticité de cette proclamation et garantis son exécution.

» A bord du *Tigre*, le 10 mai 1799.

» *Signé* Sydney Smith. »

Ce qu'il y a de plus caractéristique dans la pièce que nous venons de transcrire, c'est, sans contredit, l'apostille du commodore anglais : cette tentative d'embauchage était pourtant un fait étranger à ses habitudes et à son caractère. On a longuement disserté ailleurs et fait de la politique sentimentale au sujet de cette démarche au moins inopportune. Moins moralistes, nous répugnons à ouvrir un cours de subtiles distinctions sur ce que la guerre permet et sur ce qu'elle défend de faire. Du

---

[1] Cette date correspond au 27 pluviose an VII.

reste, sir Sydney fut puni par son côté le plus sensible : diplomate rusé, il avait compté sur l'effet de ce manifeste ; il resta sans réponse et sans résultat : c'était toujours une maladresse que de se compromettre sans fruit.

Comme pour enlever toute espèce de doute sur la participation du Commodore à l'acte que nous venons de signaler, le lendemain, 28 floréal (17 mai), un parlementaire anglais, qui se présenta sur la plage, distribua plusieurs centaines de ces proclamations aux postes avancés. C'était là sans doute le but réel de son message, car le prétexte grossier et futile qu'il allégua ne pouvait abuser personne. L'amiral anglais faisait savoir à Bonaparte qu'il existait entre l'Angleterre et la Porte un traité d'alliance signé le 5 janvier 1799, et il renvoyait en même temps un très-petit nombre de prisonniers français qu'il avait enlevés des mains de Djezzar. Bonaparte devina, à côté de la démarche patente, l'intention cachée ; le canot anglais regagna le large sans obtenir de réponse, et le feu continua [1].

---

[1] L'animosité de Bonaparte contre sir Sydney Smith, animosité qui data du siège de Saint-Jean d'Acre, survécut long-temps aux motifs

Cet incident servit à faire éclater la sourde inimitié que Bonaparte nourrissait contre le Commodore depuis le début du siége. La rancune d'antagoniste prit acte devant les soldats d'une démarche que ceux-ci regardaient comme injurieuse. Dans un ordre du jour spécial, le Général en chef déclara que sir Sydney Smith était *fou*, et qu'on ne recevrait désormais aucun de ses parlementaires. A cette nouvelle, l'amiral furieux envoya un cartel à Bonaparte qui en rit beaucoup. « Qu'il ressuscite
» Marlborough, répondit-il en plaisantant, et
» j'accepte la partie. Si pourtant l'Anglais tient
» à se mesurer en champ clos, nous allons
» neutraliser quelques toises de terrain sur la
» plage, et je lui enverrai un de mes grena-
» diers. » La proposition ne fut pas acceptée

qui l'avaient fait naitre, et le Général en chef de l'armée égyptienne se souvint, devenu Consul, de ses anciens griefs contre son antagoniste. Le neveu de sir Sydney, simple *midshipman* (aspirant) dans la marine anglaise, se trouvait comme prisonnier au dépôt de Verdun ; l'amirauté de Londres fit offrir son échange contre un capitaine de vaisseau. Au seul nom de Sydney, Bonaparte refusa. Depuis, venu à Paris, le neveu du Commodore fut présenté au premier Consul. « Votre on-
» cle tirait bien mal le canon, dit-il brusquement au jeune homme. —
» Général, vous me dites là ce que mon oncle me disait de vous, » répliqua le *midshipman* sans se déconcerter.

comme on peut le croire: tout ce qui en résulta fut un redoublement de haine entre deux hommes faits pour s'apprécier, et qui depuis, revenus de leurs préventions politiques, se rendirent mieux justice l'un à l'autre.

CHAPITRE XII.

État de l'armée. — La peste. — Son origine. — Ses progrès. — Ses symptômes. — Mesures prises pour la combattre. — Ambulance et hôpitaux. — Dévouement des médecins. — Héroïsme de Desgenettes. —Travaux des chirurgiens. — État des blessés. — Disette de médicamens. — Pertes de l'armée. — Inutilités de nouvelles attaques. — Motifs de retraite. — Insurrections en Égypte. — Armemens à Rhodes. — Soulèvemens dans le pachalik de Damas. — Levée du siége. — Proclamation de Bonaparte. — Évacuation des hôpitaux. — Dernière canonnade. — Sorties de Djezzar. — Départ de l'armée.

Au point où en étaient les affaires du siége, il était facile de prévoir qu'on ne s'opiniâtrerait pas plus long-temps à poursuivre une conquête impossible. L'état moral de l'armée parlait assez haut pour qu'on l'écoutât : il ne s'agissait plus alors seulement des fatigues militaires, des chances du combat où tant de braves succombaient ; un autre ennemi planait sur tout le camp. Contre lui la bravoure ne pouvait rien ; l'art lui-même était impuissant ; invisible, il soufflait sur l'armée, et des centaines de victimes tombaient comme frappées de la foudre. Avec lui pas de repos, pas une heure, un instant de complète sécurité. A la tranchée comme sous la tente, debout ou couché, il saisissait le soldat et le marquait de son stigmate de mort. Cet ennemi plus terrible que Djezzar, que sir Sydney, que Phélipeaux, c'était la peste.

Partie de Damiette avec le corps d'armée dont faisait partie la 2e demi-brigade légère, elle avait peu à peu étendu sur toutes les divisions son germe contagieux. Quelques soldats en avaient été atteints dans la route, à Kattiéh, à êl-Arych et à Ghazah. Mais elle ne se manifesta avec une certaine intensité que dans le bourg de Ramléh. A la prise de Jaffa et après le pillage qui en fut la suite, nous avons dit comment elle avait éclaté avec violence et provoqué un trait de dévouement de la part du Général en chef.

La marche sur Saint-Jean-d'Acre avait paru un instant améliorer l'état sanitaire de l'armée; mais le mal venait de se réveiller plus actif, plus effrayant que jamais, et vers la fin du siége il régna dans toute sa fureur. Quand même les miasmes des cadavres qui se putréfiaient dans les tranchées n'eussent pas influé sur son développement, le climat insalubre de la Syrie aurait suffi seul pour nourrir le fléau. Les fétides exhalaisons des marais y corrompaient l'air, une chaleur humide et lourde envahissait l'atmosphère, et la nuit s'élevait un vent de terre qui soufflait vers le camp sa poussière brûlante et ses vapeurs malsaines. Alors on éprouvait des souffrances atroces; celui même que la peste n'avait point atteint s'agitait dans sa tente sans pouvoir y trouver le sommeil. Dans ces nuits aussi étouffantes que celles de l'équateur, le thermomètre de Réaumur s'éleva jusqu'à 33 degrés.

Les symptômes par lesquels s'annonçait la peste étaient presque toujours les mêmes. On languissait d'abord dans un état d'inquiétude, de malaise et de dégoût général de soi-même : tout soin de la vie semblait devenir indifférent; si l'on conservait encore quelque désir, c'était de changer incessamment de position, car toutes les positions étaient pénibles. Le malade se relevait comme pour chercher un air plus pur et retombait sans l'avoir trouvé. A ces vagues souffrances succédait une longue faiblesse, un complet abattement, puis de violentes douleurs éclataient dans la tête; un frisson irrégulier courait dans les veines; une morne pâleur se répandait sur le visage, les yeux devenaient fixes et ternes. Alors une chaleur de feu s'emparait de tous les membres, et se retirait vers le cœur comme vers un foyer; on tombait en somnolence, et de violentes contractions se manifestaient dans les muscles du visage. C'était la fièvre qui venait de s'allumer dans le corps du malade et qui le poussait bientôt au délire. En cet état, on en voyait qui, s'élançant de leur lit de mort, couraient dans les champs, ou se précipitaient dans la mer comme pour y éteindre l'incendie qui les consumait: d'autres, et c'était le plus grand nombre, tombaient de faiblesse au premier endroit pour ne plus se relever. Ceux-ci étaient emportés en quelques heures; alors le délire ne cessait qu'avec la vie. Ceux-là luttaient plus longtemps contre le mal; quand le délire s'était calmé, ils rendaient, par toutes les ouvertures du corps, un sang noir et fétide. Outre ces symptômes effrayans, des tumeurs enflammées se formaient dans les aînes et sous les aisselles;

d'autres fois c'était des charbons qui surve-
naient au visage ou aux extrémités du corps.
La mort ne frappait pas tous les individus avec
la même rapidité ; tantôt elle les emportait en quelques heures ; tantôt elle n'arrivait
qu'après plusieurs jours d'agonie ; plus elle
était prompte, plus les souffrances étaient
vives. Souvent elle atteignait à l'improviste le
soldat dans ses marches militaires, ou sur le
champ de bataille ; il tombait alors frappé de
convulsions et de contorsions violentes ; sa face
se décomposait, ses lèvres pantelantes s'écar-
taient et se contournaient en tous sens ; sa langue pendait roussâtre et tuméfiée ; une salive
épaisse et livide coulait de sa bouche béante ;
ses yeux, sortant de leur orbite, étaient ouverts et immobiles ; le malheureux, s'agitant en
d'horribles mouvemens, semblait se replier
sur lui-même, jetait quelques cris lugubres,
puis rendait l'ame.

Voilà le mal horrible contre lequel il fallait
lutter. Sa nature contagieuse eût exigé qu'on
ne confondît pas dans les mêmes hôpitaux les
soldats qu'elle atteignait avec ceux qu'y rete-
naient des blessures ou d'autres maladies ;
mais à l'apparition des premiers cas, dans

l'incertitude de leur nature et dans l'absence d'établissemens spéciaux, on s'était vu forcé de distribuer les pestiférés dans les ambulances de la tranchée et dans les hôpitaux de Chafà-Amr et de Hayfà.

Ce ne fut que plus tard, et quand l'intensité du fléau devint de plus en plus menaçante, qu'on put affecter un local distinct à ses victimes. Sur un plateau du Mont-Carmel existait un vieil ermitage aux salles spacieuses et aérées. C'est là que le médecin en chef Desgenettes improvisa un hôpital pour les *fiévreux*, car c'est ainsi que l'on nommait encore les pestiférés. Les médecins Vallat et Pugnet furent chargés de sa direction. Quoique situé à quatre heures de distance du camp, cet établissement, assis dans une exposition salubre, vit réaliser beaucoup plus de guérisons qu'aucun autre.

Ce n'était pas tout que de procurer aux malades un asile convenable, il fallait encore les entourer de secours bien entendus, et l'on conçoit aisément qu'au milieu des tracas de la guerre, dans un pays dépourvu de tout, le zèle seul pouvait suppléer à la disette des ressources. Pour surcroît d'embarras, la cupidité et la malversation avaient laissé les hôpitaux dégarnis de toute espèce de médicamens. A son départ du Kaire, le pharmacien en chef Royer, qui s'était fait adjuger sept chameaux pour le transport des caisses de pharmacie, avait trouvé bon de changer un service qui aurait dû être sacré en misérable spéculation. Au lieu d'amener à sa suite les médicamens nécessaires pour la campagne, il avait chargé ses chameaux de denrées et de boissons pour les revendre (on devine à quel bénéfice) au milieu des sables du Désert. A la première révélation d'un crime pareil, Bonaparte ordonna de fusiller le coupable; mais les officiers de santé accoururent implorer le Général, alléguant qu'un châtiment officiel souillerait l'honneur de leur corps ; et cette démarche valut l'impunité au scandaleux trafic de Royer [1]. Il en résulta toutefois dans le cours de cette guerre des pertes énormes de malades, qui succombaient faute de remèdes convenables. On manquait de tout dans les hôpitaux, de vinaigre, de linge, de drogues médicinales. Le vin et l'eau-

---

[1] Aussitôt après son arrivée au Kaire, le Général en chef destitua Royer et nomma à sa place Boudet, membre de la commission des sciences et arts, homme probe et distingué par ses connaissances.

de-vie n'y venaient que par petite quantité, et encore fallut-il que l'Ordonnateur en chef Daure veillât incessamment à protéger ce service contre les dilapidations.

En effet, le personnel de l'administration des hôpitaux ne se distinguait pas par une grande moralité. Les infirmiers étaient presque tous des étrangers, véritable écume sociale qu'on avait recrutée dans les bagnes de Gênes, de Cività-Vecchia et de Malte. Leur conduite vis-à-vis des moribonds pourrait fournir d'horribles et sanglans épisodes. Épiant le dernier soupir du malade pour lui arracher ses lambeaux, ils se regardaient comme les héritiers de quiconque entrait dans leurs salles; et, quand la succession n'arrivait pas assez vite, ils ne se faisaient pas scrupule d'en hâter l'échéance de leurs mains. Le crime, il faut le dire, ne profita à aucun d'eux, car, avant la fin du siége, ils étaient tous morts de la peste. Alors on se contenta de quelques servans turcs qui montraient de la répugnance à assister des chrétiens mourans, et parfois le manque de bras fut tel, que Desgenettes lui-même se trouva obligé de nettoyer de ses mains l'ambulance d'Acre qui était placée sous son inspection immédiate. On le vit dans ce souterrain fangeux où les malades étaient étendus sur des nattes, ramasser les haillons, les sacs, les baudriers, les casquettes, les chapeaux ou les bonnets à poils des morts, et les jeter dans le feu allumé pour les réduire en cendres.

Ces obstacles matériels ne furent pas les seuls contre lesquels eut à se débattre l'active sollicitude des médecins. Le fléau, dont l'influence physique était si funeste, avait exercé sur l'armée une action morale plus désastreuse encore. Ces soldats éprouvés par plusieurs campagnes, ces hommes qui riaient au feu, qui plaisantaient devant le canon, avaient vu faiblir leur courage devant un mot : *la peste!* Cette pensée fixe d'une mort qu'ils ne comprenaient pas, qui tuait comme une apoplexie ; ce tableau vague d'agonie et de souffrances, de décomposition cadavérique; cette perspective d'un mal que donnait une poignée de mains, un souffle d'ami ; tout bouleversait ces têtes habituées pourtant à des périls plus graves, à des émotions plus fortes. Ceux même qui, blessés à la tranchée, se voyaient transporter aux hôpitaux, y arrivaient l'abattement dans le cœur, convaincus qu'ils y mourraient de la peste, s'ils guérissaient de leurs blessures. Les autres, valides encore, n'éprouvaient pas le plus petit dérangement, sans y voir les symptômes de l'affection contagieuse. La peur du mal avait fait naître le mal de la peur, mal terrible, incessant, qui s'aggrave de tous les fantômes de l'imagination, qui se complique de tous les symptômes dont il est cause, qui obsède, absorbe, qui énerve le corps et tue l'esprit.

Pour combattre cet être de raison, la médecine n'avait point de données pratiques; le courage et le dévouement pouvaient seuls dominer son influence. A Desgenettes était réservé l'honneur de guérir l'armée de sa préoccupation maladive. Déjà il avait compris à Jaffa quelle puissance un mot pouvait avoir, lorsqu'il nomma *fièvre* ce qui pour lui était visiblement *la peste*. A Saint-Jean-d'Acre, convaincu par mille exemples du caractère contagieux de la maladie, il nia la contagion en face de l'armée et la nia à ses périls. Procédant devant témoins, au milieu d'un hôpital de pestiférés, il trempa une lancette dans le pus d'un bubon et se fit une piqûre dans l'aîne et au voisinage de l'aisselle, sans prendre d'autres précautions que de se laver avec de l'eau savonneuse. Le résultat de cette expérience aurait pu être fatal à l'héroïque opérateur ; heureusement qu'il en fut quitte pour deux petits points d'inflammation correspondans aux deux piqûres.

L'occasion d'une seconde épreuve se présenta bientôt, et cette fois avec plus de périls et moins d'utilité. Desgenettes visitait les malades du camp, lorsque le quartier-maître de la 75ᵉ demi-brigade, frappé de la peste et n'ayant plus qu'une heure à vivre, le supplia de boire dans son verre une portion de son breuvage. L'intrépide médecin connaissait tout le risque qu'il courait ; il avait même alors présente l'opinion du célèbre chimiste Berthollet qui croyait que la peste se communiquait par les organes salivaires. Cependant il n'hésita pas à donner cette consolation au malheureux quartier-maître ; et ce fait, qui se passa devant un grand nombre de témoins, les fit tous reculer d'admiration et d'horreur.

Desgenettes, qui raconte lui-même avec une modestie naïve ces deux scènes de sa vie, ajoute avec la même bonne foi que plus tard, au milieu du Désert, il se trouva face à face avec le soldat dont il s'était inoculé le venin. Cet homme, alors parfaitement guéri, se fit un plaisir de lui offrir par reconnaissance de l'eau de sa gourde; mais, soit que le médecin se trouvât préoccupé alors de l'opinion du chimiste, soit qu'il ne se trouvât pas dans les mêmes dispositions de courage, toujours est-il qu'il n'accepta cette offre faite de bon cœur qu'avec une répugnance extrême.

Animés par l'exemple d'un tel chef, les médecins placés sous les ordres de Desgenettes ne restèrent pas en arrière de dévouement et d'activité. Près de lui Pugnet, Renati et Vallat; à Jaffa et à Ghazah, Auriol, Dewèvre, Saint-Ours et Bruant ne vécurent que pour combattre le fléau et lui arracher des victimes. Les cinq derniers y périrent; Auriol en quatre jours, après avoir désigné l'heure de sa mort; Saint-Ours en moins de temps encore, et presqu'au chevet des malades; Bruant et Dewèvre que liait l'amitié la plus intime, l'un près de l'autre après quarante-huit heures d'agonie. Tous les deux, jeunes, doctes, généreux, pleins d'avenir, ils échangèrent leurs pensées jusqu'au dernier instant et moururent en se serrant la main.

Pendant que le fléau pestilentiel provoquait

de tels actes d'héroïsme, les boulets et les balles de Djezzar donnaient de l'aliment à d'autres dévouemens et à d'autres soins ; car dans cette triste campagne l'occasion ne manqua à personne de faire ses preuves, et au corps des chirurgiens moins qu'à tout autre. Pour suppléer à l'insuffisance des médecins un grand nombre d'élèves de première, seconde et troisième classe, se vouèrent spontanément au traitement des pestiférés. Les autres, et à leur tête le chirurgien en chef, le digne Larrey, passaient leurs jours et leurs nuits à panser les blessures et à faire des opérations.

L'air insalubre au milieu duquel se trouvait placée l'ambulance d'Acre, la brusque variation du climat syrien, le souffle lourd du vent du Désert, les exhalaisons marécageuses, la fraîcheur des nuits, la présence de la peste dans l'enceinte des hôpitaux, les impressions morales qui en résultaient, tout contribuait à aggraver les plaies et à les compliquer par d'autres affections. Ici le tétanos accompagnait les blessures et emportait les malades en vingt-quatre heures ; là, la suppuration s'envenimait de la présence de vers, ou larves de la mouche bleue si commnue en Syrie. Partout on avait à combattre les désordres produits par les balles turques, dont la forme, combinée par une froide atrocité, rendait les guérisons plus rares et plus difficiles. Chacune de ces balles en effet fondue sans moule, et par conséquent remplie d'une foule d'aspérités, était en outre garnie d'un pédicule en fer identifié avec le plomb au moment de la fusion. Ce pédicule de deux lignes d'épaisseur environ sur près d'un pouce de longueur réunissait quelquefois deux de ces balles, à l'instar de boulets ramés. La plaie faite par de pareils projectiles offrait de profondes déchirures; les vaisseaux étaient rompus et désorganisés, et ce fil métallique, enclavant la balle dans les os, la rendait très-difficile à extraire. Souvent l'hémorragie, causée par la rupture des vaisseaux, ne pouvait être arrêtée que par de profondes incisions qui, mettant à nu toutes les parties lésées, permettaient de faire les ligatures nécessaires.

Toutes les blessures ainsi compliquées de fractures d'os exigèrent les soins les plus minutieux. Même après guérison, elles furent suivies d'articulations accidentelles; la plaie se cicatrisait assez promptement; mais les fragmens de l'os rompu, quoique rapprochés par des bandages, au lieu de se joindre par la suppuration calcaire, comme cela arrive en Europe, s'arrondissaient à leurs extrémités et se revêtissaient d'une enveloppe cartilagineuse qui ne facilitait les mouvemens des blessés que d'une manière imparfaite.

Au milieu de tant de soucis divers et dans la disette des médicamens, il est incalculable tout ce qu'il fallut de zèle et d'ardeur aux hommes chargés du service chirurgical de l'armée. Larrey et ses suppléans ne goûtèrent pas devant Acre un seul moment de calme et de repos complet. Il fallait être sans cesse à l'ambulance, ou en marche du camp à la tranchée, de la tranchée à l'hôpital, ou bien encore à parcourir les divisions qui comptaient presque autant de blessés que les établissemens sanitaires. Les soixante jours passés sous le canon de la place avaient donné plus de deux mille blessés, et en général les blessures étaient doubles ou triples, reçues de fort près et graves presque toutes, au point qu'il fallut faire près de cent amputations. L'activité des chirurgiens suppléa à leur nombre. Millioz, Boussenard, Valette, Galand, chirurgiens de première classe, Zinck, Reynaud, Doueil, Latile, de deuxième classe; Dièche, chirurgien-major des guides, etc., etc., répondaient par leurs vigilans efforts à l'impulsion puissante que donnait le chirurgien en chef : plusieurs tombèrent victimes dans cette campagne, les uns de la contagion, les autres frappés des balles ennemies aux postes les plus périlleux.

Tant de maux concentrés sur une seule armée, déjà plus forte de son courage que de son nombre, avaient jeté un grand vide dans ses cadres. Au simple coup-d'œil et en passant devant les tentes de chaque division, il était facile de s'apercevoir que la mort avait grandement moissonné dans chacune d'elles, et c'étaient là des pertes que rien ne pouvait réparer. La portion de l'armée restée en Égypte, coupée par la mer ou par les sables, ne pouvait même alors être d'aucun secours à ses frères de Syrie.

D'ailleurs, avec la plus grande opiniâtreté du monde, on se serait toujours trouvé en face d'une impossibilité. Au début du siége, avec des brigades complètes, bien disposées au moral et au physique, pleines de confiance dans leurs forces et de dédain pour leurs adversaires, on n'avait pas pu réduire une place hâtivement défendue par des milices peu nombreuses; comment aurait-on pu espérer un résultat meilleur à l'heure où la garnison de Saint-Jean-d'Acre venait de recevoir un imposant renfort? Cette garnison était d'ailleurs exaltée par le succès de sa résistance antérieure, tandis que nos soldats n'avaient puisé dans tant d'échecs successifs que le découragement, le dégoût, et non la volonté de vaincre.

Ce n'est pas tout encore; de divers côtés parvenaient à Bonaparte des nouvelles qui démontraient l'urgence d'une retraite. En croisière devant Jaffa, le contre-amiral Perrée venait de capturer deux petits bâtimens qu'une tempête avait séparés de la flotte turque. Six pièces d'artillerie de campagne, des munitions, plusieurs milliers de piastres et quatre cents soldats n'étaient pas le fruit le plus important de cette prise. A bord de l'une des caravelles on avait saisi l'intendant de la flottille musulmane, et sur lui une foule de papiers précieux qui se rattachaient aux projets ultérieurs du grand-vizir.

On sut par cet homme que le convoi de

troupes débarqué à Saint-Jean-d'Acre n'était qu'une minime partie d'un vaste armement que la Porte avait dirigé contre Alexandrie, et qui devait se coordonner avec les attaques combinées de Djezzar et du pacha de Damas. Le gros de l'armée ottomane se trouvait encore à Rhodes et dans le golfe de *Macri*, près Smyrne, n'attendant que la saison des vents étésiens pour attérir sur l'Égypte. Cette saison arrivait et l'on avait alors à peine le temps de devancer les troupes chargées de la descente.

A ces renseignemens venus de Jaffa se joignaient des nouvelles concordantes reçues du Kaire. Les dépêches du général Dugua et de Poussielgue racontaient alors avec détail les combats de la Haute-Égypte, l'insurrection du Delta, la trahison de l'émir Hadgy, la levée de boucliers de l'ange El-Mahdy; enfin l'apparition des Anglais dans la Mer-Rouge et jusque dans le golfe de Suez.

De cet ensemble de documens il y avait à conclure que l'Angleterre et la Porte-Ottomane s'étaient réunies dans une ligue sérieuse et que les soulèvemens intérieurs qui avaient lieu en Égypte n'étaient que la réponse anticipée à des promesses de secours extérieurs.

En même temps les rapports des Druzes qui arrivaient de Damas et du territoire de Nablous disaient que la contrée était de nouveau en armes pour attaquer les Français jusque dans leur camp.

Ainsi de toutes parts les avis reçus commandaient impérieusement la levée du siége. La peste, les pertes d'hommes, le vide que faisaient dans les rangs une foule d'officiers distingués, l'inutilité de nouvelles attaques, le peu d'avantages qui devait alors résulter même de la conquête, les projets du grand-vizir, ses préparatifs de descente, les coopérations des Anglais dans les deux mers, les mouvemens des populations syriennes, les soulèvemens survenus en Égypte, la saison, le besoin de vivres et de munitions, tout se réunissait pour conseiller un prompt retour à l'armée expéditionnaire.

Bonaparte le sentit; il fit taire son amour-propre froissé devant ces nécessités inexorables. On a raconté qu'avant de prendre une détermination il avait rassemblé ses généraux dans un conseil de guerre, et que là Kléber avait dit, employant une de ces tournures triviales qu'il affectionnait : « Généraux, je com-

» pare la ville d'Acre à une pièce de drap.
» Lorsque je vais chez le marchand pour
» l'acheter, je demande à la palper ; je la vois,
» je la touche, et si je la trouve trop chère, je
» la laisse. » Que le propos ait été tenu ou fait
après coup, il est juste et en situation. Toutefois nous doutons de son authenticité, car les
allures habituelles de Bonaparte le portaient à
ne prendre conseil que de lui-même, et s'il
quitta la partie, c'est qu'il vit que la revanche
était ailleurs.

La levée du siége fut donc définitivement
arrêtée. Dès le 28 floréal (17 mai), le Général
en chef minuta un ordre du jour pour présenter le fait sous un jour favorable. Cette
pièce où l'on sent à chaque ligne le besoin
de retremper le moral de l'armée, moins brève
et plus emphatique que les précédentes, se terminait par une formule de reproche dont les
soldats comprirent la portée. Voici le texte de
cette pièce :

Au quartier-général devant Acre, le 28 floréal an VII.

BONAPARTE, GÉNÉRAL EN CHEF.

« Soldats ! vous avez traversé le désert qui

» sépare l'Afrique de l'Asie avec plus de rapi-
» dité qu'une armée arabe.

» L'armée qui était en marche pour envahir
» l'Égypte est détruite ; vous avez pris son gé-
» néral, son équipage de campagne, ses baga-
» ges, ses outres, ses chameaux.

» Vous vous êtes emparés de toutes les places
» fortes qui défendent les puits du Désert.

» Vous avez dispersé, aux champs de Mont-
» Thabor, cette nuée d'hommes accourus de
» toutes les parties de l'Asie, dans l'espoir de
» piller l'Égypte.

» Les trente vaisseaux que vous avez vus
» arriver dans Acre, il y a douze jours, por-
» taient l'armée qui devait assiéger Alexandrie ;
» mais, obligée d'accourir à Acre, elle y a fini
» ses destins : une partie de ses drapeaux or-
» neront votre entrée en Égypte.

» Enfin, après avoir, avec une poignée d'hom-
» mes, nourri la guerre pendant trois mois dans
» le cœur de la Syrie, pris quarante pièces de
» campagne, cinquante drapeaux, fait six mille
» prisonniers, rasé les fortifications de Ghazah,
» Jaffa, Haïfa, Acre, nous allons rentrer en
» Égypte ; la saison des débarquemens m'y
» rappelle.

» Encore quelques jours et vous aviez l'espoir
» de prendre le Pacha lui-même au milieu de
» son palais; mais, dans cette saison, la prise du
» château d'Acre ne vaut pas la peine de quel-
» ques jours; les braves que je devrais d'ail-
» leurs y perdre sont aujourd'hui nécessaires
» pour des opérations plus essentielles.

» Soldats! nous avons une carrière de fati-
» gues et de dangers à courir. Après avoir
» mis l'Orient hors d'état de rien faire contre
» nous cette campagne, il nous faudra peut-
» être repousser les efforts d'une partie de
» l'Occident.

» Vous y trouverez une nouvelle occasion
» de gloire; et si, au milieu de tant de com-
» bats, chaque jour est marqué par la mort
» d'un brave, *il faut que de nouveaux braves*
» *se forment et prennent rang à leur tour parmi*
» *ce petit nombre qui donne l'élan dans les*
» *dangers et maîtrise la victoire.* »

Malgré la date de ce manifeste, pour éviter
que Djezzar, averti par quelque indiscrétion,
n'inquiétât l'armée française dans son mouvement rétrograde, l'ordre du jour du 28 floréal,
imprimé sous la tente même du Général en

chef¹, ne fut connu dans l'armée, d'une manière officielle, que le 1ᵉʳ prairial (20 mai), au moment où les colonnes allaient s'ébranler pour le départ. Mais, pendant les trois jours qui s'écoulèrent, il était facile de voir, aux mesures que l'on prenait, aux préparatifs que l'on faisait, aux mouvemens des hôpitaux, à l'organisation des transports, que la station devant Acre ne se prolongerait pas long-temps et que le retour en Égypte était irrévocablement fixé.

En effet, dès la nuit du 28 floréal (17 mai), des ordres avaient été donnés pour l'évacuation. Les blessés, les malades de l'ambulance d'Acre et de l'hôpital de Chefà-Amr avaient été dirigés sur Haïfà. L'ordonnateur en chef Daure avait détaché en avant plusieurs commissaires des guerres pour former sur la route des magasins de vivres. En même temps, pour ne pas laisser à l'ennemi les réserves immenses qui existaient dans les entrepôts de Safed, de Nazareth et de Tabaryéh, l'ordre fut donné d'incendier toutes les denrées qu'ils contenaient. Des exprès dépêchés dans toutes les directions portèrent des instructions aux corps

¹ Nous avons dit qu'une petite imprimerie portative avait été attachée à son service particulier.

isolés et réglèrent leur marche dans la retraite. Junot, qui venait d'évacuer Tabaryéh, prit position à Safouréh et couvrit ainsi les débouchés d'Obellyn et de Chefâ-Amr sur la plaine d'Acre.

Pour entourer d'un plus grand mystère ces préparatifs de départ, les batteries du camp de siége firent pendant trois jours le feu le plus terrible contre le front d'attaque, les édifices de la ville et surtout contre le palais de Djezzar. On eût dit qu'avant de quitter le Pacha, Bonaparte voulait le saluer de toutes ses munitions. Les boulets, les bombes, les obus pleuvaient sur Acre en forme d'adieux. A en juger sur les apparences, Djezzar devait plutôt voir dans cette démonstratiou le prélude d'un assaut que le signal d'une retraite.

Pour faire taire cette formidable artillerie, le gouverneur revint de nouveau à ses tentatives de sortie. Le 1er prairial (20 mai), à la pointe du jour, on vit encore déboucher de leurs places d'armes ces milices turques qu'on y avait tant de fois reconduites l'épée dans les reins. Elles ne furent pas en cette occasion plus heureuses. Forcées de reculer, elles se présentèrent de nouveau vers les trois heures du soir, après avoir réuni toutes leurs forces pour une épreuve dernière. Leur marche était dirigée surtout contre ces canons qui faisaient crouler leurs mosquées et leurs remparts. Les troupes de Hassan-Bey, les Albanais de Djezzar, les Mogrebins de la garnison, tout donna dans cette affaire. Attaquant avec hardiesse, ils parvinrent un instant à s'emparer du boyau qui couronnait la tour de brèche; mais le général Lagrange, qui commandait dans la tranchée, fondit bientôt sur les assaillans à la tête de deux compagnies de grenadiers, les culbuta, les poursuivit jusque dans leurs ouvrages, massacra tout ce qui ne put s'y jeter et repoussa le reste jusque dans les fossés.

C'était pour la dernière fois que le sang français coulait sur cette terre qui en avait tant bu. Le jour même, on détruisit l'aqueduc construit à si grands frais par Djezzar; on mit le feu aux maisons environnantes; on jeta à la mer tous les objets inutiles, mortiers, bombes, canons, obus, balles, outils du parc d'artillerie, enfin tout ce qui ne pouvait être emporté; puis on fit sauter le peu de poudre qui restait, et l'on incendia tous les caissons du parc. Ces dispositions prises, l'armée leva le siége le

1er prairial (20 mai), à neuf heures du soir.

L'évacuation se fit en silence et dans le plus grand ordre. La division Lannes se mit la première en marche sur Tentourah, suivie à quelque distance par les gros équipages de l'armée et par la division Bon, que commandait l'intrépide Rampon depuis la mort du général divisionnaire.

La division du général Kléber et la cavalerie prirent position, la première en arrière du dépôt de la tranchée, la seconde devant le pont de Kerdaméh, à quinze cents toises de la place. La division Reynier, qui était de service dans la tranchée, s'ébranla la dernière, portant à bras l'artillerie de campagne. Elle dépassa la division Kléber qui opéra à son tour son mouvement, ne laissant derrière elle qu'une centaine de chevaux pour protéger les ouvriers chargés de détruire le pont qui avait servi au passage des divisions.

Ainsi partit cette armée dont la bravoure méritait d'autres destins. Dans le courant de soixante-deux jours de siége, elle était montée quatorze fois à l'assaut, vingt-six fois elle avait repoussé de vigoureuses sorties. Au point où elle en était, elle eût pu se retirer à la clarté du jour, jetant ainsi à Djezzar le défi de la poursuivre ; mais elle avait trois lieues de chemin à faire sur la côte, et les Anglais étaient là avec leurs vaisseaux, leurs chaloupes canonnières, sous le feu desquelles il eût fallu passer. Bonaparte n'était pas homme à jouer la vie de ses soldats contre une rodomontade ; il préféra donc opérer sa retraite de nuit et avec de prudentes précautions.

La marche des divisions fut si régulière et tellement silencieuse que les assiégés continuèrent leur feu plusieurs heures après le départ des Français, et qu'ils ne s'aperçurent de la levée du siége qu'aux premières lueurs de l'aurore. Un cri de surprise échappa, dit-on, à Djezzar, lorsque, montant sur le donjon de son palais, il vit cette plaine d'Acre, si bruyante naguère, muette et déserte. Les tentes avaient disparu, les faisceaux d'armes n'étincelaient plus au soleil : plus de feux de bivouac, plus de hennissemens de chevaux, plus de roulemens de tambours. Pendant quelques minutes, la garnison crut à une ruse ; mais, quand elle fut sûre que nos troupes n'étaient plus là, de bruyans transports de joie éclatèrent dans ses rangs. Trop heureuse qu'un si terrible ennemi eût renoncé à la victoire, elle ne songea pas un seul instant à l'inquiéter dans sa retraite.

L'armée pourtant continuait sa route. Toutefois la promptitude qui avait présidé au mouvement rétrograde ne fit pas oublier les devoirs impérieux de l'humanité. Sur douze mille hommes environ qui étaient venus d'Égypte, on comptait alors plus de deux mille malades ou blessés, auxquels il fallait assurer des moyens de transport.

La contrée environnante, soumise à une réquisition par les commissaires des guerres, avait bien fourni une certaine quantité d'ânes, de chevaux, de mulets et de chameaux; mais le nombre trouvé était loin de suffire aux besoins. Ce fut alors que Bonaparte déclara que toutes les personnes valides iraient à pied, généraux, chefs de brigades, officiers de toute arme et employés de toute administration. Prêchant lui-même d'exemple, il mit ses chevaux de main à la disposition des blessés, et s'emporta à Tentourah contre son écuyer Vigogne qui, ne voulant pas prendre la chose au sérieux, lui présentait l'étrier de son cheval [1] de campa-

---

[1] Ce cheval était *Néron* que tout Paris a pu revoir depuis aux jours de parade dans le Carrousel.

gne [1]. Grâce à cette détermination généreuse, on put réunir un nombre suffisant de montures pour les hommes hors d'état de marcher. Les uns enfourchèrent des chevaux et des mulets; les autres, trop faibles pour supporter cette fatigue, furent placés sur les bâts à prolonges dont nous avons donné la description à l'époque du départ de l'armée pour l'expédition de Syrie. Ces brancards portatifs, sur lesquels les malades pouvaient s'étendre, étaient suspendus sur le dos des chameaux, l'un à droite, l'autre à gauche, et se servant de contre-poids. Ce fut à ces ingénieuses machines que les soldats les plus grièvement blessés ou atteints de la peste durent de n'être pas abandonnés dans le Désert.

Au milieu de ce grand mouvement d'hommes et de matériel, il était impossible de tout surveiller et de parer à tout. Quelques victimes restèrent donc sur cette plage; les unes sacrifiées par l'égoïsme, les autres se perdant par imprudence. Ainsi, un grand nombre de ceux qui, faute de chameaux,

[1] Il faut toutefois ajouter qu'il reconnut bientôt l'impossibilité de faire à pied un aussi long et aussi pénible chemin.

avaient été placés sur des brancards à bras, pestiférés presque tous, furent abandonnés par leurs camarades chargés du transport. Heureux si l'Arabe vagabond termina promptement leur cruelle agonie! D'autres, en état de convalescence, apprenant dans l'hôpital du Mont-Carmel que l'armée allait se mettre en marche, et préoccupés de la crainte de se voir abandonnés, sortirent précipitamment de leurs lits et voulurent couper au plus court pour la rejoindre : perdus au milieu de pics rocailleux, marchant au fort de la nuit à travers des sentiers impraticables, ils tombèrent dans des précipices sans fond, et les divisions qui passaient au pied de la montagne purent entendre leurs cris et leurs râles de mort.

CHAPITRE XIII.

Itinéraire de l'armée. — Passage à Haïfa. — Arrivée à Tentourah. — Destruction de l'artillerie. — Pestiférés de Tentourah. — Marche vers Césarée. — Attaque des Nablousains. — Arrivée à Jaffa. — Pestiférés de Jaffa. — Sir Robert Wilson. — Mission de l'ordonnateur en chef Daure. — Accusation d'empoisonnement. — Réfutation.

Bonaparte avait décidé que la retraite s'effectuerait autant que possible sur le littoral de la Méditerranée, où la température était plus fraîche et les chemins moins montueux. Malgré le choix de cet itinéraire, la première journée ne s'écoula point sans que l'armée eût un avant-goût des fatigues qui l'attendaient. Partie le 2 prairial (21 mai), à deux heures du matin, elle s'avança d'abord dans la direction du marais, en se jetant sur le bord même de la rive sablonneuse, passa le Keyssoun sur un pont jeté près de son embouchure, traversa Haïfâ sans s'y arrêter, et tourna la pointe du Carmel, ainsi que la petite rade nommée *Tell él-Samak* (la Butte du Poisson), au-dessous de la grotte d'Élie. Sur ce rivage nu, le soleil, reflété par les rochers de la montagne, dardait sur les corps voyageurs ses rayons les plus aigus. Nul abri, nul palmier pour faire une halte; pas une source d'eau, pas un puits pour se désaltérer. Trois torrens, descendant de la montagne, et qu'on avait traversés, n'avaient offert qu'un lit entièrement sec. A peine se trouvait-on dehors du camp, et déjà les angoisses de la soif atteignaient le soldat. Un grand nombre de malades et de blessés succombèrent à cette première épreuve.

Enfin aux abords de Koneysséh, on trouva, près des ruines de l'ancienne *Calamoum*, une antique citerne où l'armée put se désaltérer et remplir ses outres. S'ébranlant de nouveau, on passa le ruisseau nommé *Rab-Ouady-Adjel* où l'on put recueillir un peu d'eau, et on se trouva devant les ruines d'Atlyt, château désert alors, mais célèbre, au temps des Croisades, sous le nom de *Château des Pélerins* [1] ; puis

---

[1] Ce fut à Atlyt que mourut le général divisionnaire Bon des suites de sa blessure dans le bas-ventre. Il fut enterré dans le sable par ses grenadiers.

après quelques heures de route pénible, où la source de Sarfend, la seule que l'on trouva, fut promptement tarie, on côtoya *Koufour-él-Aan* et *él-Haddarah*. Enfin, laissant à droite les roches escarpées et entourées par la mer, sur lesquelles apparaissent les tours ruinées de l'antique *Dora*, on arriva au milieu des sables mouvans qui avoisinent Tentourah. C'était là qu'on devait camper la nuit.

Tentourah avait servi de point de débarquement à toute l'artillerie de siége envoyée soit de Damiette, soit de Jaffa ; on y avait même dirigé les quarante pièces turques qui garnissaient les remparts de cette dernière ville. C'était, pour ainsi dire, le parc de réserve de l'armée. Quand Bonaparte eut résolu son retour, il fit replier sur ce point les batteries de siége, et ce matériel formidable se trouvait alors réuni dans le même endroit. Quelque désir qu'on eût de le conserver, son évacuation était impossible. Par le Désert, une pareille artillerie aurait pu rester dans les sables, à la merci des Arabes ou des Turcs ; par mer elle devenait infailliblement la proie des Anglais. En présence de l'un et l'autre inconvénient, Bonaparte jugea que le meilleur parti à prendre était de jeter tout ce canon dans les eaux de la baie. Les soldats, les artilleurs surtout, exécutèrent cet ordre les larmes aux yeux ; il leur en coûtait de se séparer de leurs compagnons de victoire, de ce bronze qui avait parlé si haut à l'Europe et à l'Afrique. Les bombes et la plus grande partie des munitions furent sacrifiées de la même manière, afin de pouvoir transporter les blessés sur les caissons. On ne conserva pour le retour en Égypte que deux obusiers et quelques petites pièces turques.

A Tentourah se trouvaient aussi les fiévreux ou pestiférés qu'on avait évacués tour à tour de Saint-Jean-d'Acre et de Haïfâ ; on parvint à les embarquer presque tous sur des caravelles turques qui se trouvaient dans le port. Quelques-uns pourtant restaient encore dans des cabanes placées sur le bord de la mer, mais dans un état si désespéré, qu'on laissa à la division Kléber qui marchait en queue le soin de ramasser ceux que le mal avait épargnés. Ces infortunés ignoraient cet ordre, ou n'y croyaient pas. En voyant défiler les divisions sans que personne s'occupât d'eux, ils poussèrent des cris lamentables, déchirèrent leurs appareils, et se roulèrent jusque sous les pieds des chevaux. Dans le nombre était un soldat qui, entendant le tambour, se dressa sur ses jambes dans un accès de fièvre, prit son havre-sac, et marcha. Trois fois, à quelques pas de distance, il tomba raide sur le sable : il se releva trois fois comme par un mouvement galvanique, puis il expira l'œil ouvert et fixé sur la queue des colonnes, les bras tendus vers elles, dans une attitude qui exprimait à la fois la menace et le regret, la rage et la douleur.

Le 3 prairial (22 mai) on arriva à Kaissaryéh, ou Césarée, après trois heures de marche et deux rivières traversées à gué. Le bivouac du soir eut lieu auprès de cette ville, au milieu d'une vaste enceinte de ruines, dont les débris attestent encore la magnificence du grand Hérode qui la fonda et de César-Auguste à qui elle fut dédiée. Un château fort que les Croisés y élevèrent offre aussi des murailles en assez bon état. Une énorme tour, nommée la *Tour de Straton*, y domine la plage du haut de la petite presqu'île qui commande la baie. L'armée y trouva quelques rafraîchissemens et y fit sa provision d'eau.

On en partit le 4 prairial (23 mai) à la pointe du jour. La route fut ouverte au travers d'un défilé dangereux, traversé par un torrent qu'il fallut passer à gué avant que d'arriver au petit pont *des Nablousains* ou de Mynâ-Sabourah où l'on fit halte, après avoir passé la rivière de *Hylét*, au lieu nommé *Moyet él-Temsah* (l'eau du Crocodile). Tout le long de cette route, les colonnes furent harcelées par les Arabes et par les Nablousains, attirés par l'espoir de conquérir quelques dépouilles. Cachés dans les buissons qui bordaient le chemin, ils épiaient les traînards et les égorgeaient pour les dévaliser. Un de ces brigands, plus avide et plus hardi que les autres, ajusta même à bout portant le Général en chef qui heureusement ne fut pas atteint. L'ordre fut donné à Murat de fouiller le bois qui recélait ces dangereux tirailleurs. Dans cette battue, deux furent arrêtés et conduits devant Bonaparte. Pris en flagrant délit, ils avaient en outre sur eux des cocardes et des lambeaux d'uniformes français. « Qu'on les fusille ! » dit le Général en chef. En effet, on plaça les deux Nablousains sur le rivage, enveloppés dans leurs bournous et la figure tournée vers le large; mais au moment où un peloton des guides allait les ajuster, voilà que les deux délinquans se précipitent dans la mer, nagent de récifs en récifs, au milieu d'une grêle de balles, et parviennent à se maintenir hors de portée pendant tout le défilé des divisions. On leur tira plus de mille coups de fusil sans pouvoir les atteindre.

Mais ces châtimens isolés n'étaient pas suffisans : l'armée avait une revanche à prendre sur ces peuplades qui n'avaient cessé de l'inquiéter dans tout le cours du siége. Pour venger en un jour les hostilités de deux mois, Bonaparte envoya des détachemens dans tous les villages de ce rayon, afin d'en chasser les habitans, d'enlever leurs bestiaux et d'incendier leurs demeures. Cette mesure extrême devait en outre empêcher l'ennemi de poursuivre les Français et de les harceler dans leur retraite.

Le même jour on s'avança au-delà de la rivière de *Hylét*. En s'approchant d'*Om-Khaled*, comme le rivage n'offrait plus de route praticable, l'armée abandonna les bords de la mer et se dirigea au sud-est pour suivre la crête des dunes parallèlement au rivage. La chaleur y devint encore plus étouffante : le thermomètre de Réaumur marquait 44 degrés, et ce même terrain qu'à leur premier passage les soldats avaient trouvé humide et boueux, desséché maintenant jusque dans ses entrailles, offrait partout des crevasses profondes qui semblaient souffler un feu souterrain. On rencontra deux sources; elles étaient entièrement taries, le sol était brûlant à calciner la plante des pieds : aussi vit-on une foule de soldats se coucher sur cette terre maudite et y attendre la mort comme un bienfait. Le village d'*Om-Khaled* fut livré aux flammes comme tous ceux qu'on avait rencontrés le matin, et l'on campa le soir même (4 prairial — 23 mai) sur un mamelon que baigne et entoure de trois côtés la petite rivière d'*El-Haddar*. Le bivouac fut assis sur les bords d'un vaste étang que forme le confluent de cette rivière avec un autre courant d'eau qui descend d'*El-Borg*.

La halte ne fut pas longue. A deux heures du matin, on marchait de nouveau vers le sud-ouest, en longeant une côte très-escarpée, pour se rapprocher du bord de la mer. On le rejoignit au village de *Aly-ebn-Haramy* (Aly, fils de voleur), dont la mosquée remarquable dessinait son minaret élancé au-dessus des monticules de sables, et on ne s'en écarta plus. Sept heures de route le long des dunes laissèrent voir enfin les remparts de Jaffa où l'on devait prendre quelque repos. On laissa à gauche le bourg de *Dahr* : la rivière de *Nahar-Ougéh* fut passée sur un pont volant près de son embouchure, le pont de maçonnerie qui la traverse à *Melebbés* s'étant trouvé entièrement ruiné, et le 5 prairial (24 mai) l'armée traversa la place de Jaffa et se logea dans les environs.

Des soins graves préoccupèrent Bonaparte pendant sa courte station à Jaffa. La peste dont le germe avait été laissé dans cette ville s'y était développée avec une intensité effrayante. Médecins, infirmiers, tout y avait succombé, et à l'arrivée des troupes du siége on comptait encore cent soixante-dix malades dans l'hôpital. Le lendemain, par la jonction des pestiférés qui venaient de Saint-Jean-d'Acre par terre ou de Tentourah par mer, ce chiffre fut porté à deux cent cinquante. Avant de quitter Jaffa, il fallait prendre un parti au sujet de ces malheureux, et le Général en chef avisa.

Ici nous allons parler d'un fait qui a remué bien des passions et soulevé bien des controverses. Peut-être son importance eût-elle été moindre, si on avait moins insisté à son sujet ; mais, pris au point de vue où on l'a placé, il est devenu d'une importance capitale, et l'histoire doit aujourd'hui, en abordant cette question délicate, dire ce qui est et tout ce qui est.

Et d'abord, au milieu d'assertions contradictoires, il faut laisser parler les documens officiels, pour passer de là aux opinions privées.

Le premier soin de Bonaparte à son arrivée devant Jaffa avait été de mander auprès de lui l'ordonnateur en chef Daure à l'effet de combiner les moyens d'évacuation. Le transport de deux mille blessés ou pestiférés environ, c'est-à-dire de la cinquième partie de l'armée, n'offrait pas de médiocres embarras. Pour l'effectuer deux voies étaient ouvertes, l'une par mer sur Damiette, l'autre par terre sur El-Arych ; mais il fallait s'assurer s'il existait à cet effet des navires, des brancards, des chevaux, des vivres, des équipages, des médicamens, des officiers de santé.

Daure remplit avec zèle et courage une mission qui avait ses périls. Suivi de l'adjudant-général Leturq que le chef de l'état-major Berthier lui avait adjoint, secondé par les commissaires des guerres Signoret et

Villard[1], l'ordonnateur en chef visita tout par lui-même ; il entra dans les ambulances, s'assura du nombre des malades ou blessés qui pouvaient supporter le transport, et arrêta les premiers préparatifs de la double évacuation.

Celle qui devait faire voile pour Damiette se composait d'un convoi de sept petits bâtimens qui se trouvaient dans le port de Jaffa et qui avaient été mis à la disposition de l'armée par le contre-amiral Gantheaume. Ces bâtimens, commandés par des officiers de la marine française, étaient le chebec *la Fortune*, la chaloupe *l'Hélène* et les djermes n°s 1, 3, 4, 5 et 6 [2]. Ils furent approvisionnés pour six jours. La ration était composée de huit onces de biscuit, six onces de riz, un quart de livre de viande et deux onces d'huile. On mit également à bord de ce convoi le peu de médicamens qui restaient disponibles.

Pour ce qui est des officiers de santé, nous

---

[1] L'un et l'autre moururent de la peste à quelques jours de là, et l'adjudant-général Leturq tomba malade, à son arrivée au Kaire, d'une fièvre soporeuse dont il fut guéri par Desgenettes.

[2] Ces détails sont extraits de la correspondance officielle de l'ordonnateur en chef Daure avec les commissaires des guerres sous ses ordres et de ses rapports au Général en chef.

avons vu que l'hôpital de Jaffa n'en avait plus ;
ils y étaient tous morts de la peste. A leur
défaut, Larrey désigna MM. Rosel, André,
Lagier, Javanat, Leclerc, Glèze et Moran-
gers, appartenant tous aux ambulances et aux
corps de l'armée. Ils furent répartis, un sur
chaque bâtiment, ainsi que les employés des
hôpitaux.

Ces préparatifs faits, le convoi appareilla de
Jaffa sous la conduite du commissaire des
guerres Alphonse Colbert. Nous verrons plus
tard quel fut son sort.

Quant à l'évacuation par terre, elle eut lieu
sous les ordres de l'adjudant-général Boyer [1] et
sous l'escorte du deuxième bataillon de la 69°
demi-brigade ; le commissaire des guerres
Grobert fut chargé de la police du convoi qui
arriva sans accident à sa destination.

Cinq cents blessés ou malades furent ache-
minés, de Jaffa seulement, par la première de
ces deux voies, et le reste par la seconde.

Ainsi, deux faits bien précisés résultent de
ce qui précède ; c'est que deux évacuations considérables eurent lieu, l'une par terre qui n'a

---

[1] Maintenant l'un des généraux de l'armée d'Alger.

jamais été niée, l'autre par mer qui a donné matière à controverse [1]. A cette dernière il faut même joindre les embarquemens de malades et de blessés que l'on avait faits à Tentourah et qui rallièrent en partie le convoi principal.

Quand on a sous les yeux les documens qui constatent l'importance de ces deux évacuations, il est aisé de voir que sur les deux cent cinquante pestiférés qui restaient dans les hôpitaux de Jaffa, tout ce qui n'avait pas atteint le dernier période de la maladie, tout ce qui n'était pas dans un état désespéré avait pu et dû être distribué sur les deux routes.

Nous avons insisté sur ces détails, parce qu'ils répondent d'une manière péremptoire aux calomnieuses imputations d'un Anglais dont le nom est devenu depuis célèbre et honorable à d'autres titres. Sir Robert Wilson consigna dans un pamphlet écrit vers les premières années de ce siècle, cette accusation horrible que « *cinq cent quatre-vingts* pestiférés ou blessés » avaient été empoisonnés à Jaffa par l'ordre » formel de Bonaparte. »

[1] Voyez les *Mémoires de Bourrienne* et quelques autres relations.

On vient de voir ce qu'il en est de cette fable atroce qui du reste a été plus tard noblement désavouée par son auteur [1].

Toutefois, pour preuves surabondantes, laissons parler sur ce fait ceux qu'il touchait d'une manière intime et immédiate, ceux dont il atteignait la responsabilité. Les blessés étaient dans le domaine du chirurgien en chef. Que Larrey, lui que Bonaparte a nommé dans son testament *le plus vertueux des hommes*, réponde au pamphlétaire anglais !

« Ces blessés furent évacués en Égypte pen-
» dant le siége, ou à l'époque du départ de l'ar-
» mée. Huit cents passèrent par les déserts et
» douze cents par mer, dont la plupart s'em-
» barquèrent à Jaffa. L'une et l'autre traversée
» furent extrêmement heureuses, car nous
» n'en perdîmes qu'un très-petit nombre.

» *C'est au général Bonaparte que ces hono-*
» *rables victimes durent principalement leur*
» *salut*, et la postérité ne verra pas sans admi-
» ration parmi les vertus héroïques de ce grand

---

[1] Sir Wilson a rétracté solennellement cette accusation dont il a reconnu la fausseté en présence de Lavalette et dont il s'est excusé sur sa grande jeunesse et sur les haines politiques de l'époque.

» homme, l'acte de la plus sensible humanité
» qu'il a exercé à leur égard.

» Le manque absolu de moyens de trans-
» ports réduisait tous les blessés à la cruelle
» alternative, ou d'être abandonnés dans nos
» ambulances, et même dans les déserts, exposés
» à y périr de soif ou de faim, ou d'être égor-
» gés par les Arabes. Bonaparte ordonna que
» tous les chevaux qui se trouvaient à l'ar-
» mée, sans en excepter les siens, fussent em-
» ployés au transport de ces blessés; en consé-
» quence, chaque demi-brigade ayant été
» chargée de la conduite de ceux qui lui appar-
» tenaient, *tous ces braves arrivèrent en*
» *Égypte; j'eus la satisfaction de n'en pas lais-*
» *ser un seul en Syrie.* »

Voilà donc les blessés hors de cause, car toutes les assertions contraires, ou dictées par la malveillance, ou appuyées sur des rumeurs de camp, ne soutiennent pas l'examen. Quant aux pestiférés, il faut à leur sujet entrer dans d'autres détails.

Le triage fait, et lorsqu'on eut acheminé deux cents hommes atteints de la contagion dans un degré plus ou moins fort, on se trouva en face de cinquante agonisans environ qui mouraient d'heure en heure et dont l'état ne laissait plus d'espoir.

Bonaparte était fort embarrassé. Déjà, dans une occasion pareille, avant de quitter les murs de Saint-Jean-d'Acre, il avait eu avec le médecin en chef Desgenettes une conversation confidentielle qui l'eût empêché de s'ouvrir de nouveau à lui quand même il en aurait eu l'intention.

Alors, comme actuellement, il s'agissait de savoir si, dans l'intérêt du plus grand nombre, il n'était pas utile, moral même, de sacrifier quelques soldats; si la responsabilité n'était pas plus grande de tenir l'armée constamment sous le poids d'une décimation, que de couper brusquement le mal par un holocauste une fois fait. Dans le cours de cette conversation, Bonaparte alla jusqu'à effleurer la question d'empoisonnement. « A votre place, dit-il, je » terminerais à la fois les souffrances de nos » pestiférés et je ferais cesser les dangers dont » ils nous menacent, en leur donnant de » l'opium. — Général, répondit Desgenettes, » mon devoir n'est pas de détruire, mais de » conserver. » Sur cette réponse, Bonaparte n'insista pas et se contenta de dire avec un

mélange d'ironie et d'aménité : « J'avais
» conçu une toute autre idée de vos prin-
» cipes philosophiques, M. le premier médecin,
» et je vois que je me suis trompé. Du reste,
» ajouta-t-il, je ne cherche pas à vaincre vos
» répugnances; mais ce que je conseille là pour
» les autres, en pareil cas je le demanderai
» pour moi-même. »

Cette conversation excluait toute nouvelle ouverture auprès de Desgenettes. Aussi fut-elle la seule, et n'acquit-elle de l'importance qu'à cause des inductions que l'on en tira plus tard.

L'ordonnateur en chef Daure venait de rendre compte au Général du résultat de sa périlleuse mission : lui peignant l'embarras où il se trouvait au sujet des cinquante pestiférés qui n'étaient pas transportables, il parla de les confier à la loyauté de sir Sydney-Smith, et de lui envoyer un parlementaire pour réclamer une sauve-garde. Bonaparte répugnait à ce moyen; ses rancunes contre le Commodore étaient encore trop vives et trop récentes pour qu'il descendît à lui demander un service; et d'ailleurs, eût-il vaincu cette répugnance, l'escadre anglaise était trop loin, pour obtenir à cette démarche une solution aussi prompte qu'il le fallait.

Au milieu de ces pourparlers, le nombre des moribonds allait diminuant, et l'on n'en comptait plus que vingt-cinq ou trente dès le 8 prairial (27 mai).

Que devinrent-ils?

Ici la question change d'aspect. L'imputation anglaise est tombée au néant. Justice est faite de son chiffre absurde et de ses détails plus absurdes encore. Nous en avons fini de la calomnie étrangère, venons aux accusations compatriotes. Celles-là, il faut le dire, sont plus graves, plus précises; elles se circonscrivent dans un chiffre moins exagéré; elles ont jusqu'à ce jour partagé les meilleurs esprits. Nées sous les tentes d'Égypte avant le départ de Bonaparte, elles ne se révélèrent d'abord que timides et honteuses; mais, quand il eut brusquement quitté la terre africaine, elles se grossirent de toutes les rancunes, de tous les désappointemens comprimés jusqu'alors; s'accréditèrent, prirent de la consistance, et finirent par avoir cours comme des vérités hors de conteste. A quinze ans de là, elles passèrent de la mémoire des contemporains dans les gazettes, dans les pamphlets, dans les relations historiques, et retrempèrent leur caractère originel dans ce nouveau baptême de la publicité.

Ces accusations, les voici, telles qu'on les a formulées, sans y rien ajouter, sans en retrancher rien.

On a dit que, jusqu'à la dernière heure de son séjour à Jaffa, Bonaparte ne sut que résoudre au sujet des vingt-cinq malheureux qui se débattaient contre l'agonie. Enfin, soit qu'il voulût les arracher aux barbaries musulmanes, soit qu'il tînt à ne point laisser de Français vivans aux mains de l'ennemi, le Général fit appeler, dit-on, le pharmacien en chef Royer, le même homme qui aurait dû être fusillé pour crime de péculat, et lui intima l'ordre formel d'administrer de l'opium à ces malades. Cet opium, ajoute-t-on, fut fourni par le médecin turc, Moustafa Hadjy, prisonnier à Jaffa depuis l'occupation de cette ville, et qui avait apporté avec lui de Constantinople six litres environ de *laudanum de Sydenham* contenus dans deux flacons. Royer s'en empara et le fit boire aux victimes désignées. Quinze environ y succombèrent; mais, sur les autres, ce poison eut un effet si étrange, qu'il provoqua une crise et les sauva. Plusieurs témoins oculaires affirment avoir revu à El-Arych deux ou trois de ces pestiférés échappés à la mort comme par miracle. Complètement guéris, ils avaient toutefois conservé dans les membres ces mouvemens nerveux que provoque toujours l'opium pris à forte dose.

Voilà la version vulgaire, celle, avouons-le, qui a circulé jusqu'à présent comme la plus sûre et la plus vraie. Certes, s'il fallait défendre cette mesure extrême, telle qu'on la présente, les argumens ne manqueraient pas. Avant de juger d'une manière absolue et rigoureuse la moralité d'un fait, il s'agirait d'abord de faire revivre les impressions, les nécessités du moment. Il faudrait se replacer en situation, devant ces corps hideux qu'aucun soldat ne voulait toucher, qui devaient mourir en route et traîner à la suite de l'armée le germe d'un mal parvenu à son degré le plus dangereux; se retracer la difficulté des transports, la cruelle position de ces infortunés s'ils avaient su qu'on préméditait leur abandon, les scènes d'angoisses à l'heure du départ, le sort qui les attendait à l'arrivée des Turcs; et, ces prémisses une fois débattues, se demander ensuite si, chef responsable de la vie de dix mille hommes, on eût agi comme Bonaparte ou agi autrement que lui?

Du reste, pareil événement n'eût pas été une nouveauté dans les annales des peuples militaires. Sans vouloir remonter bien haut, si l'on interrogeait les plaines que nos soldats ont parcourues dans ces quarante années, elles révéleraient des sacrifices de vies humaines plus désastreux et moins justifiables.

Nous n'insistons pas sur ce thême; car notre point de vue est ailleurs. Le fait attribué à Bonaparte n'exige pas de justification, puisque *ce fait n'a jamais eu lieu.* L'ordre donné à Royer, l'opium administré, les malades guéris par une espèce de prodige, tout cela n'a existé que dans des imaginations crédules, impressionables, ou dans des bouches malveillantes. Appelés à donner notre opinion sur ce point contentieux, nous nous sommes entourés de toutes les pièces écrites, nous avons feuilleté tous les documens officiels, rallié en faisceau toutes les opinions, tous les témoignages; nous avons en un mot creusé jusqu'aux entrailles cette profonde question d'histoire; et aujourd'hui, au milieu d'assertions qui se combattent, la main sur le cœur, jugeant comme un jury, nous disons : Non, il n'y a point eu d'empoisonnement dans l'hôpital de Jaffa. — Non, Bonaparte n'a point donné l'ordre qu'on lui impute.

Précisons de quels élémens notre conviction s'est formée.

L'hôpital de Jaffa, privé depuis long-temps d'infirmiers et de médecins, était, au retour de l'armée expéditionnaire, une espèce de lieu maudit, un foyer d'infection où les soldats expiraient dans le délaissement. Depuis plusieurs jours, toute espèce de service y avait cessé; et des cadavres putréfiés gisaient là côte à côte avec les malades ou les moribonds. Dans cette enceinte toute pleine de miasmes pestilentiels et de sanie contagieuse, une mort presque infaillible menaçait l'homme assez dévoué, assez audacieux pour y pénétrer. A l'arrivée de Bonaparte, l'aspect du local était devenu si effrayant que tous ceux qui purent s'en échapper, se traîner au dehors, vinrent se jeter aux genoux du chirurgien en chef, en le suppliant d'avoir pitié d'eux. Larrey les rassura, leur promit secours, et comme il y avait là, éparses sur le sol, des bandes de linge à pansement qu'on venait d'enlever de l'appareil des blessés, il les leur abandonna, leur conseillant de s'en envelopper les bras ou les jambes. Ils le firent; dès-lors on les prit pour des blessés, et ils trouvèrent dans les soldats chargés du transport moins d'égoïsme et de répugnance.

Ainsi, tout ce qui restait à l'intérieur de l'hôpital avait atteint la période la plus critique de la maladie. La peste s'y exhalait de toutes les bouches; elle y suintait par tous les pores, suppurait par tous les bubons; ce n'était plus une infirmerie, c'était presque une Morgue, un amphithéâtre.

Et l'on veut qu'un homme se soit rencontré, assez hardi au mal, pour entrer dans cette salle infecte, et non-seulement y apparaître, mais y accomplir une longue et révoltante mission; faire une station au chevet de trente malades, les uns assoupis, les autres en délire ou agités par des convulsions horribles, mesurer à chacun son breuvage, ouvrir violemment des bouches qui se refusaient à la déglutition, et leur faire boire la mort de force ou de gré! Un rôle semblable, atroce autant que périlleux, n'était pas à la taille du premier venu, et l'on pouvait chercher long-temps un acteur qui fût de force à le remplir.

On cite Royer; car à cette œuvre il faut un ouvrier digne d'elle. Mais Royer, au su de toute l'armée, n'était qu'un misérable poltron, lâche autant que cupide, tenant à la vie plus encore qu'à l'argent. Royer, depuis le jour où la pitié de ses confrères l'arracha à un supplice mérité, n'aurait pas osé reparaître devant le Général en chef, mille fois moins ouvrir la bouche en sa présence; donner un avis, conseiller un crime, lui criminel gracié; et de son côté Bonaparte tenait trop cet homme en mépris pour se servir de son ministère, même dans une action mauvaise. Dès que la peste eut éclaté au sein des hôpitaux, Royer n'y mit plus le pied: n'ayant soin que de sa santé ou de ses affaires, il s'établit à demeure dans l'enceinte des cantines, et vécut dans la compagnie des vivriers, des fournisseurs du camp, avec lesquels il continuait ses brocantages. Quand l'armée fit halte devant Jaffa, Royer resta fidèle à ses nouvelles habitudes; il n'entra même pas dans la ville. Et voilà pourtant l'homme qu'on met en avant; dont on veut faire, à toute force, un vampire, un héros de mélodrame! C'est ce Royer, qui à la première ouverture d'une pareille mission, eût fui épouvanté jusqu'au Désert!

Si cette impossibilité capitale ne suffisait pas à ruiner la version imaginaire de l'empoisonnement, on pourrait demander comment, à point nommé, il se trouva six litres de *laudanum de Sydenham* dans les sacs d'un docteur osmanli, quand tous les officiers de santé se plaignaient depuis deux mois du manque de médicamens, quand Saint-Ours entre autres, laissé à Jaffa, avait souvent insisté là-dessus dans sa correspondance avec Desgenettes; comment encore l'opium du médecin musulman était en préparation liquide, tandis que les Turcs ne l'emploient jamais qu'à l'état solide! On pourrait affirmer en outre que l'histoire des hommes retrouvés guéris à El-Arych, avec des tremblemens nerveux, est une assertion au moins hasardée, puisqu'à diverses reprises l'armée entière, passée à l'inspection du chirurgien en chef, n'offrit pas un seul exemple de ces affections maladives. Ainsi, renversé de prime abord dans les circonstances principales, le fait ne soutient pas mieux la lutte des détails [1].

---

[1] Au reste, nous ne pouvons laisser ignorer que Desgenettes a

Maintenant, de ces preuves d'ordre matériel, déjà si péremptoires, passons à des considérations d'ordre moral plus décisives encore.

Avant tout, il faut rendre cette justice à Napoléon, que dans ses quatorze années de toute-puissance on le trouva constamment avare de cruautés, et surtout de cruautés inutiles. Génie logique, il voulut que chacun de ses actes, bon ou mauvais, eût une pensée, une intention finale. Eh bien! ici quel eût été le but, le motif de cet empoisonnement? On s'accorde à dire que les malades étaient dans un état désespéré, qu'ils étaient intransportables, qu'ils allaient mourir. Alors quel avantage, quelle utilité y avait-il à tuer des cadavres? Bonaparte espérait-il par là se délivrer de la peste? Mais d'autres pestiférés étaient déjà en route; on devait en trouver encore à Ghazah, à El-Arych, à Kattiéh, à Salahiéh, sur toute la route enfin! Et dailleurs les vingt-cinq malades de Jaffa eussent-ils été les seuls atteints, ne se débarrassait-on pas également du

affirmé l'empoisonnement avec des circonstances atténuantes. On peut consulter à ce sujet une note placée à la page 245 de la 2ᵉ édition de son *Histoire médicale de l'armée d'Orient*, publiée en 1830.

fléau en les abandonnant à la discrétion de l'ennemi? On faisait plus encore, car on lui léguait le germe de la contagion.

Napoléon d'ailleurs a nié en diverses occasions le fait de l'empoisonnement; et aujourd'hui que cette prodigieuse existence a disparu, ses paroles méritent bien qu'on s'y arrête. A plusieurs reprises, en présence d'étrangers, ou devant des intimes, il a révélé là-dessus toute sa pensée; à l'île d'Elbe, à un lord qui le visita [1]; à Sainte-Hélène, au docteur O'Méara [2] et au comte Las Cases [3]. Entrant dans les détails les plus minutieux, Bonaparte précisa l'événement à l'aide de sa nette et merveilleuse mémoire. D'après lui, il ne restait plus que *sept* pestiférés dans l'hôpital de Jaffa, qui moururent tous de leur mal, à l'exception d'un ou deux, croyait-il, recueillis plus tard par sir Sydney Smith. Du reste il soutenait que l'empoisonnement, dans l'état où se trouvaient ces malheureux, aurait été une bonne action, un service à leur rendre, qu'il l'eût conseillé pour

---

[1] *British Mercury*, 1822 à 1825.
[2] *Voice from St.-Helena*.
[3] *Mémorial de Sainte-Hélène*.

son propre fils. « Mais, ajoutait-il, les circons-
» tances ne commandèrent pas cette mesure,
» et, si elle eût été nécessaire, je ne l'aurais
» certes pas prise de mon seul mouvement.
» Un conseil de guerre se serait rassemblé, et
» là, après un libre débat, si l'opinion d'un
» pareil sacrifice avait prévalu, loin d'en faire
» un mystère, une cachotterie, je l'aurais mis
» à l'ordre du jour de l'armée. »

A tant de preuves accumulées, on pourrait
en joindre une foule d'autres, puisées dans les
témoignages des contemporains, dans l'examen critique des opinions contradictoires;
mais alors il faudrait descendre des choses aux
personnes, et le point de vue de l'histoire est
placé trop haut pour entrer dans une discussion de ce genre. Toutefois, prise sous cet
aspect, la question ne change pas de caractère,
elle se corrobore au contraire d'une foule de
détails intimes, d'individualités concluantes qui
sont comme le corollaire d'une plus large appréciation.

A la suite de tout ceci, une chose reste
néanmoins inexplicable : c'est qu'un fait si no-
toirement faux, si dénué de preuves, si facile
à combattre, ait trouvé créance dans l'armée,

qu'il y ait pris racine, et qu'il soit de nos jours encore le sujet d'opiniâtres controverses. Voici le mot de cette énigme.

Quelques mois après la campagne syrienne, quand Bonaparte eut quitté la terre d'Égypte, les murmures étaient grands contre le Général qui abandonnait si brusquement la partie; les colères étaient fraîches, les animosités vives, les haines triomphantes. Ce fut alors qu'éclata une scission dont les symptômes s'étaient déjà sourdement révélés : l'armée se sépara en deux partis, nettement tranchés par leurs affections et leurs antipathies : l'un des *colonistes*, l'autre des *anti-colonistes;* les premiers, noyau de l'ancienne armée d'Italie, dévoués à Bonaparte absent; les seconds, fragment de l'armée du Rhin, partisans de son successeur Kléber. Royer se rallia aux derniers, et voulant se donner à leurs yeux quelque importance, il imagina de se faire fanfaron de crime, profita de bruits vagues qui circulaient, de quelques ouï-dires sur la conversation confidentielle de Desgenettes avec le Général en chef, habilla le tout à sa manière et finit par se déclarer l'instrument passif d'un empoisonnement dont Bonaparte eût été l'actif instigateur. C'était à la fois se venger de l'homme qui l'avait condamné à mort et se donner un relief selon son goût.

D'un autre côté, quand ces rumeurs accusatrices se furent infiltrées parmi les soldats, les malades, alors guéris, revinrent sur le passé et le commentèrent sous l'empire de leurs impressions nouvelles : ils racontèrent à leurs camarades comment eux aussi avaient été empoisonnés, comment ils avaient échappé par miracle à l'action de tisanes étrangement amères et nauséabondes. En effet, réduits à quelques médicamens, les officiers de santé n'avaient pu, dans tout le cours de la campagne, administrer d'autres potions à leurs malades que de la thériaque mêlée à des décoctions d'arbres ou de végétaux indigènes. C'étaient là des breuvages assez innocens; mais leur goût âpre et leur apparence horrible avaient frappé vivement le soldat. A peine eut-on articulé le mot de poison, qu'il voulut en voir partout; guéri et bien portant, il soutint qu'il avait été empoisonné. Ainsi la haine d'une part, la crédulité de l'autre, donnèrent du corps à l'accusation ; et ses progrès furent rapides et grands, car l'esprit humain est ainsi fait, qu'il croit plus facilement au mal qu'au bien ; et qu'un acte blâmable , assez dramatique de sa nature , le saisit, l'impressionne plus fortement qu'une bonne action , toujours insignifiante et décolorée.

Ainsi fut échafaudée la fable de l'empoisonnement ; ainsi, sur les lieux même, lancée par les malveillans, colportée par les oisifs, accueillie de la masse indifférente , elle acquit la valeur d'un fait constaté.

Il nous reste à avouer maintenant, avec notre impartialité habituelle, que les vingt-cinq ou trente pestiférés , s'ils ne moururent pas victimes d'un poison imaginaire, ne furent point toutefois sauvés pour cela. On ne chercha pas même à les arracher de leur cloaque méphitique ; la chose était inexécutable. Dans les trois jours que l'armée passa devant Jaffa, leur nombre alla sans cesse diminuant, et à l'heure du départ, le feu ayant été mis par suite d'une mesure générale à deux magasins d'orge et de paille hachée, presque contigus à l'hôpital, cet édifice devint la proie de l'incendie, et le petit nombre de malades survivans fut étouffé par la fumée ou dévoré par la flamme.

Mais ceci était un accident, un malheur qu'on

ne pouvait imputer ni aux ordres ni aux volontés de Bonaparte. Autre chose est de se résigner aux fatalités de la guerre, autre chose de les prévenir, de les hâter froidement. D'ailleurs, quelle que soit la responsabilité d'un chef d'armée, elle n'est pas tellement absolue, qu'il puisse être regardé comme solidaire de tous les actes subalternes qui s'accomplissent sans lui et malgré lui.

Car, il faut le dire ici, dût notre orgueil national en souffrir, la peur et l'égoïsme individuels semèrent de victimes la longue route de Saint-Jean-d'Acre à Salahiéh. Contrairement aux ordres du Général en chef, et malgré toute la surveillance des officiers de santé, les soldats délaissèrent sur les chemins une foule de malades qui auraient pu être sauvés : Haïfâ, Tentourah, Kan-Younès, Ghazah furent témoins de scènes de ce genre, horribles dans leurs détails. Relâchée par des causes accidentelles, la discipline avait perdu de son ressort, et les troupes n'obéissaient aux chefs qu'en dehors du cercle de leurs terreurs et de leurs répugnances. L'humanité, la fraternité des camps, la solidarité militaire, tout s'était anéanti devant un autre mobile qui régnait en despote sur des imaginations préoccupées. Au milieu des steppes sablonneuses, un homme tombait-il, épuisé de fatigue, mourant de soif ou de besoin? « Encore un pestiféré, » criaient ses voisins s'écartant de lui avec une espèce d'horreur; et le malheureux restait bientôt seul au Désert, il y expirait après de longues angoisses, tandis que souvent un verre d'eau, une goutte de liqueur spiritueuse l'eussent guéri de sa défaillance momentanée. Parfois ces terreurs étranges changeaient de caractère : d'inhumaines, elles devenaient stupides et burlesques. Un pauvre cheval dont le maître venait d'être frappé de la peste, essuya un jour plus de deux cents coups de feu, les soldats s'étant imaginé que cet animal portait en lui le germe de la contagion, et qu'il était prudent de s'en défaire. Ces traits, entre mille autres, sont de nature à faire réfléchir ceux qui font après coup de la morale spéculative sur des événemens lointains : il est facile d'organiser sur le papier des projets où tout marche de front, justice, humanité, convenance; mais, quand vient l'heure de l'application, on s'aperçoit que rien ne manque à ces beaux plans, sinon qu'ils sont inexécutables.

Ainsi, plus on entre dans les détails de cette mémorable retraite, plus on voit que Bonaparte réalisa pour le salut de ses blessés et de ses malades tout ce qu'il était humainement possible de faire. Les secours furent distribués en route avec tant de zèle et d'à-propos, qu'il s'ensuivit des guérisons presque miraculeuses. C'est au point que Costaz[1], alors membre de l'Institut d'Égypte, et qui avait suivi l'armée en Syrie, crut devoir consigner le fait dans *la Décade égyptienne*. Larrey à son tour, témoin plus compétent encore, en rendit compte peu d'années après dans sa *Relation chirurgicale de l'armée d'Orient.*

« On s'étonnera sans doute d'apprendre, dit
» le chirurgien en chef, qu'avec quelques ga-
» lettes de biscuit, un peu d'eau douce qu'on
» portait avec chaque blessé, et l'usage seul de
» l'eau saumâtre pour leur pansement, un très-
» grand nombre de ces individus affectés de
» blessures graves à la tête, à la poitrine, au
» bas-ventre, ou même privés de quelques

---

[1] Depuis membre du Tribunat, préfet de la Manche, intendant des bâtimens de la couronne, conseiller d'État honoraire sous la Restauration.

» membres, ont passé les déserts d'une éten-
» due d'environ soixante lieues qui séparent la
» Syrie de l'Égypte, sans nul accident, et avec
» de tels avantages que la plupart se sont trou-
» vés guéris lorsqu'ils ont revu cette dernière
» contrée. Le changement de climat, l'exer-
» cice direct ou indirect, les chaleurs sèches
» du Désert, et la joie que chacun d'eux éprou-
» vait de son retour dans un pays qui, par les
» circonstances et ses grandes ressources,
» nous était devenu aussi cher que notre pro-
» pre patrie, me paraissent être les causes
» qu'on peut assigner à ce phénomène. »

CHAPITRE XIV.

Marche sur Ghazah. — Passage du Rubin. — Arrivée à Kan-Younès. — Dévastation de la contrée. — Itinéraire de l'armée jusqu'à Êl-Arych. — Arrivée à Kattiéh. — Routes diverses des divisions. — Poste de Kattiéh. — Service du commandant Michaux. — Naufrage d'une caravelle chargée de blessés. — Arrivée du général Menou. — Excursion de Bonaparte aux ruines de Péluse. — Départ de l'armée. — Anecdote sur madame Verdier. — Arrivée à Salahiéh. — Passage du Désert. — Quarantaines. — Arrivée à Êl-Marg, aux portes du Kaire. — Coup-d'œil sur la campagne de Syrie.

La halte de l'armée devant Jaffa dura trois jours qui servirent à régulariser l'ordre de marche et à pourvoir aux besoins des troupes, dans la route pénible qu'elles allaient parcourir. Pendant ce temps on détacha dans les environs des colonnes mobiles pour châtier les villages qui s'étaient mis en hostilité avec les Français. On fit aussi sauter les fortifications de Jaffa et jeter à la mer toute l'artillerie de la place, pour que l'ennemi ne pût pas tirer avantage par la suite du poste qu'on était forcé d'abandonner. L'hôpital fut brûlé, et avant de quitter la ville on frappa sur les habitans une contribution de deux cent quarante-trois bourses (174,107 fr. de notre monnaie). 85,608 fr. furent payés sur-le-champ et l'on prit des ôtages pour le reste.

Enfin le 9 prairial (28 mai), l'armée reprit son fatigant voyage. La division Reynier qui formait la gauche s'avança par Ramléh; le quartier-général, la division Bon et la division Lannes suivirent les routes du centre et de droite. Le pays que ces deux corps allaient traverser jusqu'à Ghazah avait commis des excès de tout genre contre les caravanes françaises qui allaient d'Égypte en Syrie et de Syrie en Égypte. C'était par là d'ailleurs que devait passer toute l'armée ottomane qui eût voulu attaquer les Français dans leur principale conquête. Les divers corps qui traversaient cette contrée eurent donc l'ordre d'incendier jusqu'au dernier hameau et de ravager complètement le territoire. La cavalerie prit la droite, le long de la mer et dans les dunes, pour ramasser les troupeaux qui s'y étaient réfugiés ; et la division Kléber, qui ne partit de Jaffa que le 10 prairial (29 mai), acheva de porter la ruine dans tout ce rayon.

C'est dans cet ordre de marche qu'on gagna les rives du Rubin, au milieu de plaines en feu et de populations fugitives. Aux abords de cette rivière que son cours sinueux força de traverser deux fois, une difficulté se présenta : son lit était profond, encaissé, et le pont qui devait servir au passage avait été ruiné. Il fallut beaucoup de temps et de peine pour se tirer de là. Nos soldats étaient obligés de s'accrocher aux débris chancelans du pont, de se cramponner aux racines qui pendaient du rivage, de se hisser, de se pousser les uns les autres pour se frayer un chemin au-dessus de l'abîme. La cavalerie surtout eut à vaincre des obstacles presque insurmontables ; les chevaux, luttant contre le courant, ne pouvaient gravir l'escarpement de la rive ; il fallait les conduire à la bride et choisir les endroits les moins abruptes pour les faire aborder. Des cavaliers, des fantassins se noyèrent dans ce passage. Si l'armée eût été poursuivie au milieu d'un pareil désordre, cette rivière presque ignorée serait devenue son tombeau.

Le soir du 9 prairial (28 mai), l'armée campa sur un monticule entre les deux branches de cette rivière ; le bivouac fut établi auprès de deux santons et en face des ruines de l'ancienne *Jamnia*, maintenant remplacés par le village d'*Ébnéh*, aussi ruiné.

Au sortir de ce camp, le lendemain l'armée, se partageant en deux corps, longea les deux rives de la rivière de Rubin et la traversa de nouveau près de sa source ; elle trouva quelque repos et des eaux abondantes au caravansérail appelé *él-Khán-Ébnéh*.

On traversa ensuite une autre rivière, plus forte que la précédente, sur un pont de pierre qui se trouva heureusement en bon état en face d'*Esdoud*, l'ancienne *Azotus*.

Le 10 prairial (29 mai), après sept heures de marche, on atteignit le village d'El-Mech-dyn, où l'armée bivouaqua sur le monticule qui domine ce village, et, le 11, un trajet à peu près égal, au milieu de chemins secs et gercés, conduisit l'armée aux portes de Ghazah, après qu'elle eut traversé les villages de Hamânyéh et de Habâbéh. Pendant cette dernière journée, le manque absolu d'eau rendit la marche insupportable. On trouva, à la vérité, trois puits ; mais, outre qu'ils avaient cent pieds de profondeur, l'eau qu'on parvint à en tirer était fétide et saumâtre, et l'on ne put en faire usage. Cependant, vers le soir, l'armée rencontra à Deyr-Êsny la rivière d'Asqalân qu'elle traversa deux fois et où elle put se désaltérer.

Ghazah, la dernière ville de Syrie sur les frontières d'Égypte, était presque le seul lieu où les Français eussent été bien accueillis lors de leur premier passage. Bonaparte voulut que les propriétés des habitans fussent religieusement respectées ; seulement il fit sauter le fort afin que l'ennemi ne pût s'y établir ; et le payeur eut l'ordre de s'entendre à l'amiable avec les notables du pays pour une contribution de guerre qui fut fixée à cent bourses (71,400 francs).

Les malades qui se trouvaient encore à la suite des divisions et qui ne pouvaient supporter une marche forcée furent laissés à l'hopital de Ghazah et confiés au médecin Debourg, qui devait, en cas de danger, les faire évacuer sur El-Arych.

Le 12 prairial (31 mai), l'armée se remit en marche à la gauche du mont de *Samson*, en se rapprochant du bord de la mer. Elle traversa ensuite, sur un pont presque ruiné, la rivière de Ghazah près de son embouchure, puis le torrent de *Kafr-Heytéh*, au-delà du village de Doyr, et alla coucher à Khan-Younès, d'où elle repartit le 13 (1er juin) à la pointe du jour, pour entrer dans le désert qui conduit à El-Arych.

On avait eu à se plaindre de quelques tribus arabes qui campaient dans cette plaine sablonneuse. Sur l'ordre du Général en chef on brûla leurs tentes, on enleva leurs bestiaux et l'on détruisit le peu de récoltes qui avaient germé dans ces sables arides.

Ces représailles consommées, l'armée, après avoir traversé les colonnes de Reyfah[1], le village souterrain de Zaouy, les hauteurs de Kharroub et le torrent *Ouady El-Arych*, nommé autrefois *torrens Ægypti*, arriva en quinze heures de marche au pied du fort d'El-Arych, poussant devant elle une grande quantité de bestiaux qui devaient servir à l'approvisionnement de la place.

Bonaparte voulut séjourner à El-Arych toute la journée du 14 prairial (2 juin). Il tenait

[1] Frontière de l'Égypte, l'ancienne *Raphia*.

à inspecter par lui-même, et avec le plus grand détail, les fortifications de cette place, véritable clef de l'Égypte du côté de la Syrie, et qui devait être la première attaquée en cas d'invasion. L'ordre fut donné d'augmenter ses ouvrages de défense, et au départ on y laissa une garnison respectable, pourvue de munitions et de vivres.

Le 15 (3 juin), les divisions s'engagèrent dans la contrée ingrate et déserte qui sépare El-Arych de Kattiéh. Bonaparte avait pu, dans une expérience récente, apprécier combien ce pays était stérile et dépourvu de tout; cette fois il prit des mesures pour que les souffrances de la traversée fussent allégées. Il fut enjoint au soldat de prendre avec lui des vivres pour quatre jours et un bidon plein d'eau. Malgré cette précaution, les troupes eurent à endurer une soif horrible. La chaleur, en cette saison, était beaucoup plus forte qu'à l'époque du premier passage, l'eau plus rare et plus saumâtre. Les divisions ne marchaient qu'à de longs intervales, pour ne pas tarir le peu de puits que l'on trouvait de loin à loin, ou pour leur donner le temps de s'alimenter de nouveau.

Dans son imprévoyance habituelle, le soldat

avait, dès le premier jour, épuisé sa provision d'eau, et haletant, mourant de soif et de fatigue, il articula bientôt de violens murmures contre Bonaparte. La 69ᵉ demi-brigade, maltraitée au siége d'Acre, et se voyant en mauvais renom auprès du Général en chef, était la plus remuante et la plus exaspérée. On y complotait tout haut et en des termes acerbes. Bonaparte en fut informé, il alla vers sa tête de colonne : « Vous murmurez, vous vous plai-
» gnez, leur dit-il, vous n'êtes pas des hommes;
» votre premier habillement sera en femmes. »
Et il ordonna qu'on fît marcher toute la brigade la crosse en l'air.

Enfin, après dix-sept heures de marche, coupées par des haltes fréquentes et forcées, le soir du 15 prairial (3 juin), on vint camper au-delà de *Rás-Straky* ¹, sur les bords marécageux de l'ancien lac *Sirbon*, maintenant *Sabaqát Bardoual* (lac du roi Baudouin ²) : on y trouva de l'eau et de l'ombrage. Le lendemain on reprit la route au milieu des sables, et après une étape aussi longue et aussi accablante que

¹ Autrefois *Ostracena*.

² Ce lac d'eau salée, et communiquant avec la mer, est recouvert en quelques endroits d'une croûte saline et friable.

celle de la veille à travers les montagnes de Gels, on atteignit Kattiéh sans avoir trouvé d'autres puits que celui de Bir-êl-Abd. Ce fut devant Kattiéh que la division du général Bon, dont Menou devait bientôt prendre le commandement, fit sa jonction avec l'armée.

Cette division n'avait pas suivi la même route que les autres. Partie d'Êl-Arych à cinq heures du soir, elle avait gagné les bords de la mer, et n'avait pu arriver au puits de Messoudiah qu'après une heure et demie de marche. Elle y fit de l'eau et se remit en route à huit heures, pour ne se reposer qu'à quatre lieues de là, dans une plaine couverte d'herbe. Le lendemain on fit une fouille dans le terrain, mais on n'y trouva qu'une eau bourbeuse et saumâtre. En cet endroit le bord de la mer remontait vers le nord-ouest. Cette division continua de suivre cette direction jusqu'au cap Râs-Straky, qu'elle atteignit à dix heures du matin. Depuis ce point de départ jusqu'à la hauteur du cap, on compte environ neuf lieues de chemin : la côte est si basse que, vue de loin, elle semble plonger dans la mer, et c'est tout au plus si elle s'élève, au-dessus des flots, à une hauteur de six pieds. Cette plage offre le même aspect que le Désert; toutefois elle est coupée par quelques petits lacs; les uns sont à sec, les autres ont beaucoup de profondeur, mais peu d'étendue. Une couche de beau sel blanc, que recouvrent six pouces d'eau, compose le fond de la plupart. En marchant, la division rencontra à sa gauche plusieurs lacs semblables aux premiers, et une plaine à perte de vue, très-basse et absolument nue.

Quand la division eut dépassé le cap Straky, la rive qu'elle rencontra reprenait une direction O. et O. S. O. par un large mouvement de courbure qui ne se terminait qu'au cap Râs êl-Kassaroun [1]. Ce promontoire est formé de dunes fort élevées; elles servent de rempart à des terres très-hautes qui partent de l'intérieur du Désert pour aboutir au lit d'un lac sans eau. Les broussailles qui croissent sur ces terres indiquent qu'elles sont susceptibles de culture. La division n'y chemina qu'avec précaution; car des fientes de chameaux et des petits sentiers qui se croisaient en mille sens témoignaient que ces lieux étaient

---

[1] Autrefois *Mons Cassius*.

fréquentés par les Arabes. Enfin on découvrit, sur le revers des dunes, une citerne revêtue en rondines de sapin. Mais les soldats en eurent à peine porté l'eau à leurs lèvres qu'ils la rejetèrent avec dégoût, tant elle était fétide et repoussante.

A ce moment la division avait fait seize lieues. Elle voulut se diriger au S. O. pour arriver à Kattiéh; mais la plaine était de toutes parts coupée par des lits d'anciens lacs fort étendus, qui rendaient la route impraticable; les chameaux s'y enfonçaient jusqu'au ventre. Quand on eut reconnu que le chemin était trop difficile, on regagna les bords de la mer, et l'on fit encore un trajet de quatre lieues jusqu'à la halte du soir; enfin le jour suivant, après avoir laissé sur la gauche quelques ruines de maçonnerie, la division quitta le parage des lacs et arriva à Kattiéh; elle avait fait depuis El-Arych vingt-cinq lieues sur un sable mouvant, sans trouver d'autre eau que celle du puits de Messoudiah.

L'armée, ainsi réunie devant Kattiéh[1], y campa les 17 et 18 prairial (5 et 6 juin).

[1] Autrefois *Ostracenon*.

Première station sur la route d'Égypte en Syrie, ce poste avait acquis une grande importance dans le cours de la dernière campagne. Le commandant du génie Michaux [1] avait été laissé, à la tête de cent quarante hommes, dans ce fort perdu au milieu des sables; méchante redoute de terre, avec quelques masures, un bouquet de palmiers et une citerne. Là, resserrée dans un espace étroit, sa garnison éprouva tous les genres de souffrance. Dès les premiers jours de germinal, la peste s'était déclarée au milieu d'elle; un tiers des soldats avait été frappé, vingt-deux en étaient morts. D'un autre côté, les hordes d'Arabes qui campaient dans les environs donnaient chaque jour des alertes à une poignée d'hommes déjà décimée par la maladie et amoindrie par les escortes qu'il fallait fournir. C'était à peine s'il restait, pour la garde du fort, quarante hommes valides, et il en fallait vingt pour le service de chaque jour. Michaux, toutefois, trouva dans son actif dévouement de quoi faire face à une situation si critique : il pourvut à l'acheminement des

---

[1] Depuis chef d'état-major du génie sous Kléber, aujourd'hui maréchal de camp du génie et directeur du dépôt des fortifications.

convois, aux soins de la défense, aux exigences de la contagion. Entretenant une correspondance active avec Damiette, El-Arych, Salahiéh et Saint-Jean-d'Acre, il ne laissa aucune de ses instructions en souffrance, et souvent il alla même au-delà. Peu de jours avant l'arrivée des colonnes expéditionnaires, un désastre imprévu venait même d'exiger un surcroît d'active sollicitude, et de justifier l'importance du poste de Kattiéh. Voici à quelle occasion.

Les divers convois de blessés partis soit de Tentourah, soit de Jaffa, n'avaient pas été heureux dans leur traversée. Cinglant sur une mer infestée de croiseurs anglais, ceux qui tenaient le large avaient été amarinés presque tous par sir Sydney Smith, ceux qui serraient la côte avaient échoué sur les plages sablonneuses du Désert. Au nombre des premiers était le navire où se trouvait le chef du convoi de Jaffa, Alphonse Colbert, que le Commodore retint prisonnier, au mépris du droit international. Parmi les seconds il faut citer surtout une caravelle turque, manœuvrée par des marins turcs et toute chargée de blessés français. L'inexpérience de l'équipage était si grande qu'on fut obligé d'accoster *le Thésée*, et de lui demander quelques matelots pour piloter le transport. L'amiral anglais en agit cette fois avec toute la loyauté de son caractère. Serviable, humain, généreux, il prit sur ses propres vivres et sur ses médicamens de quoi secourir ces malheureux dépourvus de tout. Il fit plus; un *midshipman* (aspirant) nommé Jandrin eut l'ordre de s'embarquer avec quelques marins à bord de la caravelle pour la conduire à sa destination. Ainsi recruté et ravitaillé, le navire appareilla de nouveau pour l'Égypte; mais arrivé à la hauteur de Tynéh, il fut assailli le 7 prairial (26 mai) par un coup de vent qui lui emporta toutes ses voiles et le jeta sur la côte où il échoua dans les sables. Par bonheur la terre n'étant pas loin, le sauvetage fut praticable au moins pour les blessés. Les marins anglais et les hommes valides les portèrent un à un sur la côte [1], eux et leurs effets. Secondés à propos par un sapeur du génie détaché par

---

[1] Au nombre des blessés embarqués sur cette caravelle figurait le capitaine Boissy, de la compagnie des ouvriers du génie, qui avait perdu un œil au siége de Saint-Jean-d'Acre. Cet officier qui est incontestablement le plus ancien capitaine en activité de toute l'armée est encore, avec le grade de capitaine, à la tête de la compagnie d'ouvriers à l'arsenal de Metz.

le colonel Sanson pour reconnaître ces parages, ils purent dès le 9 prairial (28 mai) atteindre Kattiéh avec cent vingt blessés en état de supporter la marche. Quant aux autres, étendus sur la grève, privés de vivres et de secours, ils attendaient dans des angoisses horribles qu'on envoyât à leur aide.

Au premier bruit de la catastrophe, Michaux se trouva prêt. A l'instant quinze hommes de sa garnison partirent avec des chameaux pour aller recueillir les dernières victimes du naufrage. La mesure fut si prompte et si bien exécutée, qu'elles arrivèrent au fort le 10 prairial (29 mai.)

Miraculeusement sauvés, ces hommes n'oublièrent pas ce qu'ils devaient à l'humanité anglaise. Ils écrivirent une lettre à sir Sydney Smith, une autre au général Almeyras qui commandait à Damiette, pour rendre témoignage à la noble conduite du *midshipman* Jandrin et de ses matelots, et pour qu'ils fussent renvoyés à leur escadre, conformément à la parole donnée.

Bonaparte cependant à Kattiéh, comme à El-A'rych, ne perdait pas de vue le soin capital de la défense de ce pays frontière. Dans une excursion qu'il fit autour du fort, en compagnie du général Dommartin, il en examina la position et ordonna quelques travaux; mais l'examen attentif des lieux lui ayant fait regarder ce poste comme secondaire, il se retourna vers le commandant de l'artillerie : « Général, lui dit-il, » vous enverrez à El-Arych toutes les muni- » tions que vous pourrez y faire transporter. » Et comme Dommartin alléguait qu'il n'avait point de chameaux : « Sanson en a bien trouvé » pour ses outils! dit brusquement Bona- » parte... On a donc juré de me faire périr ici » avec mon armée! »

Ce court entretien, que Michaux entendit lui-même, se ressentait de l'humeur que le Général en chef nourrissait depuis l'insuccès du siége d'Acre contre le commandant de l'artillerie. Cet échec militaire obséda long-temps sa pensée, surtout à cause des hommes distingués qu'il y avait inutilement perdus. Quand l'armée arriva devant Kattiéh, le chef de bataillon Michaux cherchait dans l'état-major général les officiers du génie qu'il s'attendait à y revoir. Étonné de leur absence, il s'enquit d'eux auprès de Bonaparte : « Ils sont morts, répondit » le Général. — Et qui vous reste-t-il donc? »

poursuivit Michaux. Bonaparte lui cita quelques noms, puis il ajouta : « Il y en a une » foule d'autres. — Pas autant, peut-être, que » vous en avez laissé à Acre, répliqua le chef » de bataillon. — Que voulez-vous? c'est le » sort attaché à votre arme. »

Ce fut à Kattiéh que Menou rejoignit l'armée de Syrie. Nommé, deux mois auparavant, gouverneur de la Palestine, ce général avait entassé fable sur fable, prétexte sur prétexte, pour différer son départ. Quand il vit que le retour en Égypte était imminent, craignant les reproches de Bonaparte, et voulant racheter la faute du militaire par quelques courbettes de courtisan, il eut grand soin de se trouver sur le passage du Général en chef. Là tout s'arrangea comme on peut le croire, et Menou, remis en faveur, partit dès le jour même avec Bonaparte pour une reconnaissance qu'il poussait vers la pointe de Tynéh. Monge était aussi du voyage. On visita tour à tour la bouche du lac Menzaléh, que les Arabes nomment Omm-Fareg[1], les ruines de Péluse, et enfin Tynéh[2],

---

[1] Autrefois *Taniticum Ostium*.
[2] *Pelusianum Ostium*.

où le Général en chef projeta de faire construire un fort pour se rendre maître de cette embouchure du Nil.

Le 19 prairial (7 juin), l'armée se disposa à quitter Kattiéh ; mais trois divisions seulement prirent alors la route du Kaire ; celle de Kléber reçut l'ordre de se rendre à Damiette par Tynéh. Pour ne pas emporter jusqu'au cœur de l'Égypte un mal contagieux, cette division fut chargée du transport des pestiférés qui étaient campés, au nombre de cent encore, sous les baraques de Kattiéh. Cette évacuation se fit dans le plus grand ordre et avec les soins les mieux entendus. Kléber voulut y présider en personne ; et comme ces malades, dans un élan irréfléchi, se jetaient à ses genoux et lui tendaient les bras comme à un sauveur : « Mes » enfans, je suis occupé de vous, leur dit-il ; » nous allons partager ce que j'ai ; mais ne » m'approchez pas de trop près. Ce n'est pas » de la peste qu'il convient que je meure. » A l'exemple de Kléber, Junot et Verdier veillèrent à ce que ces malheureux ne manquassent de rien sur cette route déserte et sans ressources.

Mais tous ces dévouemens d'hommes généreux n'étaient rien auprès d'un simple dévouement de femme. L'épouse du général Verdier avait voulu partager les fatigues et les périls de cette campagne, et, dans la double traversée de Saint-Jean-d'Acre à Kattiéh, elle apparut comme un bon génie aux soldats les plus souffrans, les plus accablés. Y avait-il un torrent à passer, large, dangereux? Madame Verdier prêtait son cheval aux piétons. Des hommes manquaient-ils de vivres, d'eau, de linge? Madame Verdier leur donnait son linge, son eau, ses vivres, sans garder même ce qui lui était nécessaire pour elle. Un jour, dans le Désert, entendant au loin des cris mourans et plaintifs, elle piqua des deux pour voir d'où ils provenaient. C'était un soldat aveugle que l'on venait d'abandonner et qui exhalait son désespoir en paroles déchirantes. Madame Verdier courut à lui : « Attache-toi à la queue de mon » cheval, lui dit-elle, et ne le quitte plus; il » est doux comme moi, il ne te fera aucun » mal; viens, pauvre misérable, j'aurai soin de » toi. » Et le malheureux, cramponné aux crins, se mit en route derrière sa bienfaitrice, et suivit ainsi l'armée. Privé de la vue, parfois il croyait rêver, et s'imaginait qu'un être surnaturel veillait sur lui : « Est-ce un ange qui » me conduit, qui me nourrit? — Mon dieu » non, répondait-elle naïvement; c'est madame » Verdier..... une Italienne..... la femme du » général. »

Le gros de l'armée, pourtant, continuait sa route au travers du désert qui se prolonge entre Kattiéh et Salahiéh [1], par Bir-êl-Douedar où l'on bivouaqua le soir du 19 prairial (7 juin). Ce fut là pour nos troupes une dernière, mais terrible épreuve. Pour la première fois elles furent saisies par le terrible vent de Khamsin, qui les tint pendant quelques heures haletantes et presque asphyxiées. Pas un être vivant ne resta sans souffrir de son influence qui heureusement dura peu; beaucoup d'animaux, de chevaux surtout, furent suffoqués, et les convalescens de la peste, qui marchaient en queue des divisions, y succombèrent.

La vue lointaine des campagnes de Salahiéh, les vastes forêts de palmiers qui s'arrondissaient en arcs de verdure, l'air salubre et frais qui en sortait, purent seuls rendre à l'armée ses forces et son énergie. Salahiéh était la terre

[1] Bâtie sur l'emplacement de l'ancienne *Tacasarta*.

promise des nouveaux Israélites, la limite du Désert, l'entrée des terres cultivables. Un autre danger toutefois menaçait nos soldats aux abords de cette région favorisée. Comme pour marquer la fin des sables, quelques bassins d'eau bourbeuse se prolongeaient en avant de la ville. Mourans de soif, tous ces hommes échappés au Désert s'y précipitèrent. Mais cette eau était pleine de petites sangsues presque imperceptibles, et bientôt des picotemens douloureux vers l'arrière-bouche, une toux fréquente, des crachats sanguinolens, enfin des hémorragies, signalèrent aux médecins et aux chirurgiens de l'armée cette nouvelle et singulière affection. Quelques-uns en moururent; mais le plus grand nombre, Latour-d'Auvergne entre autres, furent sauvés par l'extraction des sangsues ou par des gargarismes d'eau salée.

Les 20 et 21 prairial (8 et 9 juin), l'armée campa sous les palmiers de Salahiéh. Là, avant de s'engager dans une contrée moins déserte, le Général en chef mit à l'ordre du jour un arrêté sanitaire qui créait trois lazarets et trois quarantaines pour les pestiférés : la première à Salahiéh, la seconde à Belbeys, et la troisième aux portes du Kaire. L'ordonnateur des lazarets, Blanc, fut averti de se rendre à Mâtariéh pour y prendre avec les conservateurs de santé les mesures les plus propres à empêcher la propagation du fléau.

Du reste, ces précautions de lazarets et de quarantaines eussent été impuissantes à défendre l'Égypte d'un mal qui y était endémique, si une autre cause, plus active encore que la prudence humaine, n'était venue mettre un terme à ses ravages.

Comme toutes les maladies épidémiques et contagieuses, la peste avait ses périodes de croissance et de décroissance, de malignité et de bénignité. Dans le début, la moindre prédisposition, la plus légère circonstance occasionnelle suffisaient pour la donner, et presque toujours elle était incurable. On avait vainement à cette époque épuisé pour elle tout ce que l'art européen possédait de ressources médicales. La force des sujets pouvait alors amener quelques guérisons, mais le remède fort rarement. Les toniques, les purgatifs, les acides, les sudorifiques, la saignée, les vésicatoires, les sinapismes, tout fut essayé avec des effets divers et des résultats souvent contradictoires. L'emploi de l'huile en frictions, comme préservatif ou comme curatif, et l'application des oignons de scille cuits sur les bubons, eurent seuls des succès suivis et incontestés.

Ainsi les premiers coups du mal furent terribles, au milieu des tâtonnemens de la science qui restait confondue devant des symptômes si nouveaux pour elle. Mais peu à peu le venin perdit de sa force et de son intensité; s'absorbant pour ainsi dire dans ses victimes, il frappa avec moins de violence; il laissa prise aux secours de l'art et aux réactions de la nature. Une fois son apogée atteint, la peste alla faiblissant chaque jour, et dans le nombre de ses atteintes, et dans leur caractère. La levée du siége, la longue route de Saint-Jean-d'Acre à la frontière égyptienne, le passage du Désert, agirent encore en sens direct sur sa marche décroissante, et quand l'armée campa devant Salahiéh on pouvait dire que le fléau n'éxistait plus. Il avait fait son temps.

Sept cents hommes environ, vaillans et regrettables soldats, étaient en effet un tribut suffisant pour affranchir l'armée expéditionnaire.

Dans son premier acte de présence, la peste avait taillé en grand, et laissé de larges vides sur son passage. Aussi, avait-elle semé d'abord la terreur et la démoralisation ; mais peu à peu ce danger nouveau était devenu une habitude; on s'était blasé, aguerri à ses atteintes comme aux balles et aux boulets.

D'ailleurs, les praticiens de l'armée avaient, au milieu d'inévitables hésitations, relevé quelque chose de positif sur la maladie. On avait foi en eux pour l'avenir ; on se rassurait en voyant que les guérisons étaient plus promptes et plus nombreuses.

En effet de graves observations, des ouvertures de cadavres, des expériences en tout genre, avaient été faites dans le cours de la campagne, et les dissidences même entre les gens de l'art, la controverse qui en résultait, avaient jeté quelques lueurs sur un mal horrible autant que mystérieux.

Des milliers d'épreuves avaient d'abord constaté aux yeux de tous son caractère contagieux. A cette époque, la chose est digne de remarque, sur deux cents officiers de santé, nul ne fut assez hardi, assez paradoxal, pour nier ce caractère en présence des faits.

A la même unanimité, on remarqua que le fléau, si facile à se transmettre d'un sujet à l'autre de l'espèce humaine, n'avait aucune prise sur les animaux. Des chameaux périrent de fatigue, jamais de la peste. Il y a plus, des bandes de chiens affamés, qui rôdaient autour des ambulances, dévorèrent des cataplasmes qui avaient recouvert des bubons; mangèrent des chairs charbonnées, se repurent de cadavres pestiférés sans contracter la maladie [1].

Dans les autres observations, comme dans les traitemens curatifs, il y eut partage et divergence. Les uns crurent, sur quelques données, que les cautères, vésicatoires, sétons, comme aussi les maladies cutanées, les plaies en suppuration et les affections vénériennes, enfin les exutoires de toute espèce, étaient un préservatif infaillible de la contagion; les autres appuyèrent l'opinion contraire sur des données différentes.

On remarqua que les femmes, les jeunes gens et même les enfans à la mamelle, résistaient plus généralement à l'épidémie que les

[1] Les chiens de ces contrées, vagabonds pour la plupart et souvent privés d'eau, sont également exempts de la rage. L'hydrophobie est inconnue en Égypte et en Syrie.

hommes les plus robustes. Une Alsacienne entre autres, épouse d'un guide, qui allaitait son enfant, fit plus de soixante lieues derrière la voiture du Général en chef[1], assise entre deux pestiférés, sans qu'il en résultât rien de fâcheux.

L'ouverture des corps donna des indications plus positives encore. La première fut faite par Larrey lui-même assisté du jeune Jean Betheil, chirurgien de deuxième classe, qui mourut de la peste quelques jours plus tard. Le corps était parsemé de pétéchies, il exhalait une odeur nauséabonde; le bas-ventre était météorisé; le grand épiploon jaunâtre et couvert de taches gangreneuses; les intestins boursoufflés et de couleur brunâtre; l'estomac affaissé et gangrené dans plusieurs points correspondans au pylore; le foie d'un volume plus considérable que dans l'état ordinaire; la vésicule pleine d'une bile noire et fétide; les poumons d'un blanc terne, entrecoupés de lignes noirâtres; le cœur d'un rouge pâle; son

---

[1] Cette voiture, qui suivit le quartier-général, ne servit qu'aux trois membres de l'Institut Monge, Berthollet et Costaz; le Général en chef n'en fit jamais usage.

tissu presque macéré, se déchirant facilement; les oreillettes et les ventricules pleins d'un sang noir et liquide; les bronches remplies d'une liqueur roussâtre et écumeuse. D'autres cadavres ouverts offrirent les mêmes indications et les mêmes désordres.

La maladie avait donc été observée, analysée, autant qu'elle pouvait l'être, quand elle quitta l'armée expéditionnaire à sa rentrée en Égypte. Dès ce moment aucun accident grave ne se manifesta parmi les soldats, et les lazarets s'ouvrirent plutôt à des convalescens qu'à de nouveaux malades.

Les combinaisons sanitaires une fois réglées, les divisions s'ébranlèrent de nouveau vers le Kaire. Le 22 prairial (10 juin), l'armée suivit la limite des terres cultivées et du Désert par *Kafr-Hamadym* et *Zeydyn*, et s'arrêta le soir au santon situé en face des villages de *Kafr-Haouán* et de *Háger*. Le 24 prairial (12 juin), elle stationna à *Karáym*, dans une vallée bien cultivée et couverte de nombreux palmiers. Dès-lors le Désert cessait d'apparaître et la route se continuait à travers des pays fertiles et arrosés. L'armée traversa rapidement les villages et bourgs de *Cheyk-Nasser*, de *Gé-*

ráyéh, de *Abou-Ahmed*, de *Nesseb*, d'*El-Semikah*, de *Chabyr*, de *Bedlahéh-Fadat*, et arriva à Belbeys. Enfin le 25 (13), on traversa *El-Khanqah*, et l'on fit halte sur les bords du lac des Pélerins devant *El-Marg*, dernière étape en avant du Kaire : là le chef d'état-major Berthier fit publier l'ordre du jour suivant :

« L'ordonnateur des lazarets Blanc a arrêté
» que l'armée pourra entrer demain au Kaire
» sous les conditions ci-après.

» Les officiers de santé des divers corps, le
» citoyen Desgenettes pour le quartier-général,
» reconnaîtront qu'il n'y a aucune maladie con-
» tagieuse dans les corps, et en adresseront le
» certificat ce soir au quartier-général.

» Le chef de l'état-major, l'ordonnateur en
» chef, les généraux de division, passeront en
» revue et ordonneront que tous les effets turcs
» et de fabrique de Syrie seront laissés en qua-
» rantaine à la Qoubbéh [1]; chaque corps en fera
» un paquet.

» Le Général en chef ordonne la stricte exé-

---

[1] Le nom entier de cette station, voisine du Kaire, est *Qoubbet el-Adelyéh* (la coupole d'Adel). Elle a tiré cette dénomination d'un pavillon magnifique que le sultan Melck él-Adel y avait fait construire.

» cution des présentes dispositions, et en rend
» les généraux et chefs responsables.

» Tous les hommes qui seraient reconnus
» malades au quartier-général et dans les divi-
» sions d'après la visite des officiers de santé,
» resteront à la Qoubbéh pour y faire quaran-
» taine. *Signé* Alexandre BERTHIER. »

Le même soir Desgenettes fit le rapport suivant :

« Le médecin en chef de l'armée déclare à
» l'ordonnateur des lazarets qu'il a, conformé-
» ment aux ordres du Général en chef du 21 et
» d'aujourd'hui, constaté l'état de santé des di-
» vers individus composant l'état-major-géné-
» ral ou se trouvant à sa suite, et qu'il n'existe
» parmi eux aucune maladie contagieuse. »

Les autres rapports ayant été également favorables, l'armée se disposa à faire son entrée au Kaire.

Avant de l'y suivre, jetons un dernier coup-d'œil sur l'ensemble de la campagne qu'elle venait d'accomplir.

Cette expédition de Syrie qui n'était peut-être que le prélude de plus grandioses projets a été jusqu'ici étrangement appréciée.

D'une part, les relations anglaises, écrites sous la dictée du préjugé national, couvrent de sarcasmes et de mépris l'entreprise aventureuse. De l'autre, tombant dans l'excès contraire, les versions françaises, rédigées à l'époque de l'ère impériale et presque sous les yeux de Napoléon, exaltent avec un enthousiasme outré les résultats de la campagne. La vérité est entre ces deux espèces d'exagération.

Sans doute on serait mal venu à contester l'utilité d'une irruption en Syrie, quand tout présageait une attaque imminente de ce côté. La guerre devant éclater tôt ou tard, il valait mieux la prévenir en Asie que l'attendre en Afrique; il valait mieux attaquer que se défendre. Mais, ce plan une fois adopté, fit-on pour l'amener à bonne fin tout ce qu'il était utile de faire? Bonaparte montra-t-il dans l'exécution autant de prévoyance, que de hardiesse dans la conception? A cela il faut répondre négativement. Peut-être le jeune capitaine avait-il été jusqu'alors trop bien servi par son étoile, pour qu'il ne lui fît pas une plus large part qu'aux calculs de la prudence humaine; mais cette fois l'étoile se trouva en défaut, et la prudence l'eût mieux servie.

Tous les préparatifs de cette campagne hâtivement faits réagirent sur ses résultats. Le plus grand élément de succès fut lui-même remis au hasard. On confia l'artillerie aux chances de la mer ; et la faute fut d'autant plus grande qu'en cas de prise, non-seulement on se trouvait désarmé, mais encore on avait armé l'ennemi. Ce n'est pas le cas d'examiner ici si le transport du canon était possible par une autre voie, si le Désert lui-même ou le cabotage en vue des côtes n'eussent pas été préférables ; la campagne de Syrie n'est plus à refaire, seulement elle reste à juger. Eût-elle réussi, on pourrait dire encore qu'elle a été hardiment conçue, légèrement conduite et malheureusement dénouée.

En effet il était difficile de faire illusion avec des mots quand les faits attestaient si hautement le non succès de l'expédition. On était venu châtier Djezzar, et Djezzar pouvait se dire vainqueur plutôt que vaincu ; refouler vers le nord les armemens que le Grand-Vizir préparait dans les pachaliks syriens, et, malgré la victoire du Mont-Thabor, les plaines de Damas regorgeaient encore d'ennemis. On avait pris tour à tour Ghazah et Jaffa ; mais on s'était vu forcé de les évacuer. Après la retraite de l'armée, la conquête de la Syrie pouvait passer pour un fait non avenu ; c'était une victoire sans fruit. La province restait aux Turcs ; elle conservait son attitude hostile ; elle n'avait pas cessé d'être ce qu'elle était auparavant. L'invasion qu'on voulait éviter en la prévenant n'avait pas même été ajournée ; car on devait, à peu de mois de là, être attaqué à la fois par terre et par mer. Et pourtant quinze cents hommes avaient payé de leur vie cette stérile occupation de quelques semaines ; plus de deux mille avaient été blessés : des généraux, des officiers distingués restaient ensevelis dans cette terre ingrate. Bien plus, on venait dans une fatale expérience d'affaiblir le prestige qui s'attachait au nom français ; ces sodats, que les Turcs avaient jusqu'alors regardés comme invincibles, s'étaient vu forcés de battre en retraite : ils avaient pour la première fois laissé le champ libre à leurs ennemis.

Peut-être l'issue de cette guerre eût-elle été différente si l'on avait mieux connu les places que l'on allait attaquer, si l'on ne s'était pas obstiné surtout à aborder Saint-Jean-d'Acre par le point le plus fort de toute son enceinte.

Un premier assaut donné sur l'un des flancs des remparts aurait eu sans doute des chances meilleures ; car les troupes au début du siége étaient merveilleusement disposées, et la garnison de Djezzar terrifiée au contraire par le sort de Ghazah et de Jaffa. D'autres incidens eussent pu coup sur coup changer la face des affaires : sans la capture de la flottille qui portait l'artillerie, sans le débarquement de la milice de Hassan-Bey, sait-on quel eût été le dénouement de ce siége opiniâtre ?

L'armée du reste avait fait tout ce qu'il était humainement possible de faire. Lancée à travers les déserts sans munitions, sans artillerie, elle avait emporté Jaffa en deux jours. Arrivée devant Saint-Jean-d'Acre, assaillie par la peste, dévorée de besoins, elle trouva une place garnie de canons, défendue par la science et la tactique européenne, donna sous ses murs quatorze assauts, essuya vingt-six sorties ; et non contente de ce champ de bataille quotidien, elle alla en chercher d'autres dans les environs, et dota nos fastes guerriers d'un poétique nom de victoire.

Plus tard, il est vrai, elle montra de l'hésitation et du découragement ; mais pour que des soldats éprouvés par les campagnes d'Italie, du Rhin et d'Égypte, en fussent venus là, il fallait que la mesure de leurs maux, de leurs souffrances et de leurs périls, eût été largement comblée. Habitué à rencontrer chez eux des élans surnaturels, Bonaparte avait oublié qu'ils étaient des hommes; il s'était trop fié aux miracles de leur bravoure ; il avait pris pour un état normal cette fièvre d'enthousiasme qui jusqu'alors n'avait rien connu d'impossible. L'événement l'avait détrompé d'une manière cruelle. Sous les murs d'Acre, une réaction s'était opérée dans l'esprit du soldat ; elle était allée jusqu'aux murmures. En présence de tant de peines physiques, l'ascendant moral du chef avait été frappé d'impuissance.

Ce n'est pas que, dans le cours du siége, il n'y ait eu des journées admirables, des traits isolés dignes des plus belles époques, des dévouemens sublimes, des faits d'armes chevaleresques. Isolément, chaque corps, chaque arme, chaque administration fit son devoir. Nous avons parlé déjà de l'héroïsme des médecins et des chirurgiens ; mais il faut ajouter qu'ils furent puissamment secondés par tous les commissaires des guerres et par l'ordonnateur en chef Daure qui, au moment de l'évacuation des ambulances, emporta lui-même dans ses bras un malheureux pestiféré.

L'état-major fit aussi ses preuves et laissa des morts nombreux dans les lignes du siége. Le génie, plus maltraité qu'aucune autre arme, n'était, lors de la retraite, représenté que par quelques débris : sur dix-sept officiers un seul, Liédot, lieutenant de mineurs, avait échappé aux balles et aux maladies; neuf étaient morts, sept avaient été blessés. Sur cinq cents hommes, sapeurs, ouvriers ou mineurs, plus de trois cents étaient hors de combat. La conduite de ce corps fit, à cette époque, une telle sensation dans l'armée expéditionnaire, que les grenadiers projetèrent de lui offrir des grenades d'honneur en témoignage d'estime. Plusieurs fusils d'honneur furent distribués aux sapeurs, et quatre autres aux deux compagnies de mineurs. Ces derniers échurent aux sergens Vittemann, Maloizeaux[1] et Girard, et au mineur Martin.

Réduite à des moyens insuffisans, l'artillerie

---

[1] M. Maloizeaux, actuellement capitaine du génie retiré à Metz, possède encore ce fusil d'honneur.

ne montra pas un zèle et une activité moindres ; placée, comme le génie, au poste le plus dangereux, elle s'y maintint avec énergie et bonheur.

L'infanterie, de son côté, tenue sur le qui-vive pendant soixante jours, tantôt sur pied pour l'assaut, tantôt sur ses gardes contre les sorties, l'infanterie prise en masse ne donna pas un démenti à sa vieille réputation ; et le peu de cavaliers qui prirent part à la campagne se signalèrent par leurs escarmouches dans la contrée, et surtout dans le célèbre combat de Nazareth.

En somme, toutes les troupes se montrèrent dignes d'elles mêmes : à l'école de ce courage passif peu habituel aux Français, réduites à un rôle de résignation et de souffrance, elles couronnèrent par une admirable retraite deux mois de travaux et de combats continuels.

C'était beaucoup en effet d'avoir accompli en si peu de temps une campagne ingrate et périlleuse ; d'avoir traversé deux fois le Désert, affronté les feux combinés des Anglais et des Turcs, et de revenir camper en prairial aux portes de la capitale égyptienne que l'on avait quittée en ventôse.

Durant ces cent vingt-cinq jours, l'armée expéditionnaire avait fait cent vingt-trois lieues pour arriver à Saint-Jean-d'Acre et cent dix-neuf pour en revenir, le premier de ces deux trajets en vingt jours de marche effective, donnant une moyenne de six lieues trois vingtièmes par jour, le second en dix-sept, donnant une moyenne de sept lieues. Dans ces contrées sans chemin praticable, elle avait franchi plus de quatre-vingts torrens ou rivières, soumis sept villes et plus de trente villages.

En présence de ces détails statistiques, on peut dire hardiment que la campagne de Syrie ne fut pas pour nos armes un échec sans honneur, un désappointement sans compensation. C'était une guerre où il n'y avait ni vainqueurs ni vaincus; car les Français ne se retiraient pas devant les Turcs, mais devant une série d'obstacles incidentels que l'ennemi n'avait pu prévoir ni provoquer. La retraite elle-même, volontairement résolue, s'accomplit sans contrainte et sans harcellement : on stationna où l'on voulut et aussi long-temps qu'on le voulut; on traita le pays en province conquise, taxant les villes et incendiant les campagnes. En résumé, si nul profit ne résulta de cette pointe vers la Syrie, si l'avenir de la conquête égyptienne n'y gagna rien en stabilité, du moins en resta-t-il pour l'armée de glorieux souvenirs, et quelques belles pages de plus pour nos annales militaires.

FIN DU TROISIÈME VOLUME
DE L'EXPÉDITION.

TABLE.

Pages.

CHAPITRE Ier. — Marche du général Belliard sur Philæ. — Attaque de l'île. — Fuite des Barabrás. — Description de Philæ. — Antiquités. — Tombeau d'Osiris. — Grand temple. — Temple d'Isis. — Villages nubiens. — Édifice de l'est. — Constructions grecques et romaines. — Age des monumens de Philæ. — Inscriptions modernes. 1

CHAPITRE II. — Arrivée de Desaix à Esnéh. — Combat de Louqsor. — Attaque de Kenéh. — Rencontre d'Abou-Manah. — Marche de Mohammed-êl-Elfy et de Mourad-Bey. — Leur défaite. — Affaire de Saouâma. — Mourad se réfugie dans l'Oasis. — Désastre de la flottille. — Arrivée du général Belliard. — Qeft, Coptos. — Affaire de Coptos. — Combat de Benâouet. 55

CHAPITRE III. — Situation de la Basse-Égypte. — Apostasie et mariage du général Menou. — Conspiration de l'émir-Hadgy. — Ouvertures aux cheyks. — Révolte. — Mesures de Poussielgue et du général Dugua. — Intervention du Divan du Kaire. — Massacre de Myt-Qamar. — Le général Lanusse se met à la poursuite de l'émir-Hadgy. — L'Ange êl-Mahdy. — Prise de Damanhour. — Mission du commandant Redon. — Combat de Senhour. — Arrivée de Lanusse. — Sac de Damanhour. — Mort de l'Ange. 102

CHAPITRE IV. — État du Kaire. — Dugua et Poussielgue. — Conduite des cheyks. — Leurs rapports avec les autorités françaises. — Mesures d'ordre et de police. — Victoires de l'armée syrienne. — Leur célébration au Kaire. — Fêtes du Beïram. — Visites aux cheyks. — Procession du *Kissouéh* de la *Kaabah*. — Embarras de Poussielgue. — Lettre du chérif de la Mecque. — Préoccupations commerciales. — Caravane abyssine. — Royaume de Darfour. — État des finances. — Difficultés dans la perception. — Fermes et Régies. — Précautions sanitaires. — Fête du sacrifice. — Assassinat d'un soldat français. — Arrivée d'une caravane de Mogrebins. — Conspiration dénoncée. — Désarmement et départ de la caravane.— Nouvelles de France. 135

Chapitre v. —Événemens européens.— Armée d'Angleterre. — Descente en Irlande. — Situation du continent. — Congrès de Radstadt. — État intérieur de la République. — Contre-coup du combat naval d'Abouqyr. — Coalition entre l'Angleterre, la Russie et la Porte-Ottomane. — Prise de Naples. — Occupation du Piémont par les troupes françaises. — Soulèvement de Malte. — Déclaration de guerre entre la France et l'Autriche. 188

Chapitre vi. — Saint-Jean-d'Acre. — Son origine, ses noms divers, ses révolutions historiques, son état moderne. — Djezzar-Pacha. — Daher. — Ibrahim-Sabbagh. — Vie de Djezzar. 217

Chapitre vii. — Siége de Saint-Jean-d'Acre. — Reconnaissance de la place. — Ouverture de la tranchée. — Tentative des Anglais sur Hayfâ.—Sortie de Djezzar. — Premier assaut. — Sir Sydney Smith. — Phélipeaux.— Prise de l'artillerie. — Ambulances. — Alliance avec les Druzes.— Notice sur cette peuplade. 242

Chapitre viii. — Cruautés de Djezzar. — Nouvelle sortie. — Manifeste du Pacha aux populations environnantes.—Révoltes. — Marche du général Vial contre Sour. — Topographie de la contrée. — Marche de Murat vers le pont de Jacob.— *Padre Francesco*. — Aspect du pays. —Marche de Junot sur Nazareth.— Affaire de Loubia. 273

Pages.

Chapitre IX. — Continuation du siége. — Nouvel assaut. — Pénurie de munitions. — Canonnade de la flotte. — Sortie du 18 germinal. — Mort du major Thomas Alfield. — Préparatifs de guerre d'Ibrahim-Bey et du pacha de Damas. — Pachalik de Damas. — Palmyre. — Marche de Kléber contre les insurgés. — Combat de Chagarah ou de Qanâ. — Nouvelle excursion de Murat. — Bataille du Mont-Thabor. — Bonaparte à Nazareth. — Mort de Venture. 294

Chapitre X. — Travaux du siége. — Contre-attaques des assiégés. — Arrivée de Perrée devant Jaffa. — Artillerie de siége. — Croisière de l'escadre. — Mission de Leturq contre les Arabes. — Achèvement de la grande mine. — Son explosion. — Assauts des 5 et 6 floréal. — Prise de la tour. — Dévouement du lieutenant Moret. — Mort de Fuseaud. — Désespoir de Favier. — État moral de l'armée. — Mort de Caffarelli et d'Horace Say. — Camp de Murat. 330

Chapitre XI. — Ouvrages des assiégans. — Contre-ouvrages des assiégés. — Corps de l'artillerie. — Nouvel assaut. — Attaque de la courtine de l'Est. — Surprise nocturne. — Héroïsme de Rostaing. — Mine éventée. — Compagnies d'éclaireurs. — Assaut du 17 au 18 floréal. — Apparition d'un convoi turc. — Assaut du 18 au 19. — Combat du 19. — Mouvement de Rambaud. — Défense de Djezzar. — Retraite des Français. — Massacre de deux cents grenadiers. — Découragement. — Persistance de Bonaparte. — Nouvelles attaques. — Armistice refusé. — Manifeste de la Porte, contresigné par sir Sydney Smith. 358

Chapitre XII. — État de l'armée. — La peste. — Son origine. — Ses progrès. — Ses symptômes. — Mesures prises pour la combattre. — Ambulance et hôpitaux. — Dévouement des médecins. — Héroïsme de Desgenettes. — Travaux des chirurgiens. — État des blessés. — Disette de médicamens. — Pertes de l'armée. — Inutilités de nouvelles attaques. —

Pages.

Motifs de retraite. — Insurrections en Égypte. — Armemens à Rhodes. — Soulèvemens dans le pachalik de Damas. — Levée du siége. — Proclamation de Bonaparte. — Evacuation des hôpitaux. — Dernière canonnade. — Sorties de Djezzar. — Départ de l'armée.   398

CHAPITRE XIII. — Itinéraire de l'armée. — Passage à Haïfa. — Arrivée à Tentourah. — Destruction de l'artillerie. — Pestiférés de Tentourah. — Marche vers Césarée. — Attaque des Nablousains. — Arrivée à Jaffa. — Pestiférés de Jaffa. — Sir Robert Wilson. — Mission de l'ordonnateur en chef Daure. — Accusation d'empoisonnement. — Réfutation.   428

CHAPITRE XIV. — Marche sur Ghazah. — Passage du Rubin. — Arrivée à Kan-Younès. — Dévastation de la contrée. — Itinéraire de l'armée jusqu'à Êl-Arych. — Arrivée à Kattiéh. — Routes diverses des divisions. — Poste de Kattiéh. — Service du commandant Michaux. — Naufrage d'une caravelle chargée de blessés. — Arrivée du général Menou. — Excursion de Bonaparte aux ruines de Péluse. — Départ de l'armée. — Anecdote sur madame Verdier. — Arrivée à Salahiéh. — Passage du Désert. — Quarantaines. — Arrivée à Êl-Marg, aux portes du Kaire. — Coup-d'œil sur la campagne de Syrie.   463

FIN DE LA TABLE DU TROISIÈME VOLUME
DE L'EXPÉDITION.

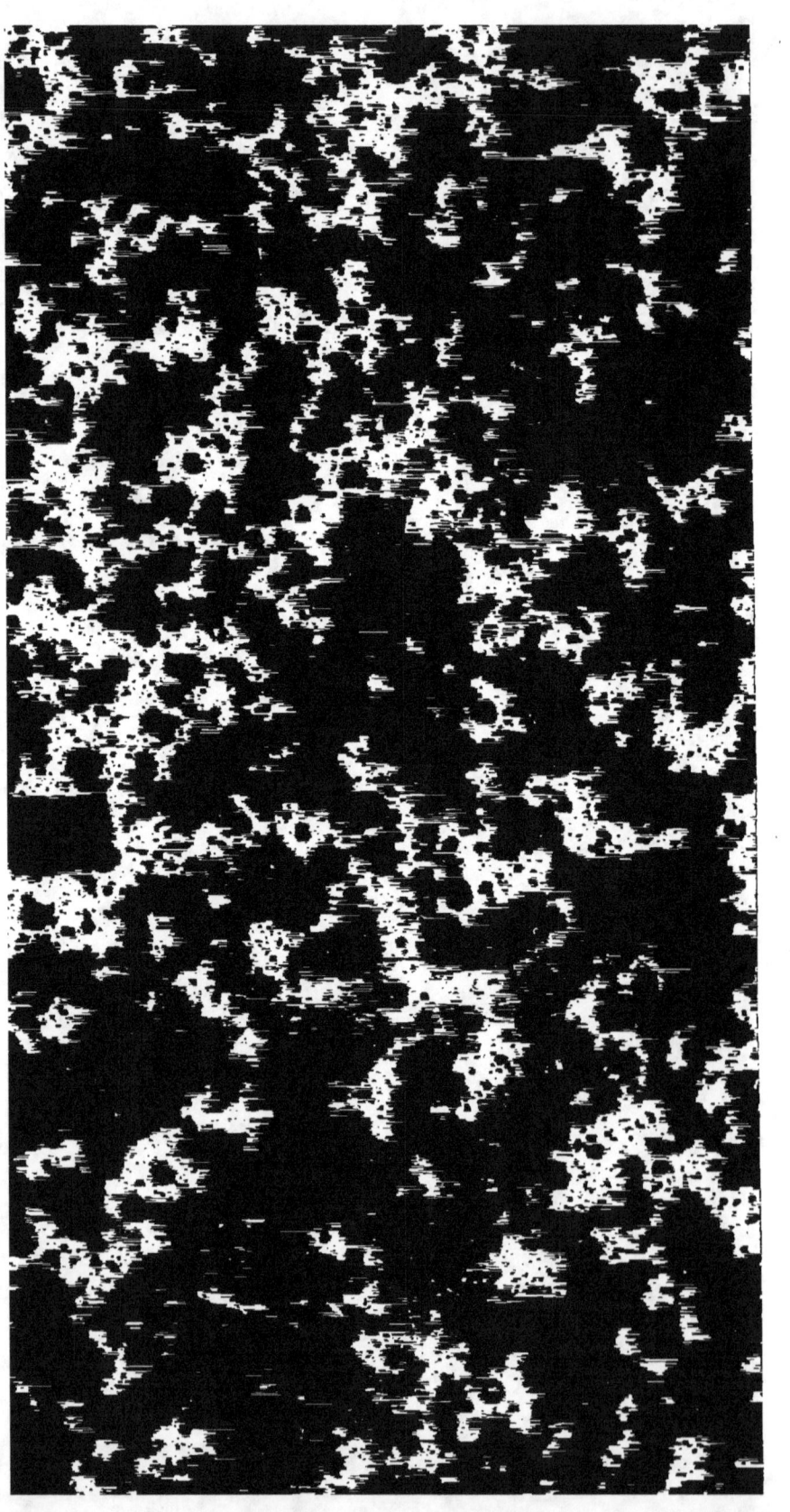

www.ingramcontent.com/pod-product-compliance
Lightning Source LLC
Chambersburg PA
CBHW051134230426
43670CB00007B/808